JOACHIM MISCHKE

GESCHICHTEN UND GEHEIMNISSE DER ELBPHILHARMONIE

MIT FOTOGRAFIEN VON
THOMAS LEIDIG

HOFFMANN UND CAMPE

INHALT

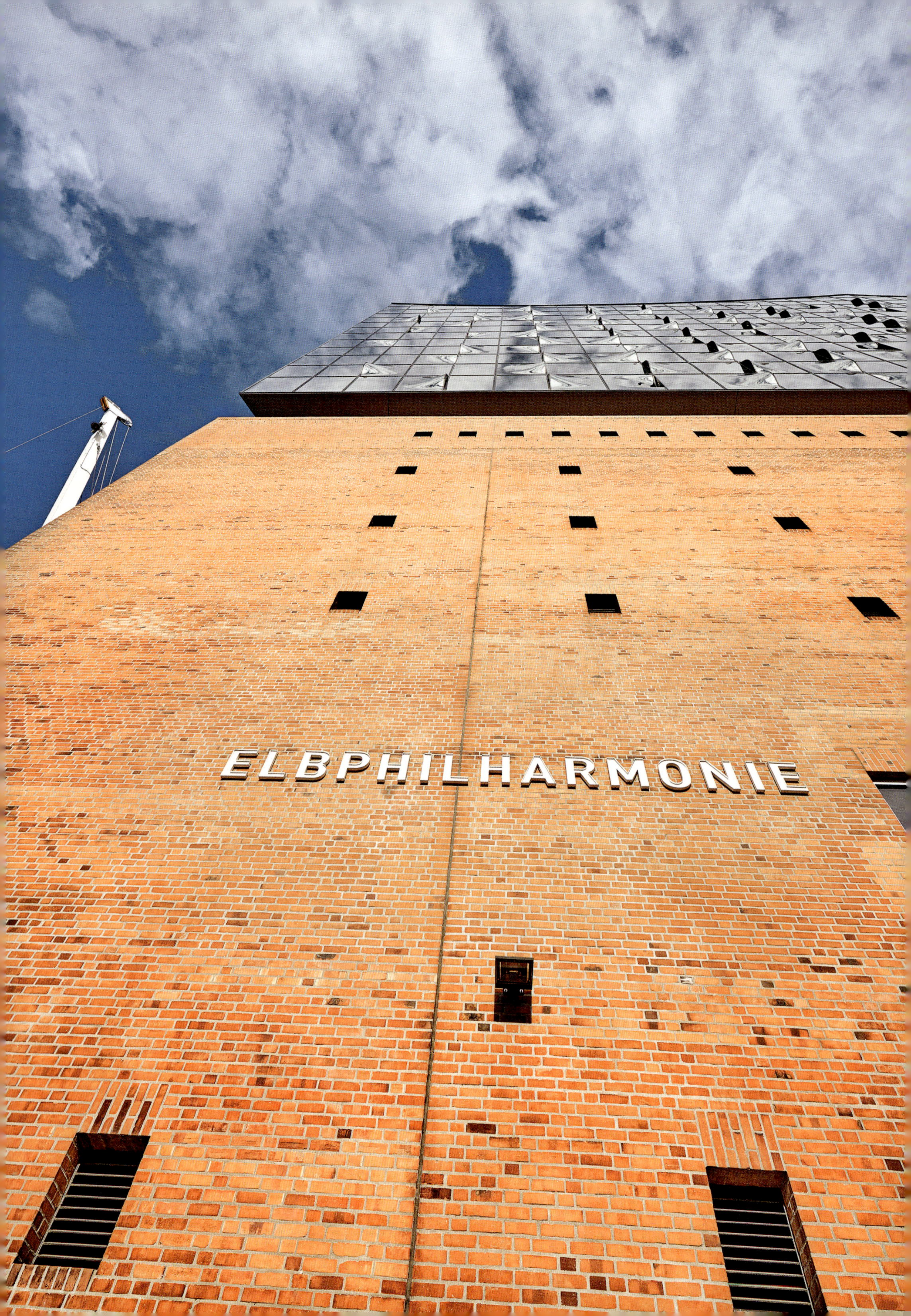
ELBPHILHARMONIE

VORWORT

Zu den schönsten Momenten eines Konzerts in der Elbphilharmonie gehören immer auch die Minuten unmittelbar danach, wegen der Gesichter im Publikum. Strahlende Augen, eine verklärte, mitunter fassungslose Freude über das Gehörte.

Musikwissenschaftliches Vorwissen ist nicht zwingend notwendig, und es ist völlig egal, sobald die Droge ins Herzblut geht und den Puls steil nach oben treibt. Denn alle sind unisono froh, weil sie ein Konzert lang dabei waren. Jedes Mal, sobald diese unberechenbare Energie der Musik voll da ist und Fremde miteinander fliegen, bis zur Punktlandung im atemraubenden Stille-Moment vor dem Schlussapplaus. Alles stimmt und harmoniert miteinander, als wäre das jahrelang eingeübt, ist aber gleichzeitig überraschend neu und macht bestenfalls in wenigen Momenten unrettbar süchtig. Was derart intensiv wirkt, was einen so spielend leicht umhaut und verändert, das kann nur Liebe sein.

Dieses Buch über ein Konzerthaus entstand mitten in der für die Kulturwelt besonders lähmenden Corona-Pandemie. Der Solo-Abend des Jazz-Pianisten Brad Mehldau im Großen Saal war am 12. März 2020 das letzte Konzert mit Live-Publikum, bevor alles verstummte. Am nächsten Tag trat eine Allgemeinverfügung des Senats in Kraft, die alle Veranstaltungen vor mehr als 1000 Menschen untersagte. Seitdem gab es schmerzhaft viele Abende, Tage, Wochen, Monate, in denen auch in der Elbphilharmonie nichts gehört und niemand gesehen werden durfte. Es wurde einsam und finster um die Musik und die Kultur, nicht nur in Hamburg. Die Vollbremsung erschütterte das Selbstverständnis der Kultur fundamental.

Generalintendant Christoph Lieben-Seutter berichtete im März 2021 über seinen Alltag im Ausnahmezustand: »Monat für Monat passen wir den Spielplan so an, dass wir unter Corona-Bedingungen spielen könnten. Das machen wir seit November, immer wieder für die Tonne.«

In jenen Monaten der Ungewissheit fanden neben digitalen Angeboten von Konzertaufzeichnungen einzelne Wiederbelebungsversuche statt, Geisterkonzerte vor leeren Rängen, im Rahmen des jeweils Erlaubten, tröstend und trostlos zugleich. Im Juni 2020 beendete ein Live-Stream des 1. Klavierkonzerts von Schostakowitsch unter der Leitung von Chefdirigent Alan Gilbert mit Igor Levit als Solisten die Rumpfsaison des NDR Elbphilharmonie Orchesters. Als es Anfang September wieder begann, durften nur 620 Plätze von 2091 vergeben werden. Nach dem Konzert gab es als kleinen Trost eine Sektchen-Lokalrunde, alles aufs Haus. Und Kultursenator Carsten Brosda erklärte am Bühnenrand mit nur acht Worten eine Bedeutung von Live-Kultur: »Jeden Abend merkt man, wie beglückend das ist.«

Generalmusikdirektor Kent Nagano begann die Philharmoniker-Spielzeit, die keine werden sollte, im September 2020 mit einem Konzert, bei dem das Orchester kreisförmig um sein Pult herum sortiert spielte. Am 31. Mai 2021, nach sieben Monaten ohne, durfte der Spielbetrieb vor maskiertem, frisch getestetem Publikum wieder beginnen. Rund 600 Menschen saßen beglückt im Großen Saal, bei einem Konzert mit Thomas Hampson und der Deutschen Kammerphilharmonie Bremen. »Herzlich willkommen in der Elbphilharmonie, das habe ich jetzt schon länger nicht mehr gesagt«, begrüßte Christoph Lieben-Seutter die rund 600 verzückten Menschen.

Konzerte sind ein ständiges Geben und Nehmen von Gefühlen. Deswegen erwischt es Künstlerinnen und Künstler im Idealfall genauso sehr wie ihre Gegenüber. Dieses Glücksgefühl verbreitet sich vielleicht auch deshalb so übermächtig durch die Sitzreihen, weil man nie damit gerechnet hätte, dass ein unbekanntes Stück, ein noch nie live gesehener Interpret, ein bislang unerhörter Klang sich derart zielsicher und synchron in Hunderte von Herzen bohren kann. Treffer, verzückt. Kann man nicht erklären, kann man nicht bestellen wie eine Pizza mit allem und extrascharf, muss man erleben. Man kann sich im Großen Saal der Elbphilharmonie sogar gegenseitig zusehen, wie solche Wunder geschehen, weil der an sich riesige Raum eine intime, aber sympathisch unaufdringliche Nähe schafft. Und plötzlich ist alles vorbei und das Saallicht meldet sich, mit freundlicher Routine. Und alle müssen wieder raus, vor die schalldichten Türen, in diese andere Wirklichkeit mit ihren ganz anderen Klängen, obwohl man doch gerade nirgendwo weniger gern sein möchte, während die Schallwellen zu einer frischen Schicht Erinnerung werden. Nach solchen Erlebnissen gibt es letztlich nur eine Frage: Wann wird es wieder so überwältigend sein? Niemand weiß es vorab, das macht die ganze Sache mit dieser Kunstform aus tönend bewegter und Töne bewegender Luft ja derart spannend.

Fünf Jahre Elbphilharmonie also. Fünf Jahre sind 60 Monate, sind rund 260 Wochen, sind Tausende von Konzerten, mit Musik aus so ziemlich allen Stil- und Himmelsrichtungen. Wieder und wieder haben Künstlerinnen und Künstler sich auf die Bühnen begeben, um zu zeigen, was sie können, und um zu geben, was sie haben. Das alles ist zu bestaunen und zu würdigen, als der unglaubliche Wahnsinn, der diese Fülle für Hamburg war und weiterhin ist. Dieses Gebäude ist zwar nur ein kleiner Teil der Stadtsilhouette, und doch ist es für das Gesamtbild überragend und tonangebend. Musik wurde wieder Stadtgespräch, man musste dabei gewesen sein bei den großen, wichtigen Konzerten. Und wenn nicht, will man trotzdem wissen, was man verpasst hat. Deutschland ist bekanntlich ein Land mit mindestens 80 Millionen perfekten Fußball-Bundestrainern, Hamburg seit der Elbphilharmonie eine Stadt voller Akustik-Experten.

Die Tradition der Musikkultur-Bedeutung früherer Jahrhunderte lebt nun wieder, in einem ikonischen Konzerthaus für das 21. Jahrhundert, unmittelbar an die Elbe gebaut, die Hauptschlagader der Stadt, unübersehbar. Ein Gebäude, das eine Einheit aus zwei kontrastierenden Teilen ist – oben eine futuristische Glaswelle, unten der Backsteinsockel. An drei Seiten von Wasser umgeben. Ein Wahnsinns-Projekt, von Anfang an und zwischendurch mit riesigen, fürchterlichen Problemen, bis, kinoreif, beim Happy End selig aufgeblendet werden konnte, vor den Augen der staunenden, neidischen und neugierigen Welt. Pünktlich und feierlichst wurde das Konzerthaus am 11. Januar 2017 spektakulär eröffnet, und in den Wochen davor hatte es nichts gegeben, was in der Stadt begehrter war als Tickets für diese Weltpremiere, weil man sie für kein Geld der Welt kaufen konnte.

Hamburg hatte sich ein neues Wahrzeichen ins Herz seines Seins gebaut, ein 110 Meter hohes Ausrufezeichen aus Glas und Backstein und Hightech am Elbufer. Doch zu einer Sensation wird es erst durch die Menschen – die auf der Bühne, die dahinter und ebenso die davor. Ein Gebäude, sehr viele Facetten. Es passiert dort ständig so viel, dass man sein Lebensalter in Hundejahren rechnen könnte. Fünf Kalenderjahre wären dann 35 elbphilharmonische. Das käme ganz gut hin, weil die hörbare Anwesenheit dieser Spielstätte seit dem 11. Januar 2017 zu den großen Selbstverständlichkeiten in Hamburg zählt. Zu den Dingen, die für alle hier wirken, als wären sie doch schon immer da gewesen.

Für Stammgäste mit Dauerkarte wurde sie in den ersten Jahren schnell ein zweites Wohnzimmer, das im Großen Saal Platz für über 2000 Gleichgesinnte bietet. Die häufigste Handbewegung von Gelegenheitsbesuchern beim Betreten des Großen Saals ist noch immer der andächtige Smartphone-Kameraschwenk; als zweittypischste Geste folgt der Selfie-Schnappschuss, als Beweis, tatsächlich drin zu sein. Millionen von Menschen kamen und kommen seit Jahren staunend in die Hansestadt, begeistert von der Architektur und der einladenden Freundlichkeit des hochhaushohen Riesen, selbst wenn sie keine Gelegenheit haben, ein Konzert mit eigenen Ohren und Augen im Inneren mitzuerleben.

Dieses Buch ist die Charakterstudie eines Konzerthauses, in dem vieles absolut einzigartig ist – und einiges sehr typisch. Der Blick auf Details, von der Kartenkasse bis zum Wellendach, mit dem Großen Saal als Mittelpunkt des Gebäudes, soll das größere Ganze zeigen und beschreiben, wie der Alltag aussieht, in dem Musikerinnen und Musiker immer wieder ihr Bestes geben wollen. Was hinter den Kulissen dafür getan wird und wie dort die Arbeitsatmosphäre ist. Es erklärt aber auch die Zusammenhänge und Absichten des Gebäudekonzepts. Formen und Funktionen sind in diesem Multitasking-Gebäude sehr nahe Verwandte. Es ist Konzerthaus, Hotel, Touristenmagnet, Musikschule, Wahrzeichen – und sogar Renommee-Adresse, vorausgesetzt, man hat das nötige Großgeld, um sich eine der Luxuswohnungen an der Westseite leisten zu können. Der erzählende Rundgang vor und hinter der Bühne eröffnet Einblicke in die DNA, verbunden mit Erinnerungen, Erlebnissen und Eindrücken. Eine Bilanz mit Haltungsnoten wird dieses Porträt nicht liefern, eine Liste etwa der zehn objektiv besten oder wichtigsten Konzerte wäre ein Ding der Unmöglichkeit. Klar ist nur: Fünf Jahre Elbphilharmonie sind ja erst der Anfang. In ihrer Fassade spiegelt sich die Welt. Hinter ihrer Fassade werden bei jedem einzelnen Konzert neue Welten aus Musik erschaffen.

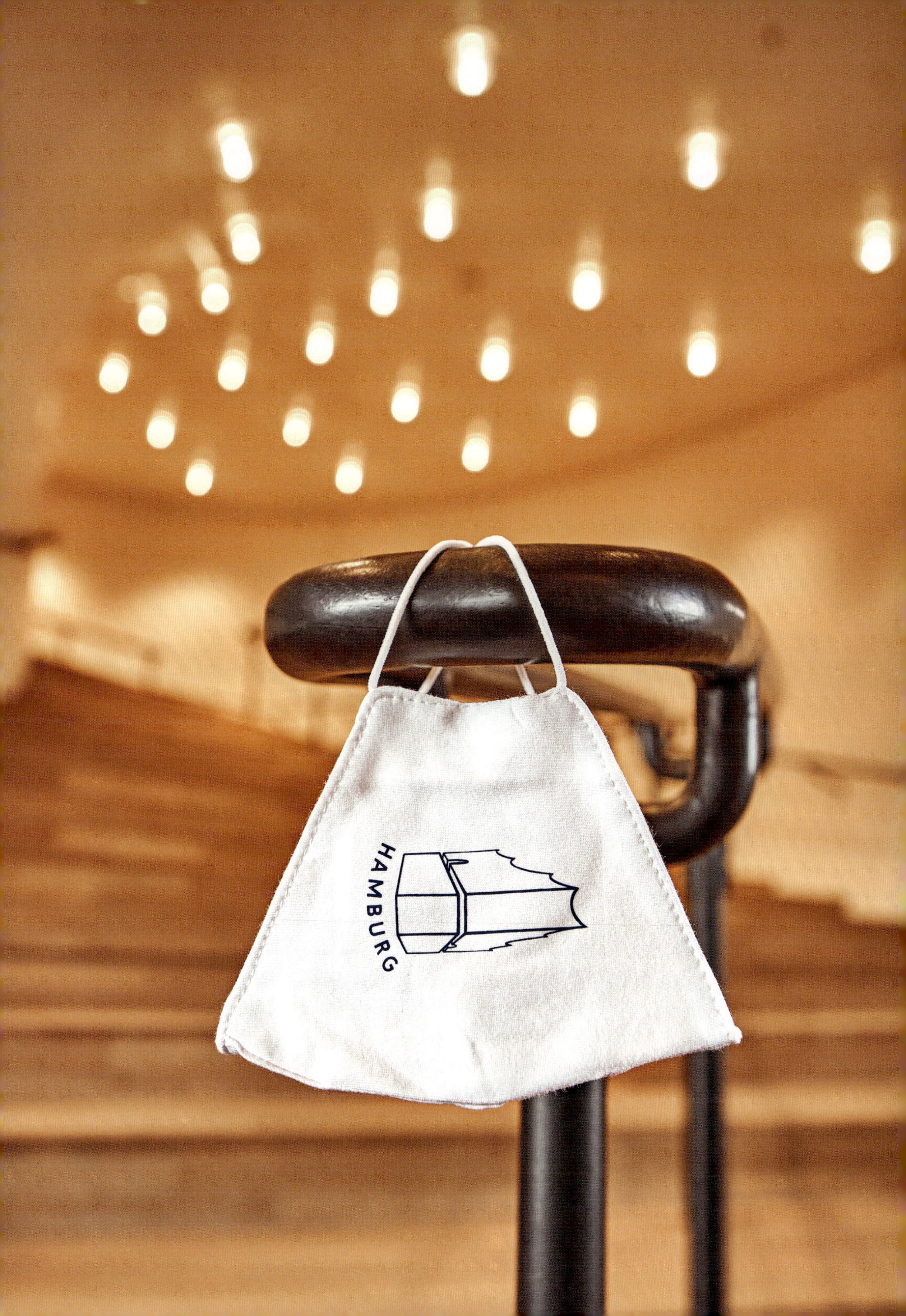
HAMBURG

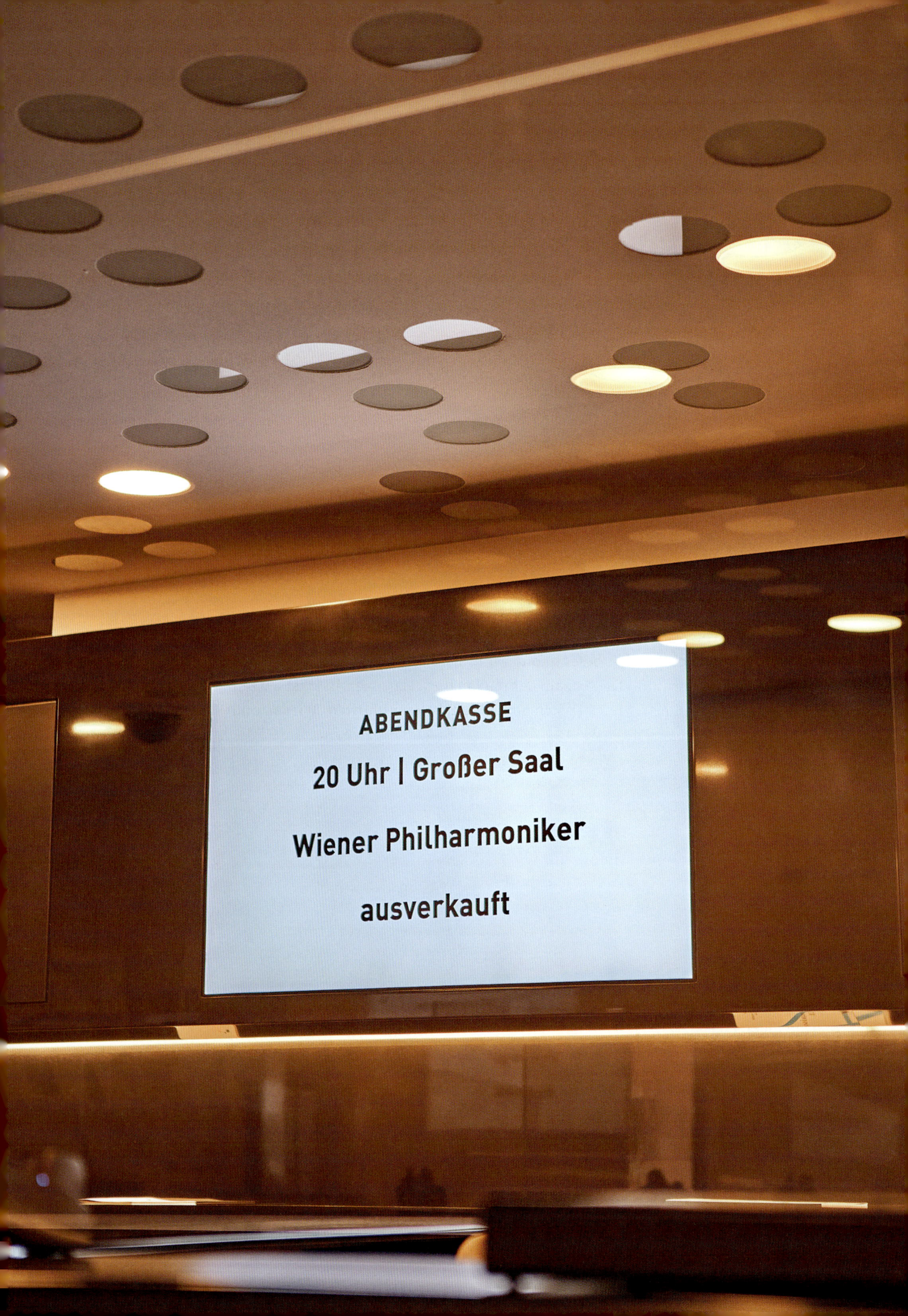
ABENDKASSE
20 Uhr | Großer Saal
Wiener Philharmoniker
ausverkauft

1

AUF DIE PLÄTZE, FERTIG, LOS: DIE KARTENKASSE

Wahnsinn. Dieses Wort allein genügt, um mit einigen Jahren Abstand nachzuerzählen, wie begehrt damals, vor dem Start und in den ersten Jahren danach, Konzertkarten für die Elbphilharmonie waren. Wer auftrat, was gespielt wurde, welcher Platz, welcher Preis, welcher Wochentag? Alles völlig egal. Rein, nur rein, war die Devise. So bald wie möglich und danach natürlich so oft wie möglich. Die typischste Handbewegung bei der damaligen Kundschaft: Haare raufen, beidhändig, und ihr meistgefluchtes Wort war »Ausverkauft!«.

Jedes Mal, sobald ein Online-Vorverkaufsstart für eine Spielzeit oder einen Themenschwerpunkt anstand, kollabierten zuverlässig die von Anfragen überrannten Server. Nichtkunden beschimpften ihre Rechner- oder Smartphone-Bildschirme, weil sie dort nur »Die Anzahl der maximal zugelassenen User ist derzeit erreicht. Bitte versuchen Sie es später noch einmal« lesen durften. Wieder und wieder, bis alle Konzerte ihrer Wahl als »Ausverkauft« gemeldet wurden. Jedes Mal, sobald irgendwo im Hamburger Stadtgebiet eine Konzertkasse frische Karten im Angebot hatte, bildeten sich ebenso zuverlässig Schlangen. Mit Platzhaltern und übernachten, Campingstühlen, Proviantbeuteln und Wartelisten manchmal. Unglaubliche, rührende Szenen spielten sich dort ab. Strahlende Augen, seliges Karten-Wedeln beim Verlassen der Verkaufsräume, Menschen stolz wie Bolle.

Fanboys, die für das jeweils brandneue iPhone-Modell vor dem Apple Store am Jungfernstieg campierten? Dieser Wahnsinn wurde von dem Run auf ein angeblich so elitäres und gestriges Kulturgut lässig getoppt. Man traute seinen Augen kaum. War das noch die Stadt, in der die meisten gediegen gewirkten Laeiszhallen-Konzerte jahrzehntelang nebenbei mitliefen im eingefahrenen Routine-Kulturleben? Die Stadt, in der einige Stars es sehr leicht hatten, aber viele andere Themen und neue Ideen viel zu schwer? War das jetzt schon die Ankunft auf der Bewusstseinsebene »Musikstadt«, auf die man in den Jahren der Großbaustelle Elbphilharmonie immer wieder pflichtoptimistisch hingewiesen hatte, sobald die nächste Kostenbombe geplatzt war? Es sah jedenfalls sehr danach aus, in der Zeit vor Corona, als einzig der Himmel die Grenze bildete. Hin und wieder, aber nur sehr vereinzelt, entdeckte man in den ersten Jahren tatsächlich Konzertplakate im Stadtbild an Litfaßsäulen. Aber: Warum sollte man auch noch Werbung machen? Bis die Plakate aus der Druckerei geliefert wurden, waren eh schon alle Karten verkauft.

Das Epizentrum dieser vielen Sehnsüchte haben die Architekten ebenerdig verbaut. Direkt neben dem Tube-Eingang auf der linken Seite des Nordgangs befinden sich die Kassenschalter. Sie sind im gleichen schlichten Design gehalten wie die Bar-Tresen einige Stockwerke höher. Besetzt mit chronisch freundlichen Damen und Herren, die vieles möglich machen, aber keine zusätzlichen Sitzplätze für ausverkaufte Konzerte herbeizaubern können, selbst wenn die Schlange für Restkarten-Abnehmer vor ihren Augen immer länger wurde und die Stimmung, je nach Frust-Pegel, an manchen Tagen leicht gereizt im Raum stand.

Die Auslastung im Großen Saal lag bis zum Sommer 2018 bei 99,2 Prozent, danach fiel der Pegel auf gerade noch erträgliche 98,6 Prozent. Mitunter übertraf die Kartennachfrage das Angebot um mehr als das 20-Fache. Für die beson-

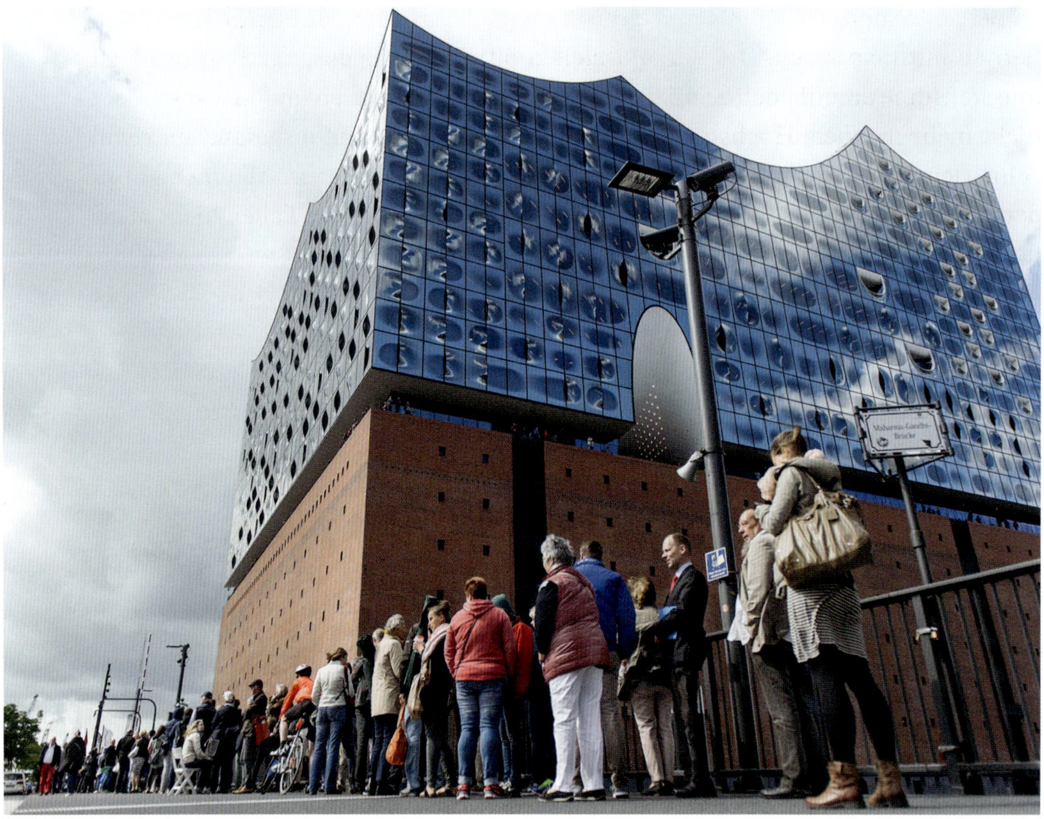

ders heiß begehrten Konzerttermine wurden immer wieder angeblich total echte Tickets schon im Internet angeboten, obwohl sie physisch noch gar nicht vorhanden waren. Beim Aufwiegen solcher Phantom-Karten in Gold hätten profitgierige Schwarzmarkt-Höker wahrscheinlich ein schlechtes Geschäft gemacht. Wer sich für den regelgerechten Kauf einer Konzertkarte interessierte, spielte Lotto, weil er seinen Namen und seine ungefähre Sitzplatz-Vorstellung lediglich in eine virtuelle Lostrommel warf und dann geduldig die Ziehung abwarten musste. Bei Online-Auktionsplattformen gingen die Kartenpreise für einige Star-Auftritte durch die Decke, meistens gleich mehrere Etagen hoch: Viermal Lang Lang, nebeneinanderliegende Klavierabend-Plätze, wurden im Frühjahr 2017 als dubiose Hehlerware für knapp 8000 Euro angeboten. Die schöne Schlusspointe dazu: Lang Lang musste sein Konzert krankheitsbedingt absagen, und wer seine Karten nicht ordnungsgemäß, sondern unter der Hand erworben hatte, konnte sich deren Kaufpreis auch nicht vom Veranstalter erstatten lassen.

Um den Ansturm zumindest etwas gerechter zu kanalisieren, wurden im Juni 2017 beim Verkaufsstart erstmals separate Termine für Menschen aus Hamburg eingerichtet. Sie sollten nicht komplett vom internationalen Andrang auf die verfügbaren Sitzplätze überrannt werden, obwohl doch ausschließlich sie es waren, deren Steuergelder den Bau des Konzerthauses möglich gemacht hatten und die seinen Betrieb mitfinanzieren. Die Verkaufsstellen öffneten morgens, der Rest der Welt musste online darauf noch acht Stunden warten. Kaufenkaufenkaufen war seitdem nicht mehr möglich. Höchstens vier Karten pro Konzert und insgesamt maximal zehn Tickets, mehr wurde nicht erlaubt. Wer sich rechtzeitig ein Abonnement in der Elbphilharmonie gesichert hatte, gab es in den allermeisten Fällen nicht mehr her; diese Plätze wurden blitzschnell zu Erbhöfen. Um vor Januar 2017 regelmäßig Menschengruppen mit »Suche Karte!!!«-Schildern und melancholischem Dackelblick vor den Türen der Laeiszhalle zu entdecken, hätte man sie schon mit einer Bildbearbeitungssoftware in Fotografien hineinbasteln müssen. Auf dem Vorplatz der Elbphilharmonie gehörten Kartensuchende in den ersten Jahren ganz selbstverständlich dazu.

Als dieser jahrelange irre Run auf die 2091 Plätze im Großen Saal begann, schickten NDR-Orchester und Elbphilharmonie für den ambulanten Vorverkauf der unglaublich populären und extrem günstigen »Konzerte für Hamburg« (handliche Programme, 60 000 Karten, für 6, 12 oder 18 Euro) nicht nur einen »Piaggo Ape«-Dreirad-Kleintransporter durch die Stadt, sondern auch einen knallrosa gefärbten HVV-Bus. Manche nutzten später den Umweg über eine Mitgliedschaft im Verein des Schleswig-Holstein Musik Festivals (SHMF), denn auf diesem Schleichweg zum Glück kam man an Vorbuchungs-Privilegien für Elbphilharmonie-Konzerte des SHMF und konnte die Schlange der anderen Wartenden mal eben links und doch legal überholen. Auch um das Konzerthaus herum war der Nachfragedruck enorm. Reiseveranstalter beklagten viel zu spärliche Kontingente, ebenso die Hotels, die liebend gern viel mehr Kombi-Pakete aus Zimmerbuchung und Konzertbesuch auf den Markt der Begehrlichkeiten geworfen hätten. Ein echtes Luxusproblem war das damals. »Am Endes des Tages ist praktisch alles ausverkauft«, frohlockte Generalintendant Christoph Lieben-Seutter im Mai 2018, »es brummt, das ist eine Musikfabrik.« Die Kartenverkäufe der Spielzeit mussten portioniert werden, um nicht sofort bis zum Rest der Saison leer gefegt zu sein.

Örtliche Konzertveranstalter, die jahrelang von solchen paradiesischen Zuständen geträumt hatten, glaubten wohl erst beim Anblick ihrer schönen neuen und sehr realen Kontostände, dass sie tatsächlich nicht träumten. Ein Konzerttermin im Großen Saal im Angebot war für sie quasi eine Lizenz zum Gelddrucken, null Risiko, volles Haus. Und ein hiesiger Theater-Intendant, für gleich mehrere kleinere Bühnen verantwortlich, beklagte sich öffentlich darüber, dass ihm die Eröffnungseuphorie als »Störfaktor« die eigene Planung verhagelt habe und der Publikumsmagnet Elbphilharmonie ihm die Stammkundschaft abspenstig machen würde. Im Bilanz-Interview nach dem ersten Jahr – mit 850 000 Besuchern in mehr als 600 Konzerten – sagte Lieben-Seutter: »Man sieht: Ein gutes Projekt ist ein gutes Projekt ist ein gutes Projekt. Die Elbphilharmonie führt dazu, dass plötzlich Tausende sagen: Ich mache jetzt Konzerte mit klassischer Musik zu einem regelmäßigen Bestandteil meines Lebens.« Später berichtete er, dass Konzerte im ersten Jahr innerhalb eines Tages ausverkauft gewesen seien, im zweiten Jahr nach einer Woche, im dritten Jahr nach einem Monat. Aber ausverkauft sei früher oder später eben einfach alles gewesen. So wahnsinnig einfach war das damals.

WUNSCH UND WIRKLICHKEIT: HIER KLAFFTEN SIE BESONDERS WEIT AUSEINANDER

1. THE NATIONAL 2017

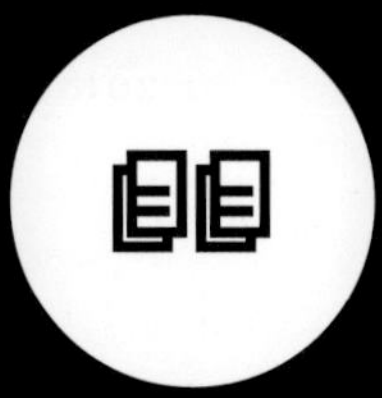

53 000 Nachfragen auf 2000 Tickets

2. »KONZERTE FÜR HAMBURG« DES NDR ELPHILHARMONIE ORCHESTERS IM FEBRUAR 2018

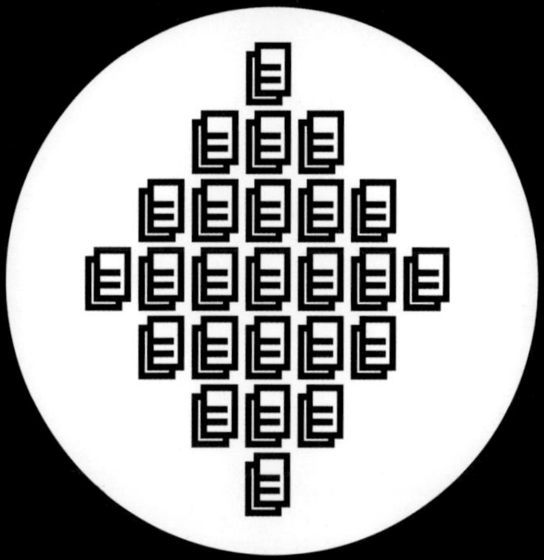

294 400 Nachfragen auf 20 000 Tickets

3. GEWINNSPIEL »FREIKARTEN FÜR DIE BEIDEN ERÖFFNUNGSKONZERTE 2017«

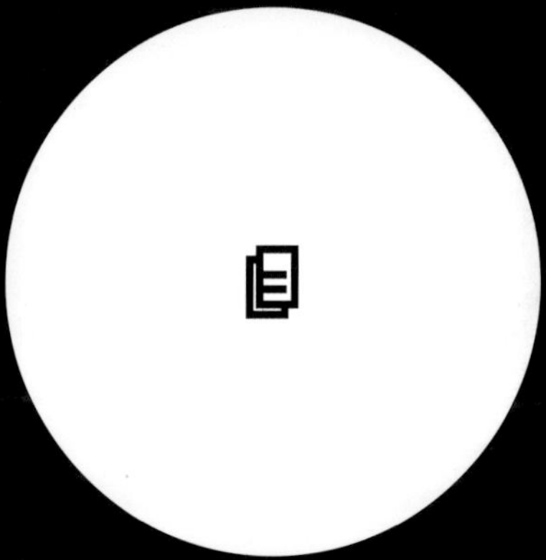

223 346 Gewinnspiel-teilnehmende auf 1000 Tickets

TOP 20 DER LÄNDER, AUS DENEN ANFRAGEN KAMEN

1. Deutschland
2. Österreich
3. Schweiz
4. Frankreich
5. Dänemark
6. UK
7. China
8. Niederlande
9. USA
10. Luxemburg
11. Belgien
12. Italien
13. Spanien
14. Schweden
15. Polen
16. Finnland
17. Norwegen
18. Australien
19. Tschechien
20. Kanada

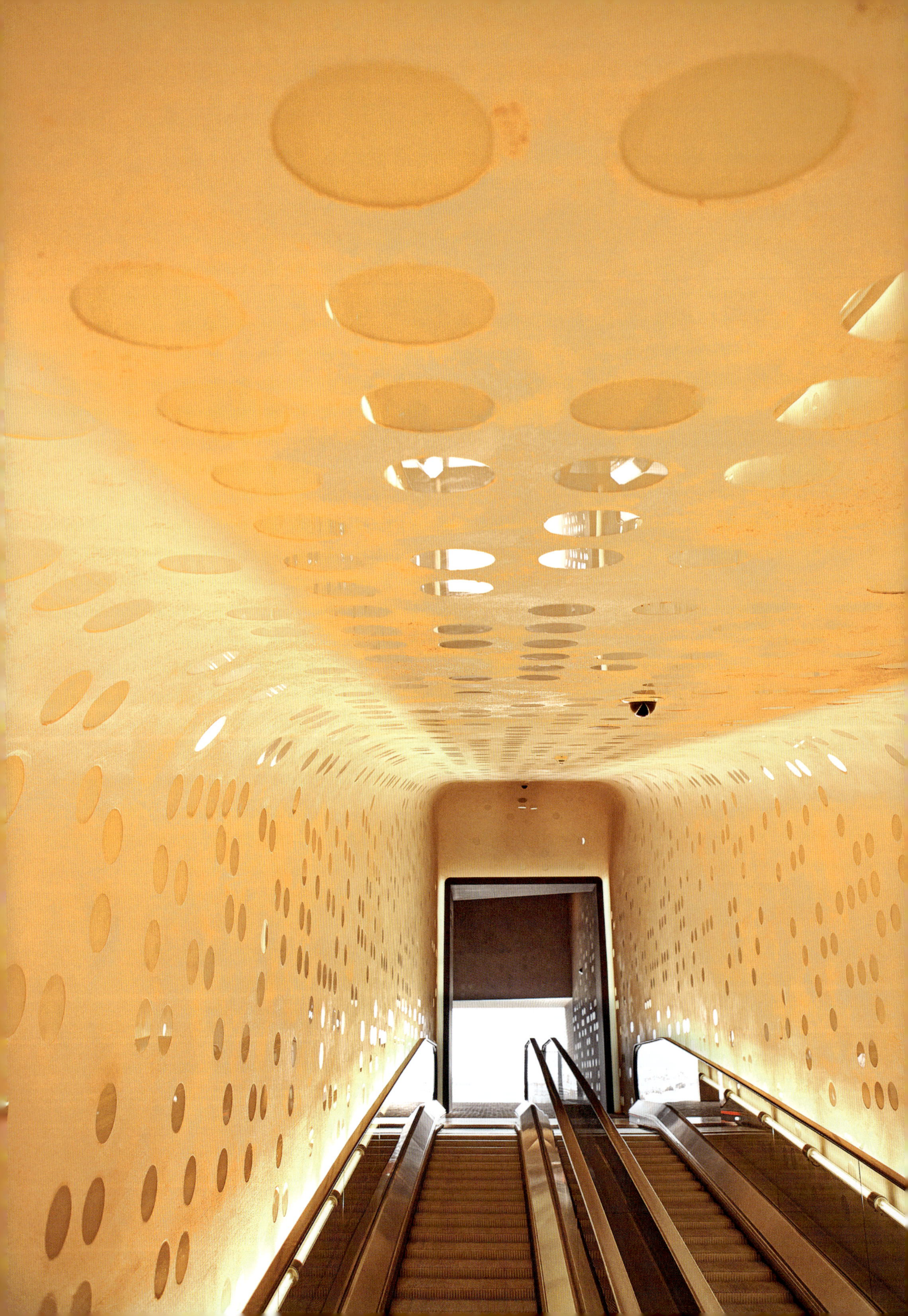

2

DAS ERSTE CRESCENDO: DIE ROLLTREPPEN

Etwas über zwei Stundenkilometer, viel ist das nun wirklich nicht. Doch diese Weile bei der Eile gehört zum Masterplan der Konzertinszenierung. Verglichen mit dem gestreckten Galopp unseres Alltags im 21. Jahrhundert ist die Höchstgeschwindigkeit, mit der die beiden Rolltreppen der Elbphilharmonie das Publikum nach Konzertende aus dem Gebäude bergab transportieren können, eher Schneckentempo: 0,63 Meter pro Sekunde, so langsam, dass man zwischendurch aussteigen und am Wegesrand Blümchen pflücken könnte beim Aufsagen von Eichendorff-Gedichten. Die Regelgeschwindigkeit dieser einzigartigen Wegstrecke liegt sogar bei gemütlichen 0,5 Metern pro Sekunde, also 1,8 km/h.

Andererseits: Führen diese Rolltreppen rasant, wären sie grundverkehrt, dort, wo sie sind. Sie sollen die Gäste ja entschleunigen. Den Puls beruhigen. Den Blutdruck senken. Die Seelen herunterdimmen und die Poren für die Musik öffnen. Sie können aber genauso gut den genau entgegengesetzten Effekt haben: Mit jedem ihrer knapp 22 Höhenmeter steigern sich schließlich die Aufregung und die Vorfreude. Diese Distanz zwischen normal und speziell ist das erste große, noch unhörbare Crescendo. Wo diese Reise endet, ist bei ihrem Start nicht konkret absehbar. Dass es bergauf geht, aus einer Gegenwart ohne eigenes Zutun ganz anstrengungsfrei in eine andere, einzig das zeigt sich.

Beim Umgang mit Klassik wird ja gern von dieser berüchtigten, gemeinen, hochnäsigen »Schwellenangst« gesprochen, von dieser intellektuellen Strauchel-Barriere für vorlaute Neulinge, die jede unverkrampfte Annäherung kompliziert macht, angeblich. Wer nicht auf Knopfdruck sofort parat hat, in welcher Tonart Beethovens op. 111 steht und warum, was eine enharmonische Verwechslung ist und wie viele Walküren wohin durch die Handlung von Wagners »Ring« galoppieren, soll mal schön draußen bleiben? Fällt alles flach hier, denn in diesem Gebäude, das wie ein Hochkultur-Hochgebirge im norddeutschen Flachland steil nach oben strebt, gibt es erst gar keine Schwelle, die demütig zu überschreiten wäre. Eintreten genügt, der Rest hinter dem Einschnitt in die Backsteinfassade geht ab hier ganz selbstverständlich aufs Haus. Haus für alle, dieses Etikett der Kulturpolitik bewahrheitet sich schon beim Auftakt. Diese Fahrt ist nicht nur buchstäblich ein erhebendes Gefühl, auch ohne roten Teppich auf den Treppenstufen wird man etwa 80 Meter weit empfangen und behandelt wie ein royaler Gast. Sie sind aber nach Ende des Konzerts auch in der entgegengesetzten Richtung sinnstiftend. Man kann noch etwas länger verweilen, das eben Gehörte noch nach- und abklingen lassen.

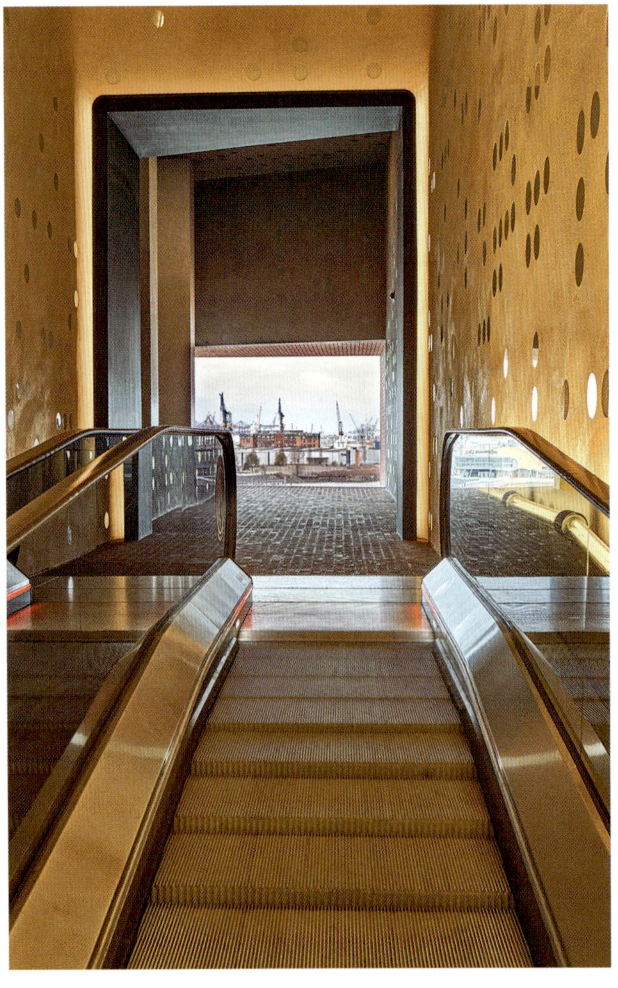

Der futuristische, langgestreckte Schalltrichter, in dem sich diese Rolltreppen über die Höhe der ersten sechs Kaispeicher-A-Etagen nach oben und unten schieben, hat auch die Funktion des emotionalen Druckausgleichs zwischen uns und der Musik. Er ist das Nadelöhr in eine Gegenwelt aus Tönen und lädt freundlich zum horizonterweiternden Tunnelblick ein. Er ist die helle, einladende Umkehrung des Kaninchenbaus in *Alice im Wunderland*, das Tor in eine Traumwelt. Für Alice geht es tief nach unten, hier aber in die entgegengesetzte Richtung. Die einzige Perspektive, die sich hier bietet, ist: Hier, irgendwo über uns, spielt gleich die Musik. Egal, was vorher war am Tag, völlig gleich, wie sehr Dinge klappten oder schiefgingen. In dieser Röhre, die als kleines Echo der Glasfassaden-Bedruckung mit Tausenden Glaspailletten verziert ist, gelten andere Regeln als einzig die Schwerkraft und das faktenbasierte »Wenn dies, dann das«-Denkschema. Auch deswegen – nicht nur, weil die Ingenieure der Herstellerfirma diese irre Idee tatsächlich hinbekommen haben – ist die »Tube« keine gerade Linie. Sie ist vielmehr die erste große Vene, die das Lebenselixier dieses Gebäudes (sein Publikum) zum Herzen (dem Großen Saal) transportiert. Schwierig wäre die Gerade immer noch gewesen, denn die maßgefertigte Treppenkonstruktion musste wie bei einer gigantischen OP passgenau in die erschreckend enge Ummantelung geschoben werden, aber dennoch wäre das noch viel zu einfach. Diese Bogentreppe fährt lieber einen kleinen, konvexen Umweg zu ihrem ersten Ziel, dem Panorama-Fenster an der Westseite des Gebäudes. Dort wird Hamburgs Panorama als reale, wahnsinnig schöne Fototapete ausgerollt. Eine Hafenansicht im Breitwandformat. Aber kein Standbild, sondern die Stadt in ihrer ganzen Pracht. Jeden Tag, jede Stunde andere Farben, wechselnde Details, an denen man sich sattsehen möchte, ein Tor zur Welt, gerahmt in klassischem Backstein. Die Architekten wussten genau, warum sie an dieser Etappen-Station keine Sitzmöglichkeiten spendierten. Staugefahr.

Touristinnen und Touristen ohne Konzertkarte fahren und schauen ganz anders auf und wegen der Tube als diejenigen, für die die Achterbahnfahrt hier nur beginnt, um in einer Zuschauerreihe in einem der Säle zu enden. Die ersten Selfies, in beide Fahrtrichtungen, das erste Staunen, und nie ein grimmiger Gesichtsausdruck, weil das ungläubig staunende Lächeln stärker ist. Dass die allermeisten keine Konzertkarte haben, um die eigentlichste Aufgabe des Gebäudes tatsächlich mitzuerleben, störte seit der Eröffnung wohl nur die allerwenigsten. Sie kamen, millionenfach, aus allen Himmelsrichtungen. Immer wieder wird auf dieser Kurzstrecke die cremefarbene Seitenwand betastet, vorsichtig, ehrfürchtig, als wäre es der Teil eines prächtigen Denkmals, dessen Reiben garantiert Glück bringen soll. Fugenlos verspachtelt ist diese Nichttapete, auch um den Eindruck zu intensivieren, sich nicht durch etwas Gebautes zu bewegen, sondern durch etwas Gewachsenes. Bei den bisherigen Großevents wurden manche Ehrengäste bereits auf der Rolltreppe interviewt, abgefilmt und erstmals flott durchfotografiert. Die Gelegenheit ist einfach zu verlockend, da es kein Entrinnen gibt auf dieser Anfahrt. Leider kann man nur ein einziges Mal zum ersten Mal die Fahrt nach oben erleben und sich kurz wie ein Kind freuen, wenn nach dem Scheitelpunkt der Krümmung das Ende sichtbar wird. Die Fensterfront ist allerdings nur ein schneller Zwischenstopp, das Umsteige-Gleis vor dem zweiten, kürzeren und geraderen Rolltreppen-Duo. Deren 20 schnurgerade Treppen-Meter gehen buchstäblich fließend in die ersten Treppenstufen der Plaza über. Ab hier geht es noch tiefer hinein und hinauf ins Wunderland.

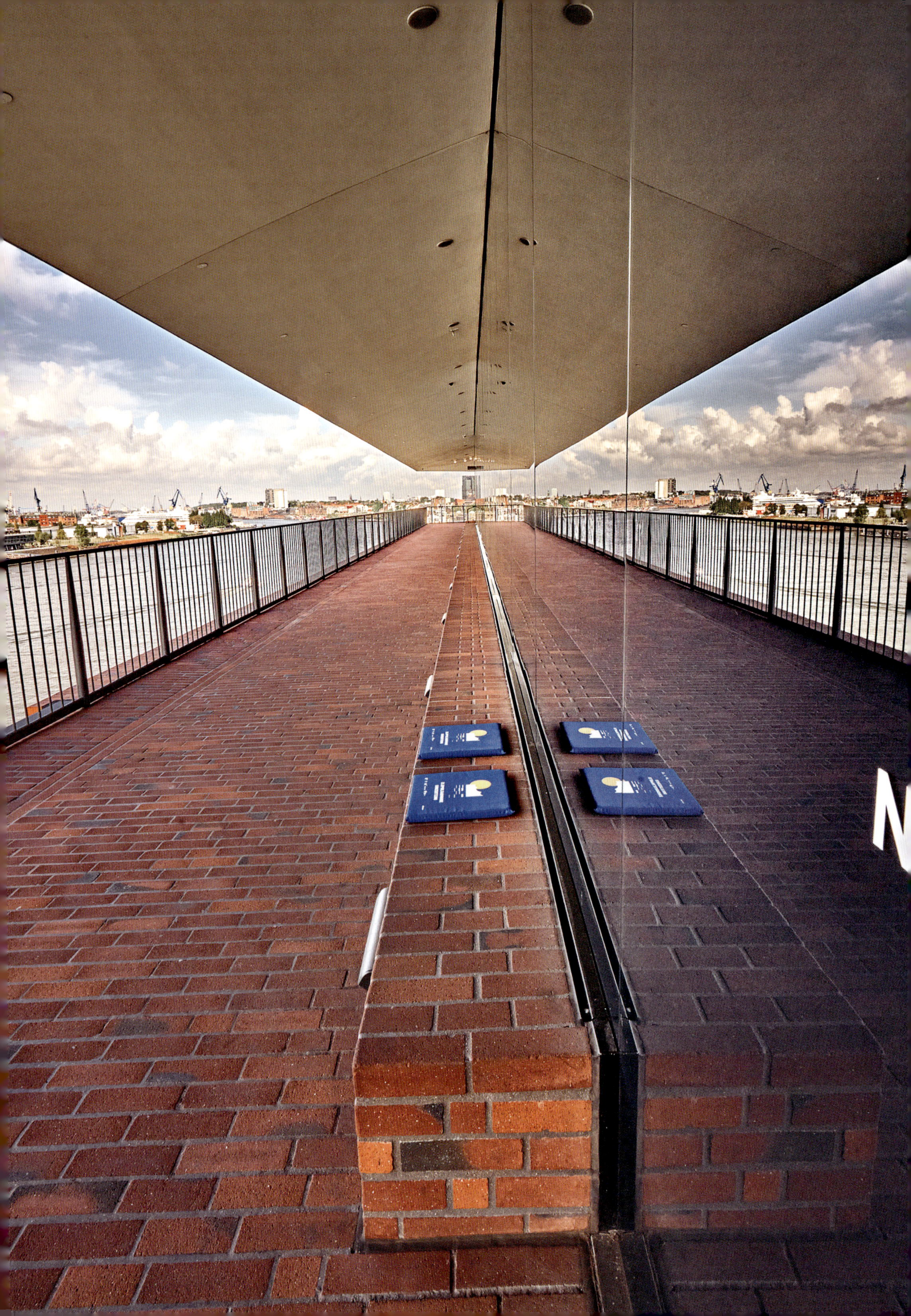

3

DAS BAUMATERIAL DER HERZEN: DIE BACKSTEINE UND DIE PLAZA

Gäbe es ein alternatives Hamburger Wappen mit den symbolträchtigsten Gegenständen für prägende Charakterzüge der Stadt, hätte dort neben dem Pfeffersack, dem Fischbrötchen und dem Goldknopf auch der gute alte Backstein einen dankbar eingerichteten Ehrenplatz verdient. Die Hauptkirche St. Michaelis, die Laeiszhalle, das Planetarium, das Bergedorfer Schloss. Das Chilehaus, das Kontorhausviertel und natürlich die Speicherstadt, als bauhistorisches Ensemble 2015 zum UNESCO-Welterbe geadelt. Alles exemplarische Einzelstücke, alles bestaunenswerte Zierden im Stadtbild.

Der Backstein ist ein ziemlich protestantisches, gutbürgerliches Baumaterial, funktional und am liebsten in unaufgeregtem Rot. Gern mit leichten Farbtonschwankungen, damit es nicht langweilig wird; praktisch und angenehm uneitel ist der Backstein, nicht nur auf den ersten Blick. Ein Backstein ist ein Backstein ist ein Backstein. Der duzt einen ungefragt, falls er dich mag, und fackelt nicht erst lang rum. Der macht keine dicken Backen und hält sich nicht für etwas Besseres. Der ist eher Helmut Schmidt als Helmut Kohl.

Einer Ziegelmauer aus vielen Backsteinen sieht man an, dass und wie sie gemauert wurde. Glatt verputzt, als oberste Hautschicht eines Skeletts aus Stahl und Beton, ist so eine 08/15-Mauer nur senkrechte Fläche, von da bis dort, doch das war es dann aber auch. Eine Backsteinmauer aber hat eine ganz andere emotionale Temperatur. »Er ist alltäglich und wertlos, doch er besitzt eine besondere Eigenschaft«, schwärmte der Architekt Frank Lloyd Wright einmal. »Geben Sie mir diesen Backstein, und er wird sein Gewicht in Gold wert sein.« Neumodisch zu sein interessiert einen Backstein nur sehr bedingt. Der Backstein wirkt so richtig erst in der Gesellschaft von vielen anderen. Je älter er wird, desto mehr Charakter und Charisma entwickelt seine Patina. Und röche ein Hamburger Backstein, dann nach Regenschauern und Sonne und Hafen und vielen Traditionen und Geschichten und noch mehr nach: Stolz.

Dass der Kaispeicher A, die untere Hälfte des siamesischen Ensembles Elbphilharmonie, von seinem Architekten Werner Kallmorgen 1963 eine karge Backsteinfassade bekommen hatte, ist ein Glücksfall für seine zweite Lebensphase. Nachdem er wenige Jahre später durch die Container-Revolution unbrauchbar geworden war, verwandelte er sich in ein Bau- und Hafenwirtschaftsdenkmal. Für seine neue Aufgabe als Glaswellen-Sockel an einer Spitzenadresse der HafenCity wurde er nicht geschmäcklerisch überschminkt oder gleich abgerissen, obwohl man vor der Elbphilharmonie-Idee damit gedroht hatte, weil man an dieser Adresse gern ein weiteres nutzloses Bürogebäude aus dem Boden gestampft hätte und nichts mit Kultur. Der Backstein aber blieb stoisch weiter, was er war. Roh-Stoff, in Backsteinrot. Nur eben anders. Komplett andere innere Werte und Aufgaben. Seine Kräne ließ man ihm, sie erinnern vor der Südfassade an früher. Inzwischen nähert sich der Ziegelfarbton der nach oben aufgestockten Fassaden-Meter farblich an den historischen Hauptteil an. In einigen Jahren dürften Wind und Wetter und der Zahn der Zeit diesen Prozess weiter beschleunigt und abgeschlossen haben.

An der altehrwürdigen New Yorker Carnegie Hall verweist nur eine dezente kleine Inschrift auf den Namensgeber und die Funktion; auf der anderen Seite der USA, an der futuristisch verwehten Stahlfassade von Frank Gehrys Walt Disney Concert Hall in Los Angeles ist der eingestanzte Namensschriftzug erst bei Dunkelheit richtig sichtbar, weil er dann von innen heraus angeleuchtet wird. Das Namensschild in Hamburg ist gerade mal so groß wie nötig: ELBPHILHARMONIE, in schnörkelloser Industrie-Schrift, nicht riesig und nicht zentral, sondern seitlich versetzt, bescheiden, pragmatisch. Das genügt. Etwas mehr wäre hier viel weniger. Ein ikonisches Gebäude mit einem riesigen Namensschild tapezieren, das würde dem Glauben an die eigene Wirkung in die Parade fahren und das Gebäude unnötig kleiner machen, als es gedacht wurde. Wer dieses Konzerthaus besucht, weiß schon längst, wie es heißt.

Vielleicht ist es kein Zufall, dass sich die Elbphilharmonie-Architekten Jacques Herzog und Pierre de Meuron für das zeitlose Material Backstein entschieden, als 2004 die Arbeit für den Erweiterungsbau eines ihrer Greatest Hits begann: Das Switch House der Tate Modern am Ufer der Londoner Themse erhielt eine vorhangartige Fassaden-Oberfläche aus Backstein. So wurde dieser eigenwillig verkantete Turm mit der gleichen dezenten Energie und Anziehungskraft aufgeladen wie das verziegelte Hauptgebäude, ein früheres Kraftwerk und jetzt weltweit eines der wichtigsten Museen für zeitgenössische Kunst.

Radikal zeitgenössisch ist die Plaza der Elbphilharmonie nicht. Jedenfalls nicht, wenn man ausschließlich ihren Backsteinboden aus etwa 188 000 Einzelteilen betrachtet. Das Dach des ursprünglichen Kaispeichers unter der Plaza hatte von Kallmorgen nur das Nötigste bekommen, einen schnöden Industriegebäude-Dachdeckel, mehr war da nicht, warum auch. Mit der Plaza wurde die Stadtgesellschaft ins Gebäude geholt. Dass sie etwa die Grundfläche des Rathausmarktes hat, ist ein schöner, sinniger Zufall. Konsequent ist die horizontale Extra-Backsteinlage, die aus dem ehemaligen Dach die Fortsetzung der Fassadenwände macht. Ein klares Signal, dass der Kaispeicher-Zustand in sich abgeschlossen ist. Und dass dieser Zwischenzustand eine Durchgangsstation darstellt. Man ist noch auf dem Boden der historischen Tatsachen, steht nicht in, aber auf einem Relikt aus einer vergangenen Epoche. Die Musik allerdings, die man hier nur ahnen kann und erst noch erreichen muss, die ist der Gegenwart voraus. Die schwebt, verpackt in einem gigantischen Konzertsäle-Etui, auf mitunter abenteuerlich schrägen Säulen losgelöst über den Köpfen des Publikums. Jeder und jede Einzelne ist das Bindeglied zwischen diesen beiden Sphären. Übrigens: Die Linien und Kreise aus Metall-Intarsien auf dem Boden der Plaza sind keine besonders exzentrisch geratene Ziegel-Zierde, sondern »taktile Leitprofile« aus Metall für Sehbehinderte. In der Anfangsphase der Elbphilharmonie ist es vorgekommen, dass Handwerker, die dort Lücken reparierten, von Touristen gefragt wurden, ob man diese Ersatzteile als Souvenir kaufen könne.

Konzertbühne zu sein gehört nicht zur regulären Arbeitsplatzbeschreibung der Plaza. Nur bei besonderen Anlässen wurde sie dazu umfunktioniert. Noch während der Bauphase wurde dort 2012 eine Spezial-Version von Brahms' »Deutschem Requiem« inszeniert, bei dem die Chormitglieder sich im Publikum verteilten. Anfang November 2016, zur offiziellen Eröffnung der Plaza, spielte die Techno-Marching-Band Meute, zur großen Freude des damaligen Ersten Bürgermeisters Olaf Scholz, der vom Chef des Baukonzerns Hochtief ein Geschenk erhielt, in das FERTIG eingebrannt war: einen Backstein, was auch sonst. Da sich in der Elbphilharmonie-Historie fast alles wiederholt, im Guten wie im Katastrophalen, war dieser Ziegel ein Remake des Geschenks an die 750 Gäste der symbolischen Grundsteinlegung im April 2007. Im Juli 2017, bei einer »Langen Nacht des Singens«, gaben etliche Laienchöre reizende, herzerwärmende Kostproben ihres Könnens, darunter auch die HHLA-Boygroup »De Jungs vun de Logerhus«. Frohgemute Shanty-Senioren mit Flaggen-Krawatte und Prinz-Heinrich-Mütze, stilsicher in marineblauen Goldknopf-Zweireihern. Die Gattinnen waren für die Erinnerungsfotos und das Beschunkeln des Publikums zuständig, die Ehemänner besangen die Elbe, Hamburg oder beides und als größten Abräumer den »Hamburger Veermaster«. Ein Träumchen.

Für Konzertbesucher ist die Plaza eher eine Etappe, die man absolviert, höchstens ein Treffpunkt, um von dort aus in das jeweils passende Foyer zu gelangen. Für Touristen ohne Konzertkarten ist sie das tollstmögliche Trostpflaster, denn der Panorama-Blick von einer der Außenplaza-Laufstrecken ist in jeder Himmelsrichtung und bei so ziemlich jedem Wetter sensationell, auch ganz ohne Musik. Bei einer frühen Zwischenbilanz nach gut einem Jahr Plaza- und Spielbetrieb wurde von offizieller Seite stolz darauf verwiesen, dass die Elbphilharmonie über vier Millionen Besucherinnen und Besucher gehabt habe, in etwa so viele Menschen wie die Sixtinische Kapelle im Vatikan. Doch die ist weit über 500 Jahre älter.

Dieser Backstein-Platz auf 37 Meter Höhe ist ein riesiges Stativ für unzählige Erinnerungsfotos und Selfies, in alle Welt gepostet. Von links oder rechts fährt die U3 dekorativ die Station Baumwall an, die inzwischen auch *Elbphilharmonie* heißt. Schiffe kommen und gehen. Wolken stapeln hoch oder verziehen sich. Die ganze Stadt inszeniert sich. Fehlt nur noch der Vorhang. Den begeisterten Szenenapplaus kann man sich mühelos im Minutentakt dazu denken.

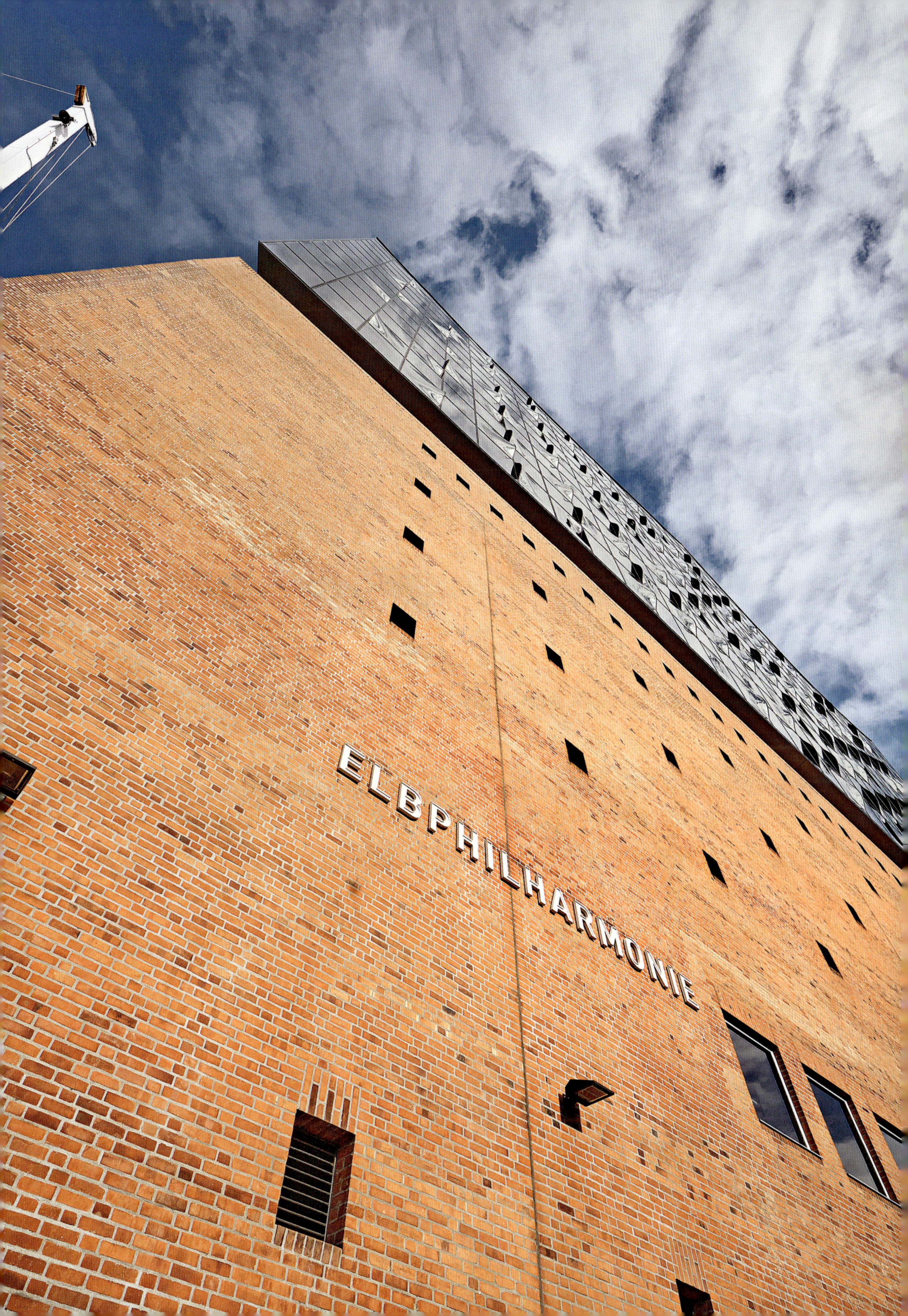
ELBPHILHARMONIE

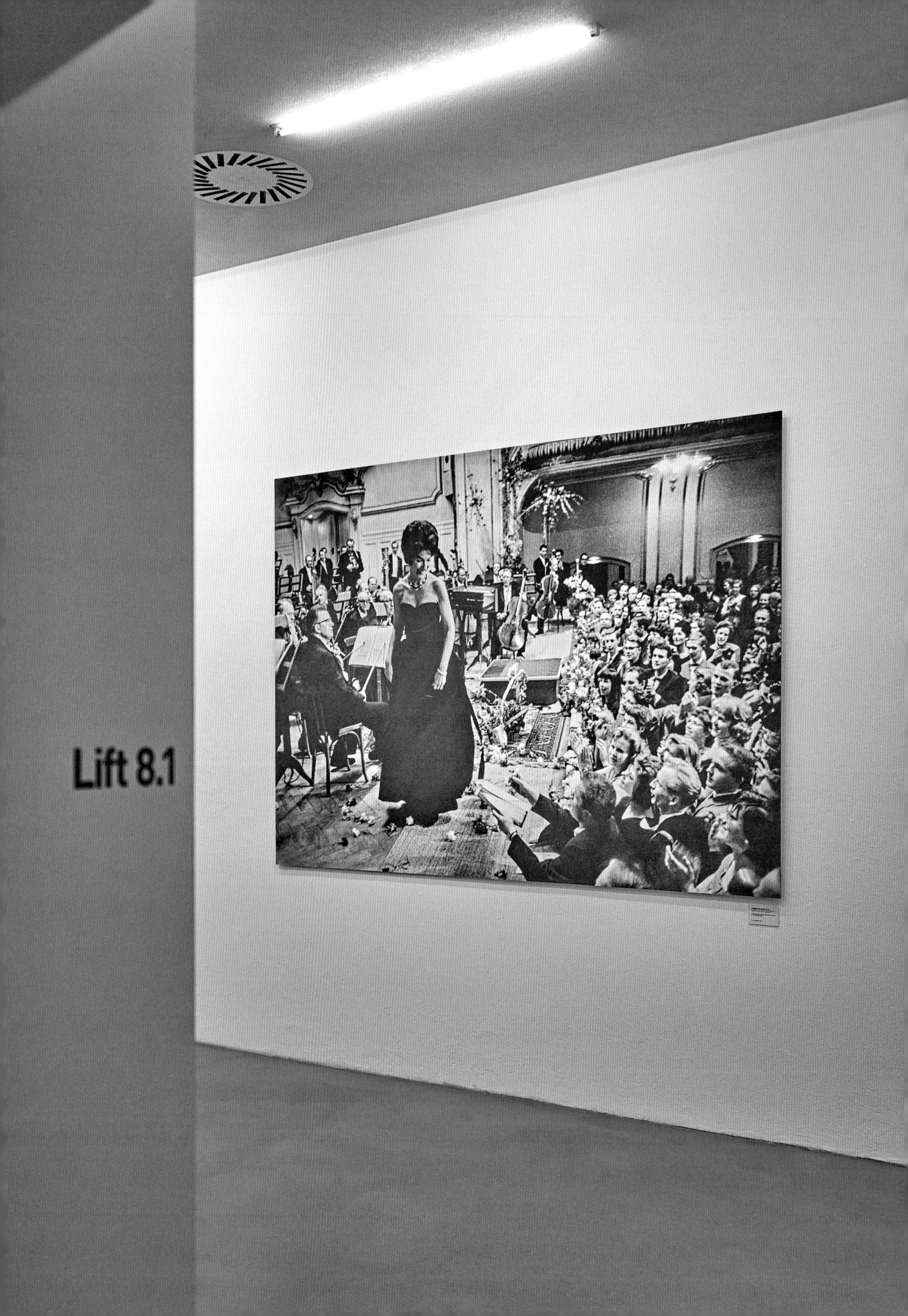
Lift 8.1

4

DER WEG ZUM GIPFEL: DER MUSIKER-FAHRSTUHL

Der Anblick eines Bühneneingangs, am besten bei sonnigem Tageslicht, um den Kontrast zur Normalität zu schärfen, kann etwas ungemein Karrierefördern-des haben. Diese Eingänge sehen nach fast nichts aus. Sie sind zweckorientiert, praktisch gedacht, un-schön. In älteren Theatern oder Konzertsälen hat es direkt hinter dieser Tür gern geräumig gläserne Aufbewahrungskisten für langgediente Pförtnerinnen oder Pförtner, von oben bis unten tapezierte Wohnbüros mit Aushängen, Vorschriften, vergilbten Zeitungskarikaturen und Premieren-Fotos, »Wer hier arbeitet, muss verrückt sein«-Aufklebern und Urlaubs-Postkarten aus dem letzten Jahrtausend gegeben, und irgendwo hängt oder steht immer ein Monitor, dessen einziges Programm das Bühnenbild ist. Nur echt mit rachitisch röchelnder Kaffeemaschine im Hintergrund, diese Gesamtkunstwerke. So etwas kann man nicht planen, das muss sich zurechtwuchern, ein Jahresring nach dem anderen. Sind die diensthabenden Höhlenbewohner dort von der chronisch eher gut gelaunten, sich kümmernden Sorte, steht direkt neben dem Durchreichschlitz für Papiere und Post, Kram und andere Lebenswichtigkeiten eine Schale mit gut abgelagerten Bonbons, antiken Gummibärchen oder kleinen Schokotäfelchen. Ein besonders liebevolles Service-Detail hat das Amsterdamer Concertgebouw zu bieten: Blumenstraußhalter, damit die angelieferten Gratulationsblumen, mit Namensschildern klar gekennzeichnet, griffbereit geparkt sind, bis sie beim Schlussapplaus ins Rampenlicht dürfen.

Die Türsteher alter Schule sind Mobiliar und Psychiater in Personalunion, Kümmerer und Schutzwall. Postkasten und Beschwerdestelle. Sie kennen alles und jeden und haben auch für den dümmsten Witz noch ein halbes Lächeln übrig. Wer es sich, absichtlich oder versehentlich, mit ihnen verdirbt, kann sich schon mal warm anziehen für die nächsten achtzig Jahre Betriebszugehörigkeit. Jeder weiß das, alle wissen das. Alle halten sich tunlichst daran. Wenn in der Wiener Staatsoper ein weltbekannter Dirigent wie Christian Thielemann durch die Tür zur Partitur-

Arbeit eilt, geht er lieber nicht ohne einen respektvollen, klitzekleinen Boxenstopp beim huldvoll jovialen Herrn Geheimrats-Portier vorbei, der womöglich »der Anton« heißt oder wenigstens »der Bebbi«. Nur weiche Bs, bittschön, habe die Ehre. In der Laeiszhalle ist die tatsächliche Bühnentür vom Künstlereingang lediglich eine Treppe und einen kurzen Gang entfernt, keine Minute, und doch kann man ein Leben lang Anlauf nehmen und es dennoch nie schaffen. Andere Säle – ein besonders schönes Beispiel ist die Boston Symphony Hall – verwirren ihre Gäste mit unübersichtlichen Flur-Labyrinthen und Lagerräumen in den Eingeweiden des Gebäudes. Und jeder Bühnenbereich hat seinen eigenen Geruch: je näher am leibhaftigen Publikum und am Konzertbeginn, desto mehr Tigerkäfig.

Der Anblick eines Bühneneingangs ist so gut für die Karriere, weil er zeigt, wohin man mit sich wollen muss im Leben. Was man schon ist, was noch nicht, was vielleicht auch nie werden wird. Sie sind ernüchternd, furchterregend und riesiger Ansporn zugleich. »Schön« müssen sie dafür nun wirklich nicht sein, ihre Schönheit liegt in ihrer Aufgabe, die Tür ins andere zu sein, das Gleis 9 ¾, von dem aus Harry Potter nach Hogwarts abfährt. »Schön« und besonders hat schließlich die Vorderseite zu sein; alles, was das Publikum sehen soll. Was es nicht sehen soll, ist die profanere Produktionsebene, die den Bühnenzauber und seine vielen Zutaten entzaubern kann, weil dort Fehler passieren dürfen und sollen. Weil dort Dienstpläne gelten und Tarife, weil immer irgendetwas fertig werden muss und immer jemand genervt fragt, sich oder andere, warum das jetzt nicht endlich klappt. Die Bühne stellt das Kunstwerk dar, wie es ist.

Auf den Karten des Römischen Reichs stand als Warnung für alles jenseits der Reichsgrenzen: »Hic sunt leones«, »Hier sind die Löwen«. Das kann man auch als verführerische Einladung deuten: Hier wird es nicht nur ernst, sondern gefährlich. Anders übersetzt: interessant, lohnend, aufregend, toll, unbekannt, unerforscht, überraschend, schrecklich, wunderbar. Hinter jedem Bühneneingang sind diese Löwen. Wenn man Glück hat und es verdient hat, aber auch: die Rosen.

Doch zurück an die Westspitze der HafenCity. Der Bühneneingang der Elbphilharmonie, Postanschrift »Platz der Deutschen Einheit 4«, an der Südseite unscheinbar in die Backsteinfassade hineingefräst, macht, bei aller Liebe, echt wenig her. Er ist die linke von zwei Türen, mattschwarz gestrichen, Atombunker-Tarnfarbe. Rechts steht für die Gastro-Großhändler »Anlieferung Restaurant / Anlieferung Café«, links, zweisprachig »Künstlereingang / Stage Door«. Was genau genommen ja nicht ganz stimmt, denn die eigentliche Bühnentür für den Großen Saal erreicht man erst so um die 50 Meter Luftlinie weiter oben. Und ein leibhaftiger, analoger Pförtner mit Tageslaunen ist weit und breit nicht zu sehen.

Vor diese Doppel-Tür können neben Kaffee und Kuchen auch die jeweiligen Gastsolisten, Bands oder Dirigenten von einem Fahrdienst oder von Taxen angeliefert werden. Letze Chance für eine Zigarette. Neben den Türen starrt jeweils nur ein kühl abwartendes, regloses Kamera-Auge. Daneben warten eine Klingel und eine Eincheck-Fläche für die elektronischen Schlüsselkarten, auf denen genau gespeichert wird, wer wo hineindarf und wo nicht – und, minutengenau abgewogene Gunst, bis wann und ab wann nicht mehr. Ernüchternd eigentlich. Die Vorstellung, dass hier nach einer Vorstellung Fans darauf lauern, doch noch einen Blickzipfel von ihrem Liebling zu erhaschen, ist sonderbar.

Hat man diese erste Hürde genommen und das Personal am Empfangstresen vor der Intendanz im 10. Stock die Tür geöffnet, kommt fast nichts, außer den nächsten zwei Türen. Zwei große, komplett unglamouröse Fahrstühle. Wer die entsprechend befähigte Keycard hat, kann je nach Autorisierung beliebig viele Zwischenstopps einlegen. Alle anderen schaffen es ausschließlich in die Etage Nummer 10. Vertrauen ist gut, Kontrolle besser, ein sehr cleanes Entree. Einziges Indiz, dass man es nicht mit dem Hintereingang einer Schraubenfabrik zu tun hat, ist das Callas-Fresko an der Wand gegenüber der Lift-Eingänge. Ein schwarz-weißes und nicht lebensgroßes Konzertfoto, vom 16. März 1962, im Großen Saal der Hamburger Musikhalle, drei Jahre nach ihrem ersten Hamburg-Auftritt. Ein Abend, der zum Teil ihres Mythos wurde. Von oder besser: Mit einer Erinnerung an eine Göttin wie Maria Callas begrüßt zu werden, das ist schon eine sehr amtliche Ansage, wenn man als Gast abends unter diesem Dach auftreten soll. Ein halbes Jahrhundert ist das her, es war eine gänzlich andere Welt. In Deutschland wurde Conny Froboess mit dem Schlager »Zwei kleine Italiener« zum Publikumsliebling, in den USA landete Ray Charles mit »I Can't Stop Loving You« einen Hit.

Ein sensationelles, ikonisches Foto, weil es eine Momentaufnahme für die Ewigkeit ist und zeigt, was große Kunst mit Menschen macht, wenn es sie frontal erwischt. Ein YouTube-Video zeigt die Callas, wie sie dem NDR-Sinfonieorchester zuhört, das hinter ihr eine »Carmen«-Portion losschmettert, dirigiert von Georges Prêtre. Elegantes, schulterfreies Abendkleid. Mehretagige Frisur. Majestätisches Lächeln, alles unter penibler Kontrolle. Wahrscheinlich durchaus edles Geschmeide, reichlich davon, um den Hals. Aus den wenigen Minuten, in denen sie noch nicht singt, sondern nur zuhört, kann man so viel mehr über Charisma und Bühnenpräsenz lernen als heutzutage in stundenlangen Coaching-Runden. Da ist so viel Musik und Größe und Stolz in ihrem Blick in den Saal. Und dann, erst dann, kommt die »Habanera«. »L'amour est un oiseau rebelle«, »Die Liebe ist ein rebellischer Vogel«. Unfassbar, unerreichbar.

Die Diva ist natürlich der einzige Blickmagnet auf diesem Foto; niemand da, weder im Orchester noch im durchdrehenden Parkett-Publikum, der die Augen von ihr abwenden will oder kann. Die Kulissendetails dieser Inszenierung sind ein Traum: Neben dem Dirigentenpult liegt ein Perserteppich auf der Bühne, darauf steht ein Präsentkorb. Ein Bewunderer reckt ihr sein Autogrammbuch und einen Stift entgegen, ungefähr auf Callas-Knöchelhöhe. Keine Chance natürlich. Und der Bühnenboden ist übersät mit Blumen.

Mag sein, dass die örtlichen Orchestermitglieder auf dem Weg zur nächsten Probe im Kalender an diesem Heiligenbild vorbeihuschen und es höchstens noch aus dem Augenwinkel wahrnehmen. Wie Gast-Künstlerinnen und -Künstler – egal, aus welcher Stilrichtung sie kommen – wenige Stunden vor ihrem Auftritt auf dieses Bild reagieren, lässt sich nur vermuten. Stolz, Vorfreude, angstschweißtreibende Panik? Ein liebevolleres und gleichzeitig auch furchterregenderes Begrüßungsdetail als dieses Zeitdokument lässt sich jedenfalls kaum denken. Alle Wege führen, mal früher, mal später, nach Rom. Hier, vor dem Fahrstuhl hinter dem Bühneneingang der Elbphilharmonie, führt der einzige nach oben. Oben bleiben muss man dann selbst.

DIE GRÖSSTE BISHERIGE BESETZUNG BEI EINEM KONZERT

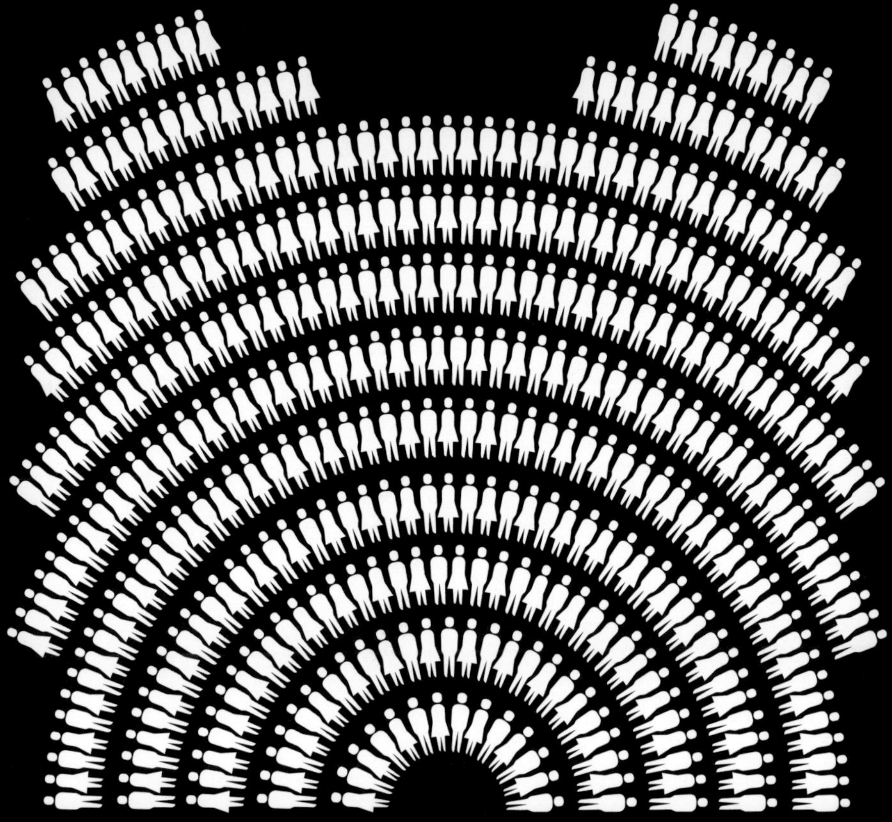

420 MITWIRKENDE
(13. Mai 2017: Terry Riley »In C«)

DAS LÄNGSTE KONZERT

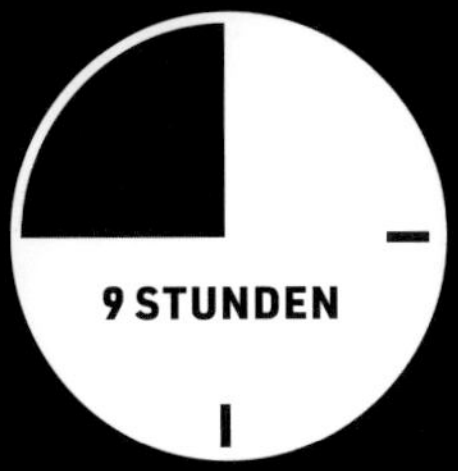

15. September 2019:
KAIKHOSRU SHAPURJI SORABJI
ORGELSINFONIE NR. 2
(KEVIN BOWYER, ORGEL)

... UND DAS KÜRZESTE

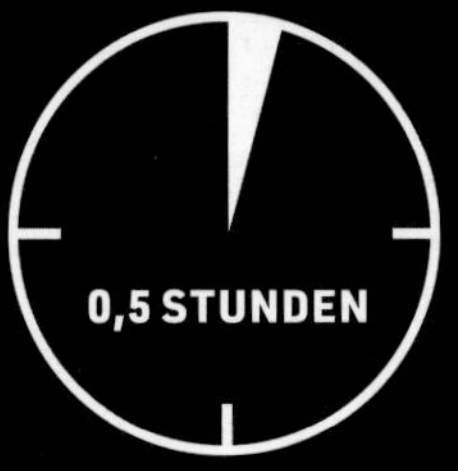

FUNKELKONZERT
»PEPE & SPEEDY«
(z. B. am 4. September 2020)

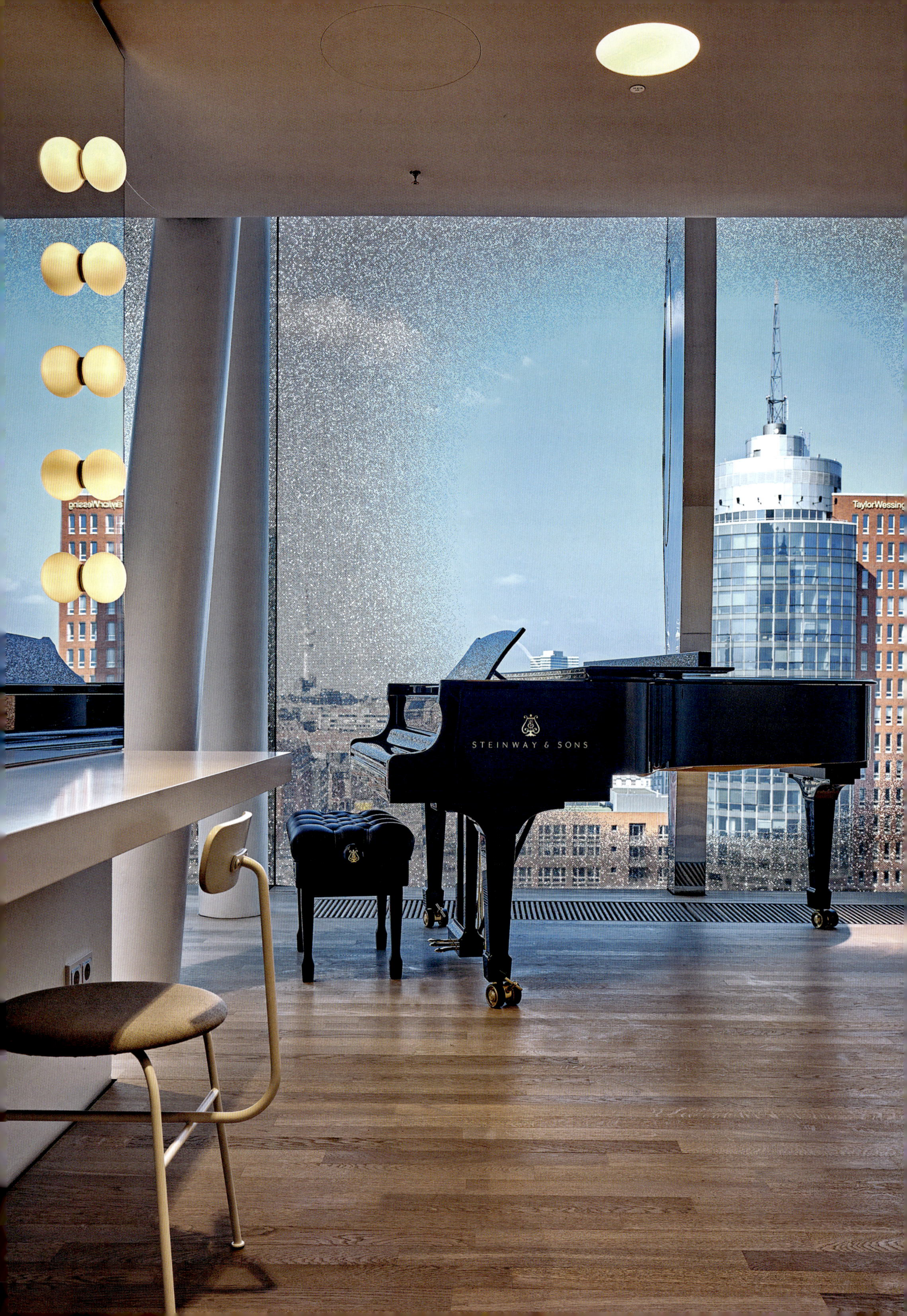
STEINWAY & SONS
TaylorWessing

5

SCHÖNER SPIELEN: DIE KÜNSTLERGARDEROBEN

Das Styling der Inneneinrichtung der beiden prominentesten Garderoben hinter der Bühne des Großen Saals ist schlicht und luxuriös zugleich, minimalistisch und nahezu unsichtbar. Weiße Wände, heller Holzboden, cremeweiße Möbel. Keine vergilbten Konzertplakate aus dem letzten Jahrhundert, um daran zu erinnern, dass früher alle so viel besser waren und berühmter sowieso, auch keine abstrakten Kunstversuche, die es irgendwo im Dutzend billiger gab. Sitzmöbel, Tisch, Telefon, Stuhl, Nasszelle. Bisschen karg eigentlich, so auf den ersten Blick. Nur zwei spezielle Einrichtungsdetails erinnern daran, dass das kein Hotelzimmer ist und kein privater Rückzugsort: der Monitor an der Wand, der den Blick auf die Arena vor der Tür freigibt. Und auf der Ablage vor dem großen Spiegel ein abwartend gefaltetes Handtuch, geradezu klinisch weiß. Ein überaus dezentes Signal als kleiner Gruß aus dem Intendanz-Trakt. Dass man bei aller Liebe zur Musik nicht nur zum reinen Spaß hier ist. Dass Kunst unter diesem Dach auch harte, schweißtreibende, erschöpfende, verzehrende Arbeit ist.

Vielleicht wurden mit solchen Handtüchern auch schon Tränen existenzieller Verzweiflung und nicht der Freude weggewischt, so genau möchte und sollte man das gar nicht wissen. Was in der Garderobe passiert, bleibt in der Garderobe. Hier verwandelt sich die eben noch unscheinbare junge Frau in eine umwerfende Virtuosin, die ein Orchester mit ihrem Charisma an die Wand spielt, als wäre das nichts. Hier schlurft der berühmte Dirigent unerkannt in seinen Kleingartenklamotten hinein, verpuppt sich kurz in sein edles Schwarz und ist danach pünktlich bereit wie Clark Kent, der frisch gestylt als Superman aus der Telefonzelle zur Weltrettung abhebt.

Je nach Charakterbefindlichkeit kann so eine Garderobe auch der Ort geselligen Wuselns und entspannten Plauderns sein. William Christie, der vor allem auf französische Barockmusik spezialisierte Dirigent, ließ sich bei unserem langen Interview bis ziemlich kurz vor Konzertbeginn in keinem Moment aus der Ruhe bringen. Das Treffen mit dem Dirigenten Herbert Blomstedt hatte etwas gediegen Entspanntes. Eine Anekdote nach der anderen, als Indiz seiner unaufgeregten Anwesenheit lag Blomstedts würdig gereifte Aktentasche auf dem Tisch, während er, damals 92 Jahre jung, über seinen Beruf sprach und die Berufung, die damit verbunden ist. Bei Jüngeren ist es stattdessen eher ein Smartphone oder ein iPad, die alles enthalten, was es braucht. Eine Begegnung mit der Pianistin Yuja Wang in der Halbzeitpause eines Konzertabends war nicht die hochhackige Show, die das Pauschalurteil über sie bestätigt hätte. In diesem noch verletzlichen Moment war sie eine junge, fragil wirkende Frau, die gerade Schwerstarbeit geleistet hatte, leicht vergrippt und wohl auch froh, umfallfrei über die Distanz gekommen zu sein. Ein Konzert »spielen« ist eine sehr untertreibende Formulierung, ein Konzert »geben« trifft diese Art der Verausgabung schon besser.

Diese gegenwartsentrückten Abwarteräume – sieben Stück auf der 12. Etage mit jeweils einzelnem Bad – sind Welten von der historisch dröhnenden Ego-Architektur des Bayreuther Festspielhauses entfernt, doch auch gut 50 Meter über der Elbe gilt des alten Wagners wuchtiger Ansporn: »Hier gilt's der Kunst.« Das Ganze ist eine einzige Projektionsfläche, eine aufenthaltsraumgewordene Konzentrationsübung. Nichts, abgesehen von der unfassbar tollen Hafen-Fototapete vor dem bodentiefen Fenster, lenkt vom Leitmotiv des kreativen Da-Seins auf Zeit ab: Wenige Meter entfernt wartet, droht und lockt diese Bühne, die will bespielt werden, und die Menschen vor ihr wollen das sehen und hören und etwas davon mitnehmen, berührt und verändert, in ihr Leben, das ein ganz anderes sein darf als das der Person hinter der Tür von 12.1 oder 12.2.

Vor diesen Garderobentüren sind praktische Klemmleisten angebracht, damit es schnell gehen kann mit der Kennzeichnung, wer gerade wo ist in der Hektik einer Saison, bei der sich Maestro A und Solist B die Klinke in die Hand geben können. Die Möglichkeit, um sich dauerhaft häuslich einzurichten, gibt es nicht. Alle kommen und gehen. Sie verklingen und klingen doch nach, unhörbar.

Die Räume hinter der Bühne sind einige der sensibelsten Zellen im gesamten Konzerthaus-Körper. Hier und nur hier kann man sehr allein sein und es auch bleiben, wenn man will oder muss. Man kann das genießen oder durchleiden, die Grenzen sind womöglich sehr fließend. Dort kommt niemand hinein, der nicht ausdrücklich eingeladen wird. Es gibt zwar keine Türsteher, man kommt ohnehin nur mit einer codierten Schlüsselkarte in den Backstage-Bereich, dafür aber eine unausgesprochene, ungemein höfliche Etikette. Anklopfen, warten, kein blindes Reinrennen, und alle haben volles Verständnis für diese Benimmregeln. Sie gelten für langjährige Assistenten, Freunde und Vertraute ebenso wie für den Bühnentechniker, der gerade Dienst hat. Respekt ist das Zauberwort. Respekt vor dem Willen zur enormen Leistung, vor dieser Sehnsucht, diesem Hunger nach Schönheit.

Diese Garderoben sind keine Büros, in die man mal eben so hineinpoltern kann, um einen vermissten Aktenordner zu suchen. Diese Garderoben sind Reservate, Schutzgebiete für die Künstlernaturen, die ersten Anlaufstellen nach dem Konzertende. Sie können mal das rettende Ufer sein, nach einem Abend, der eher mittel und weniger prächtig war. Dann signalisiert die geschlossene Tür in der Pause deprimiert starrend: »Ich hab's aber doch ehrlich versucht. Mehr ging nicht. Jetzt muss ich einmal tief durchatmen, bitte, bin gleich wieder für euch da.« Diese Tür kann aber auch das kleine Pausenzeichen sein, bevor der Dirigent aus dem Nachbarzimmer anklopft, verschwitzt und außer sich, um auf eine große gemeinsame Tournee einzuladen, noch völlig glücksbesoffen vom Konzert eben. Vor dieser Tür kann der örtliche Veranstalter oder der Intendant des Konzerthauses warten, mit dem Vorschlag, bei der nächsten Gelegenheit nicht nur einen Abend zu spielen, sondern eine ganze Serie.

Psychologisch fein sortiert und in der Gebäude-Architektur bewusst arrangiert, hat die Solisten-Garderobe in 12.1 ein kleines Stückchen Bedeutungsvorfahrt vor dem Nachbarzimmer. Niemand hat einen kürzeren, direkteren Weg aus seiner Rückzugszone ins Rampenlicht, selbst wenn es nur diese wenigen Zentimeter sein sollten. Tür auf, leicht links halten, am Inspizientenpult vorbei, die erste und einzige Tür gleich rechts. Eine Einflugschneise, die viel zu kurz ist, um auf diesen wenigen Metern noch ausführlich lampenfiebrig zu werden; aber immerhin auch lang genug, um sie als Startrampe für den eigenen Blutdruck zu spüren. An ein weiteres praktisches Detail hat man beim Entwurf dieser Räume ebenfalls gedacht: Hinter dem Flügel im Solistenzimmer, an der Seitenwand, befindet sich die Tür, durch die der Star des Abends mit wenigen Schritten im Green Room sein kann, dem Wartezimmer für jene vom Protokoll auserwählten Spezialgäste, die bei kleinen Audienzen dort noch Hände schütteln, Fotos machen oder andere Freundlichkeiten austauschen können. Um den Saal herum, so nahe wie notwendig, gruppieren sich die Stimmzimmer der Orchester-Instrumentengruppen. Auch das eine Idee, die sich am Kundendienst-Aspekt der Spezial-Architektur ausrichtet. In sehr vielen Konzertsälen befinden sich diese Räume dort, wo noch halbwegs Platz war. Schön sind sie selten, attraktiv fast nie. Dafür gern zugestellt mit Orchester-Zubehör, unverputzt, lieblos. Hui ist, wo das Publikum ist. Tageslicht? Guter Witz. Dort zieht man sich um, hat im persönlichen Schrank Ersatzteile und Erste-Hilfe-Werkzeuge fürs Instrument, Noten und Probe-Lektüre, Dienstkleidung und Nervennahrung, einen Glücksbringer vielleicht, oder Einkäufe, die vor der Probe erledigt wurden.

Die Spinde sind, wie so vieles im Gebäude, funktionsbedingt maßgeschneidert, passgenau für die Größe des jeweiligen Instruments und auf die Wunschliste des NDR Elbphilharmonie Orchesters abgestimmt, das als Residenzorchester der präsenteste Untermieter ist. Weil sie es oft schon schwer genug haben im Leben, wurde den Kontrabässen und den Celli ein Raum unmittelbar neben der Bühnentür auf der Nordseite des Gebäudes zugeteilt. Und zudem, vor allem: nicht nur Platz und Tageslicht satt, sondern ein Premium-Panorama, für das Abteilungsleiter in den umliegenden Bürogebäuden so einiges anstellen würden. Entweder Richtung Süden über Elbe und Hafen hinweg, oder auf der Nordseite mit Blick auf den Michel und die Innenstadt. Unverbaubar, beste Lage. Schöner kann man es nicht treffen in der gesamten Klassik-Welt. Für den Konzertmeister, der so etwas wie der 1. Offizier in der Orchesterhierarchie ist, befindet sich, nur wenige Türen nach links vom Dirigenten-Zimmer entfernt, ein Einzelabteil. In der 11. Etage warten vier Gruppenumkleiden und weitere acht Stimmzimmer auf ihre Nutzung. Balsam fürs Orchester-Ego, alles in allem. Und absolut kein Vergleich zu den musikerunwürdigen Verhältnissen, mit denen man sich jahrzehntelang in den Hinterbühnen-Fluren der Hamburger Laeiszhalle zu arrangieren hatte. Dort, direkt neben den verbeulten Frack- und Transportkisten, war oft die einzige Möglichkeit, sich hektisch in die Konzertschale zu werfen, als wäre man nur auf der Durchreise und nicht Stammgast.

Ganz wichtig, wie überall, für die Gruppendynamik, weil auch Musiker und Musikerinnen nur Menschen sind: die Cafeteria. Kurzer Weg auch dorthin, und die Kulisse ist auch dort filmreif. Nicht nur die Fensterfront als Beruhigungsmittel in der Pause, direkt neben den Tresen spendierten die Architekten einen kleinen Aussichtsbalkon. Schlichte weiße Möbel auch dort, die Lounge-Sitzmöbel haben fast schon Einzelbett-Ausmaße und als Rückwand hohe Trennwände, Schallschutz, damit die Kolleginnen und Kollegen nicht alles mithören können. Rechts ein meterlanges Sideboard als Büfett-Parkfläche, lang genug, um dort auch sehr große Orchesterbesetzungen satt zu bekommen, wenn sie aus dem Tournee-Bus ins Gebäude strömen. Luftig ist dieser Bereich, die Transportkisten stehen zwar herum, aber deswegen nicht automatisch störend im Weg. Ungenutzte Notenpulte vor der Bühnenrückwand werden als Handy-Ablage genutzt, wenn einige der Blechbläser noch nicht dran sind, aber man unbedingt ein wichtiges Fußballspiel erleben will, bis es raus zum eigenen Einsatz geht.

Diese Backstage-Einblicke in den Maschinenraum haben oft etwas leicht Entzauberndes, aber immer auch etwas Rührendes. Denn, so angenehm normal es dort zugeht, im nächsten Moment, einige Meter Luftlinie entfernt, geht es nur noch um das gemeinsame Abheben. Und an der gegenüberliegenden Wand, etwa 12 Meter Nutzfläche, hat sich der ehemalige NDR-Bratscher Rainer Castillon mit einer schönen Idee verewigt, angefragt von den Elbphilharmonie-Architekten höchstselbst: die Instrumentenablage, mit zartbraun gemalten Silhouetten von Streich- und Blasinstrumenten. Für die kleine Pause zwischendurch lassen sich dort die Lebenspartner aus Holz oder Metall parken, immer in Griffweite. Jederzeit bereit.

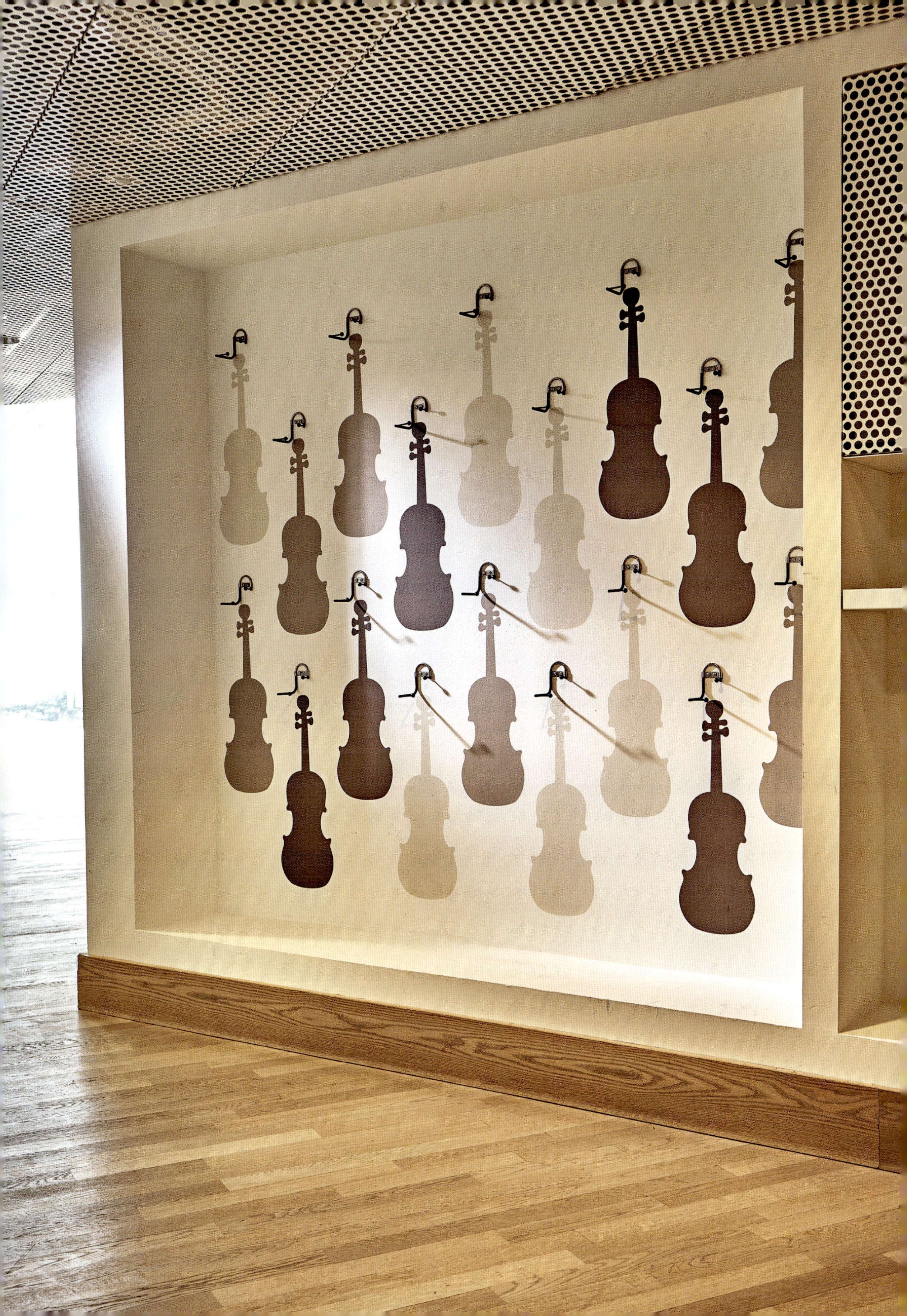

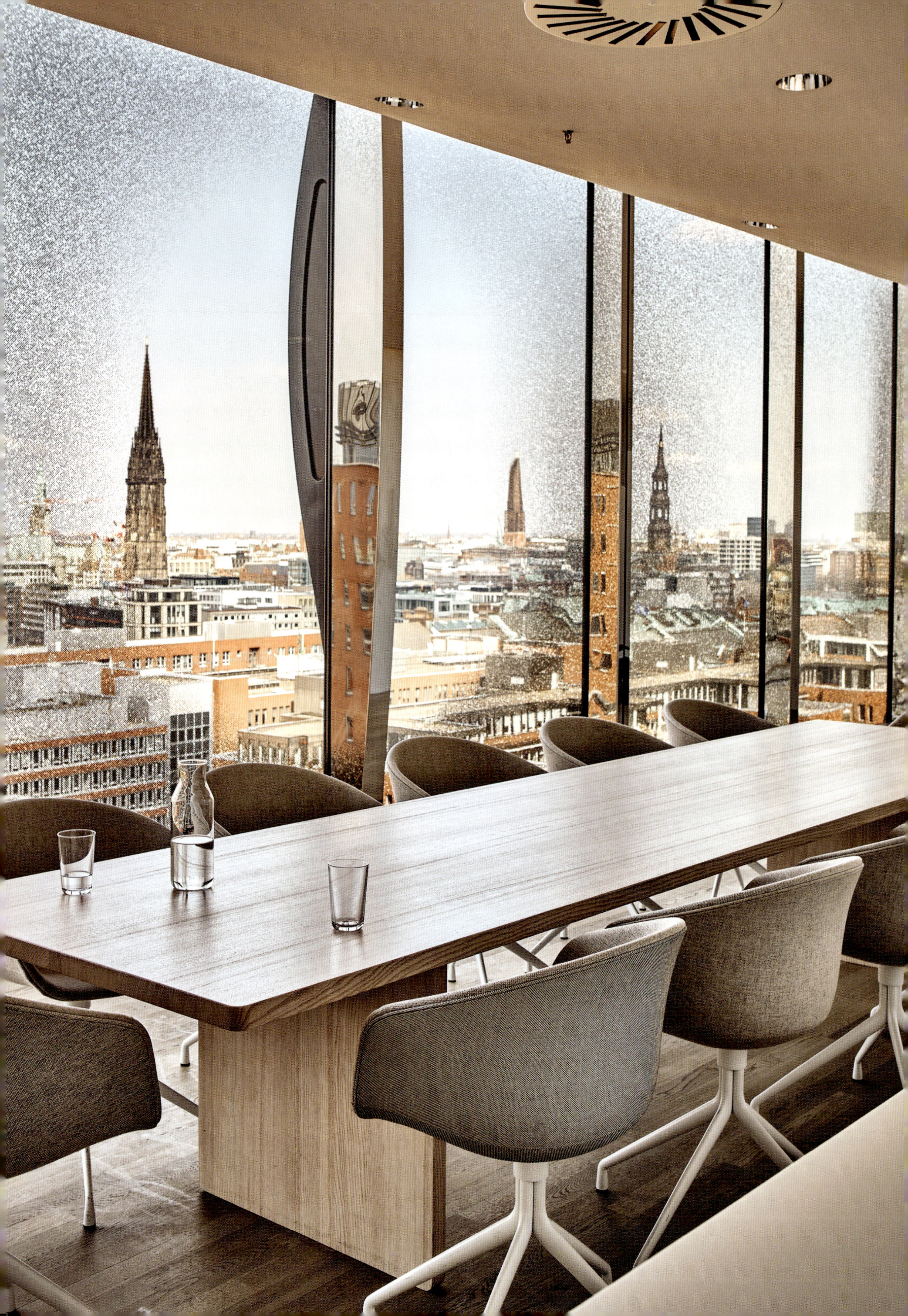

6

APPLAUS, APPLAUS!: DER GREEN ROOM

Das Prinzip der möglichst kurzen Wege – für die Künstler ins Rampenlicht ebenso wie vom Publikum zum Musikerlebnis – wurde auch bei der Platzierung des Green Rooms intelligent bedacht und eingehalten. Er ist keine 10 Meter von der Bühne entfernt. Bevor die Konzerte beginnen und ebenso in der Pause bewacht ein dauerfreundliches Mitglied des Service-Personals eine unscheinbare Tür rechts neben dem Eingang zum Parkettbereich auf der Nordseite des Gebäudes. Ohne den eigenen Namen auf der Gästeliste ist dort Endstation für alle und jeden, auch für die möglicherweise mitgebrachten Blümchen, die Teddybären oder die Glückwunschkarten. Anders als in der Laeiszhalle, in der die Stammgäste es schon mal schaffen konnten, sich ungebremst durch die seitlichen Bühneneingänge in den Foyers bis zur Tür der Künstlergarderoben durchzupirschen, ist der Backstage-Bereich in der Elbphilharmonie hermetisch abgeriegelt.

Eine angebliche Erklärung des Namens »Green Room«, der für zwanglose, kurze Begegnungen von zugelassenen Gästen mit Künstlern und Künstlerinnen gedacht ist: Die Armen haben auf der Bühne und vor ihrem Auftritt schon so viel Stress und so viel um die Ohren, wir richten ihnen einen gemütlichen grünen Raum her, weil diese Farbe so schön beruhigend ist. Andere Thesen für diese leicht kuriose Namensgebung gehen sogar zurück bis in die Zeit von William Shakespeare. Für den schlauchartigen »Green Room« neben dem Großen Foyer in der Elbphilharmonie jedoch hilft nichts davon weiter, denn der ist, passend zu allen anderen Backstage-Räumen, in den stilprägenden drei Farben Weiß gehalten. Ein eleganter Tisch mit passenden Stühlen für 12 Personen steht in der Mitte, hanseatische Reeder-Dynastien könnten dort standesgemäß ihre Aufsichtsratssitzungen abhalten, wenn man sie ließe. Daneben ein Sideboard. Die Decke ist nicht langweilig plan, das könnte ja jeder, sondern mit einem neckischen Aufschwung zur Glasfront verfremdet, damit man noch mehr von dem beeindruckenden Breitwand-Fensterpanorama hat und sich noch gewürdigter fühlen kann.

Apropos sich gewürdigt fühlen: Ein weltbekannter »Walk of Fame« wie auf dem Hollywood Boulevard, mit glamourösen Sternen rund um den Namen auf den Gehwegen der Mahatma-Gandhi-Brücke direkt vor der Elbphilharmonie eingelassen? Schön wär's ja. Aber: fehlt. Auch die etwas bescheidenere Wiener Variante haben wir hier nicht, bei der solche Gedenksterne zum Andenken an berühmte Musikpersönlichkeiten in der Innenstadt verlegt wurden, auf einer »Musikmeile« vom Theater an der Wien über Musikverein und Staatsoper bis zum Stephansplatz. Hamburg hat lediglich ein kleines Komponisten-Quartier-Museum in der Nähe der Hauptkirche St. Michaelis für die *local heroes* von Telemann bis Mahler, hier und dort Wandplaketten und mehrere Brahms-Monumente als Würdigung dieses Ehrenbürgers vor und in der tollen alten Laeiszhalle, dem ehrwürdigen Gegenstück zum feschen neuen Konzerthaus in der feschen neuen HafenCity. Wer einmal in Hamburg war, ob nun nur kurz oder jahrelang, und dort bleibende musikgeschichtliche Eindrücke hinterlassen hat? Das muss man sich hier, da und dort zusammensuchen. Oder aber man schlägt es – aber in sehr viel überschaubarerem Ausmaß – in den Gästebüchern der Elbphilharmonie nach, die den Zeitraum ab 2017 dokumentieren halfen. Dort hat zumindest das Haus selbst eine kleine Familienchronik seiner ersten Jahre angelegt.

Schwarz und prall gefüllt mit eingeklebten Programmheft-Seiten sind sie, eine gewisse Ähnlichkeit mit den Fotoalben früherer Generationen ist ihnen nicht abzusprechen. Oben rechts steht »Elbphilharmonie Konzerte«. Die Bände sind voller großer Namen, vollständig sind sie allerdings nicht. Das hat, als Kontrast zu der ständigen, bis ins Letzte durchdachten Perfektion des Gebäudes und seiner Möglichkeiten, auch etwas charmant Menschelndes. Gerade die nun wirklich historischen Eröffnungswochen wurden eher lückenhaft festgehalten. Zu keinem der beiden Festkonzerte am 11. und 12. Januar 2017 lassen sich Einträge finden. Schade, verständlich aber auch, denn es war wohl einfach zu viel los. Alle Verantwortlichen hinter den Kulissen waren froh, heil und pünktlich durch diesen mehrtägigen Premieren-Wahnsinn zu kommen, der bereits an Neujahr 2017 losraste. Da wären selbst die wenigen Momente, die es für eine solche Widmung gebraucht hätte, schon zu viel gewesen. Also: Kein »Ganz schön schön hier – und die Sitze sind so viel bequemer als in Bayreuth! Ich komm' jetzt öfter! Eure Angela« von der damaligen Bundeskanzlerin Merkel auf der ersten Seite; keine staatstragenden Glückwünsche des damaligen Bundespräsidenten Gauck. Stattdessen aber ein kleiner Beleg, dass das geschriebene Wort nicht immer gilt: Am 15. Januar 2017 gastierte als Erstes der stolzen US-Star-Orchester das Chicago Symphony mit Riccardo Muti. Ins Gästebuch warf der Maestro schwungvoll damals ein »With best wishes and congratulations« aufs Papier. Direkt nach dem grandiosen Auftritt hatte er bei einem Treffen im Green Room zu Protokoll gegeben, der Saal sei »sehr ehrlich« und »wir fühlen uns sehr komfortabel«. Was Muti allerdings 2019 nicht davon abhielt, sich schlagzeilenwirksam über die angebliche Mittelmäßigkeit aufzuregen. Und sich damit selbst ein für alle Mal von der Liste möglicher Gäste zu entfernen. Er werde da nicht mehr auftreten, verkündete Muti aus der Ferne, Konzerttournee-Pläne habe er entsprechend ändern lassen. »Dort vergeude ich nicht meine Zeit.«

Eine zweite Erklärung für die ungenutzt gebliebenen Chancen: Der anfängliche Plan war gewesen, ein hauseigenes Gästebuch ausschließlich bei den hauseigenen Veranstaltungen zu erwähnen und um ein Autogramm zu bitten. Die Intendanz bestückt zwar einen sehr großen Teil der Spielpläne, doch eben auch längst nicht alle. Deswegen kam es nicht dazu, dass Karl Lagerfeld vor oder nach seinem Modenschau-Event noch schnell das Schreibgerät zückte, für etwas Feingehässiges à la »Wer die Elbphilharmonie nicht liebt, hat die Kontrolle über sein Leben verloren«. Die königlichen Besuche aus Schweden und Großbritannien, sie blieben unnotiert. Und nicht eines der 20 Staatsoberhäupter beim G-20-Konzert im Juli 2017 bedankte sich in dieser Form schriftlich für die Aufführung von Beethovens Neunter. Die Filmstars Woody Allen und Bill Murray – beide gaben ziemlich spezielle Konzerte – fehlen ebenfalls. Der Hobby-Klarinettist Allen war wenige Tage nach G20 mit seiner Urgroßvater-Breitcordhosen-Jazz-Band zu Gast. Sein Auftritt wurde kurz von der Aktion zweier Femen-Aktivistinnen unterbrochen, die barbusig die Bühne stürmten, um gegen sexuellen Kindesmissbrauch im Allgemeinen und Woody Allen im Speziellen zu protestieren.

Was in die Gästebücher hineingeschrieben wurde, lässt auch ohne graphologisches Spezialwissen Rückschlüsse auf die Urheberinnen und Urheber zu. Und: Je früher der Eintrag datiert, desto größer war die stolze Freude, eine der ersten Runden in diesem nagelneuen Konzerthaus gedreht zu haben. Dass die Mezzosopranistin Cecilia Bartoli bis über beide Ohren blitzverliebt war in den Großen Saal, dokumentierte sie mit einem riesigen »FANTASTICA!«-Herzen neben einem Foto von ihr als »Cenerentola«-Aschenbrödel. Maurizio Pollini schrieb lediglich (mehr wäre deutlich weniger eindrucksvoll gewesen) seinen Namen.

Die Geigerin Patricia Kopatchinskaja warf eine mächtig abstrakte Geige aufs Papier, die auch aus einer frühen Picasso-Phase hätte stammen können. Blixa Bargeld, Chef der Einstürzenden Neubauten, gab sich großzügig zwei Seiten Platz, begann mit einem fröhlichen »Haha!« und kam nach vielen schwer entzifferbaren Zeilen mit einem »Guten Morgen« über die Ziellinie. Gustavo Dudamel endete den Eintrag zu einem Sinfonie-Zyklus mit einem kämpferisch-temperamentvollen »¡Viva Beethoven Siempre!«. Weltbürger Daniel Barenboim, der längst jeden der besten und die vielen guten Säle der Welt kennt: »What a joy it was to make music in this hall!« Auch Mariss Jansons gratulierte nach einem Abend mit seinem BR-Orchester aus München mit feiner, kleiner, penibler Kapellmeister-Schrift. Die Sopranistin und Dirigentin Barbara Hannigan endete mit drei Großbuchstaben und einem Ausrufezeichen: »JOY!« Sir Simon Rattle, im Januar nach einem Konzert mit dem London Symphony Orchestra: »Such a pleasure!« Dass Valery Gergiev wenig später ein sehr ausholendes »It's fantastic!« auf die Seite warf, verwundert nicht, denn er ist ein erklärter Fan und bei Saal-Neubauten Stammkunde der Klang-Philosophie des Elbphilharmonie-Akustikers Yasuhisa Toyota. Teodor Currentzis ließ, seitenbreit bis an den Rand durchgezogen, ein »From Teo« unter einem Foto von ihm auf der Elbphilharmonie-Dachterrasse da. Das sollte wohl auch klar und deutlich sagen: Wo ich mit meinem Orchester bin, ist ganz oben, und über mir, allerhöchstens, noch der Himmel. Falls er nach einem Auftritt akutes Interesse an Small Talk und Händeschütteln verspüren sollte: Den passenden Raum, die richtige Bühne auch dafür gäbe es.

UND IN DER PAUSE EIN GLÄSCHEN ...

Verkaufte Liter pro Jahr

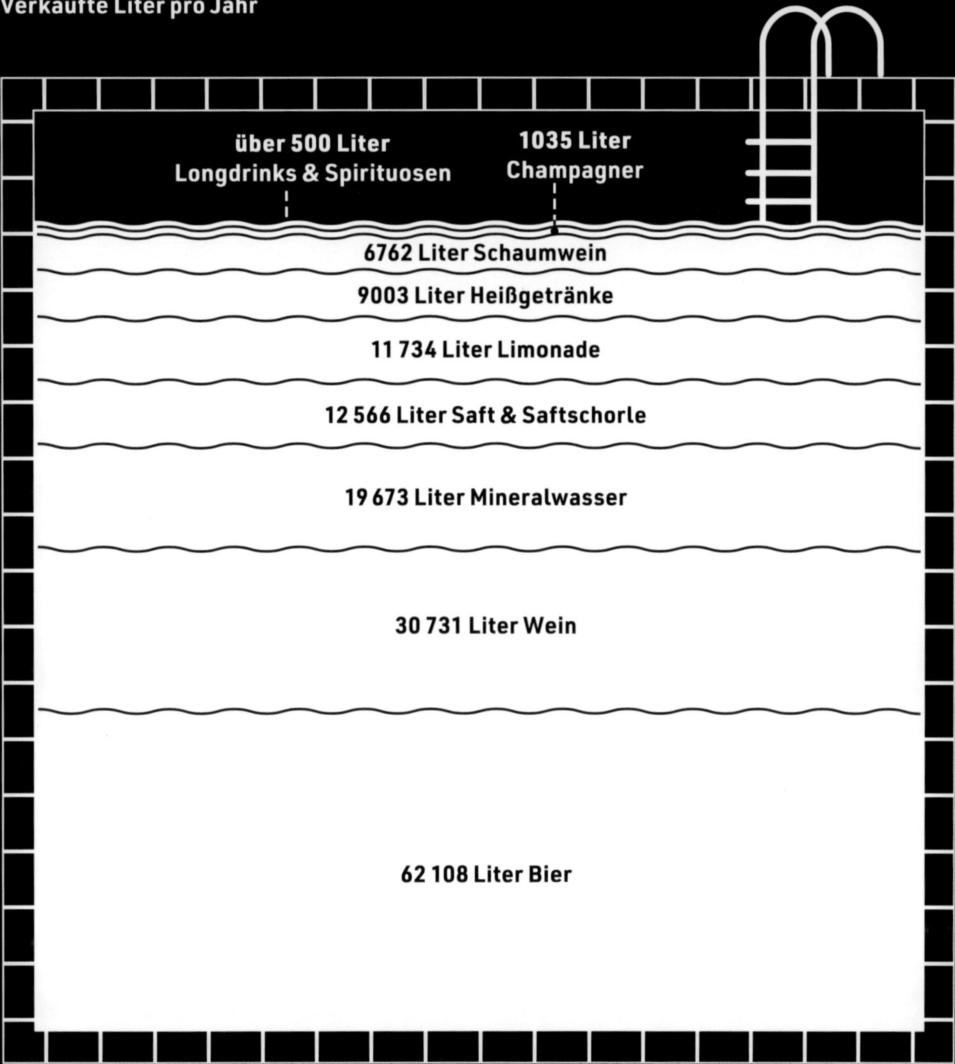

Alle verkauften Getränke würden einen Swimmingpool mit einer Seitenlänge von sieben Metern und einer Tiefe von drei Metern füllen.

Zahlen aus der Saison 2017/18

55 388
jährlich verkaufte Brezeln

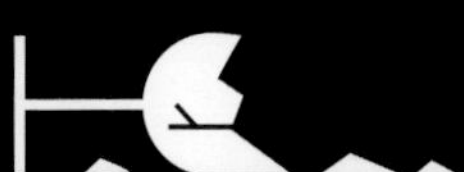

1500 (ca.)
Glasbruch pro Saison

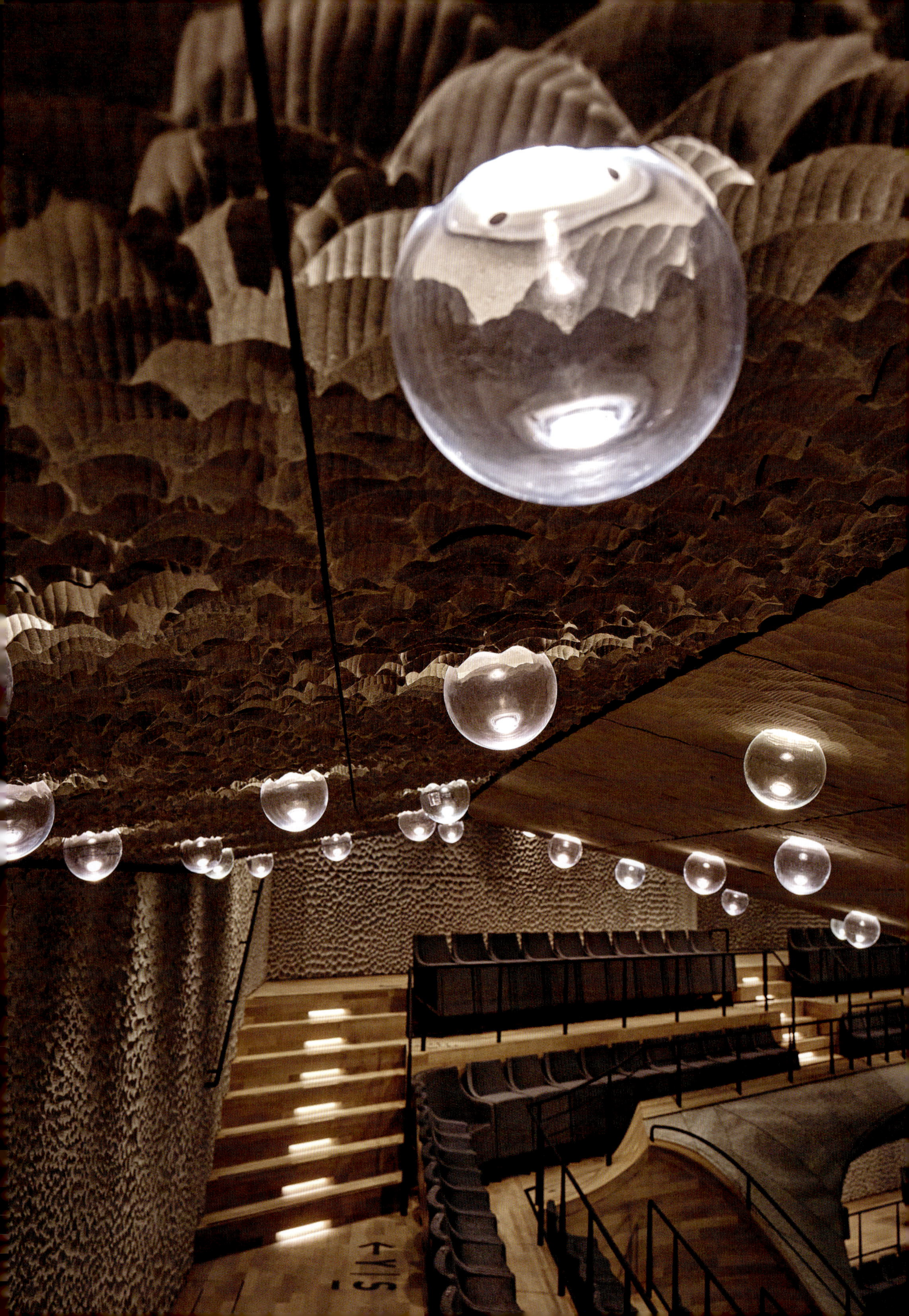

7

DIE KUNST DER FUGE: EINZELSTÜCKE UND SPEZIALANFERTIGUNGEN

Für einige der vielen schönsten Besonderheiten des Großen Saals müsste man bei den Hausführungen Stethoskope und Lupen austeilen. Natürlich, das ganze Ding ist ein einziges Unikat. Mit einem Gesamtgewicht von etwa 200 000 Tonnen ist die Elbphilharmonie ein gigantisches Multifunktionsspielzeug, erfunden von zwei präzisionsfanatischen Architekten aus Basel, es ist von ganz unten bis ziemlich weit oben begehbar und inzwischen bestens auf seine zentrale Aufgabe eingespielt: Bühne zu sein. Doch die Hingabe steckt, wie so oft im Leben, im Detail, oberhalb wie unterhalb der faszinierend gestylten Oberflächen, bei denen die Form immer der Funktion gehorcht und nie eitler Selbstzweck ist. Weil der Aufenthalt im Großen Saal für einen emotionalen Ausnahmezustand sorgen soll, sind die größten oder auch die kleinsten Spezialanfertigungen genau richtig, um durch die Begegnung mit Musik, mit Künstlerinnen und Künstlern in andere Welten zu geraten. Jedes Konzert soll idealerweise einmalig sein, kein Mittelmaß, keine Pflichtübung, kein Abspulen. Unwiederbringlich einzigartig. Es soll eine möglichst perfekte Schallwelle auslösen. Und in einem einzigartigen Raum ist der Ansporn nun mal ein anderer als in einer Pauschalimmobilie, die nur mit ganz netter Dutzendware bestückt wurde.

Das eigentliche Konzert beginnt bereits einige Meter vor seiner Spielfläche, mit den großen Türen am Beginn der insgesamt zwölf Saalzugänge. Jede einzelne von ihnen signalisiert, ohne dass es dort in einschüchternden Versalien vermerkt wäre: Ab hier wird es anders. Es wird nicht wehtun, und wenn doch, dann ist es ein schöner Schmerz. Es könnte eventuell auch mal anstrengend werden, aber es wird sich lohnen. Es könnte dauern, Stichwort »himmlische Längen«, auch ohne die entzückenden Zeitlupenmomente von Schubert auf dem Programm. Es könnte aber auch ganz schnell gehen. Es existiert ein Innen mit seinen Regeln und Möglichkeiten und ein Außen mit anderen Vorgaben, ein bekanntes Vorher, ein unberechenbares Mittendrin und ein Danach. Eine Normalität und ein Anderes. Die

Luft ab dieser Schwelle ist nicht mehr nur zum Atmen da, aber keine Schwellenangst ist nötig, sie soll und wird auch klingen. Diese Türen wirken so massig wie die Tresortüren einer verschwiegenen Schweizer Bank, hinter denen Werte ruhen, sind nicht direkt federleicht, doch genau das ist nun mal ihre Funktion als eine weitere Requisite der Inszenierung. In anderen Städten ist man deutlich pragmatischer, da sind diese Türen einfach: Türen. Rein, raus, fertig, Wiedersehen. In der Berliner Philharmonie beispielsweise sind sie vor allem Gebrauchsgegenstände, die das rechteckige Loch in der jeweiligen Wand zum Saal füllen.

Hinter den Toren des Großen Saals in Hamburg aber folgen kurze Gänge, die letzten kleinen Ablenkungsmanöver von der Wirkung des Raums, die er vor allem auf Erstbesucher und -besucherinnen hat, die sich gern stauen, sobald der Einblick sich öffnet. Der Raum dahinter ist derart organisch ins Jetzt geworfen und in sich ruhend gedacht, dass dieser spektakuläre Eindruck nicht durch etwas so Ausladendes wie sichtbare Eingänge gestört und verwässert werden soll. Als Publikum soll man während eines Konzerts gar nicht erst auf den ablenkenden Gedanken kommen, dass es tatsächlich auch noch eine Wirklichkeit außerhalb dieser Live-Musik gibt, in die man durch einen Türrahmen hindurch zurückgehen kann oder sogar muss. Dieser optische Trick funktioniert in beide Richtungen. Denn auch der Weg zurück muss erst einmal zurückgelegt werden; das Publikum verabschiedet sich Schritt für Schritt zurück in den Aggregatszustand Alltag. Kein Vergleich zur altehrwürdigen Boston Symphony Hall, einem der legendärsten Konzertsäle in den USA, nach europäischem Vorbild geformt. Wer dort rechts aus dem Parkett nach außen strebt, steht nach wenigen Schritten wieder auf dem Bürgersteig, als wäre eben erst rein gar nichts gewesen. *It was so nice to see you, have a good time.*

Jeder der Ein- und Ausgänge im Herzen der Elbphilharmonie ist für die Dauer einiger Sekunden angenehm mysteriös, wie das *rabbit hole* bei *Alice im Wunderland*: Man kann, darf, soll, muss hineinfallen und sich staunend darin verlieren. Man kommt von Saalbereich A und fühlte sich gerade noch halbwegs eindeutig und ist in wenigen Momenten in Saalbereich B oder vielleicht auch C oder F oder K. Auf jeden Fall aber: im Wunderland. Ist noch man selbst und doch nicht mehr so ganz.

Ein in Erinnerung gebliebener Abend, der diese Gefühlsverwirbelung besonders intensiv bot, war im Mai 2018 das »In War and Peace«-Konzeptkonzert der Mezzosopranistin Joyce DiDonato. Das war nicht nur viel schön eingeübter Gesang zu schönen Tönen, das war eine große, aufrichtig verletzlich gehaltene Bühnen-Show, mit einer Diva ohne den üblichen Sicherheitsabstand zu ihrem Publikum, mit großer Robe, dramatisch verwischtem Make-up und bemaltem Oberkörper. Alles exzessiv, alles überlebensgroß und zerbrechlich zugleich. Vor dem Beginn dieses Konzerts konnte man auf Postkarten an die Sängerin vermerken, wie man für sich

– jeder für sich – Frieden findet. Und vor der letzten Zugabe, Richard Strauss' zartbitterem Lied »Morgen«, sprach DiDonato über die Elbphilharmonie, sprach von ihr, knapp am gefühligen Kitsch vorbei, als unglaublichem Tempel der Musik. Über die Möglichkeit, dort Frieden finden zu können. An einem Abend vielleicht nur für eine Sekunde. Am nächsten dann aber vielleicht für eine ganze Stunde. Nicht das schlechteste Ziel, das ein Gebäude haben kann im Leben.

Eine Lupe – und vielleicht auch noch eine kleine Taschenlampe – braucht es, um eine 15 Kilometer lange Fleißarbeit zu besichtigen, die kaum zu sehen ist, deren Auswirkungen man aber überall hören können soll. Und das kam so: Bei einer seiner unzähligen Baustellen-Zwischenkontrollen war der Akustiker Yasuhisa Toyota unzufrieden genug mit dem Klangcharakter der Wandvertäfelung, dass er eine Nachbesserung für die Porendichtung der »Weißen Haut« anordnete. Für die Schallreflexion sollte das letzte bisschen Extra aus der ohnehin schon abenteuerlich schwierigen Konstruktion herausgetüftelt werden. Die Experten der Baufirma Hochtief und der zuständigen Komponentenzulieferer ließen sich also, zum x-ten Mal, etwas Neues, noch nie Dagewesenes einfallen, um die Fugen zwischen den rund 10 000 maßgefrästen Gipsfaserplatten noch weiter zu optimieren: eine Spritztechnik, um alle Lücken zwischen allen Elementen neu zu verfugen. Auf das erste Dichtungsband kam noch eine zweite Schicht Spezial-Silikon. Vertrauen wäre gut, doch doppelt klingt in diesem Fall wohl besser. Denn wäre der Schall nach Lust und Laune an den 999 987 kleinen Wellentälern und -höhen der Vertäfelung vorbei durch die klitzekleinen Ritzen geraten, wäre er nicht genau so in den Saal zurückgekehrt, wie Toyota es in seinen Computer-Simulationen ausgerechnet hatte.

Millimeterarbeit, diese zeitgenössische, formvollendende Kunst der Fuge, eine enorme Geduldsprobe, ohne je zu erfahren, wie dramatisch die Unterschiede tatsächlich gewesen wären. Kleine Ursache, enorme Wirkung, die nächste Anekdote für den Lebenslauf, die nur mit genügend Abstand amüsant für alle Beteiligten ist. Erst danach war Toyota wieder ausreichend einverstanden, und der Perfektionismus-Wahnsinn auf der Baustelle konnte an vielen anderen Stellen weitergehen. Ein Hochtief-Projektleiter sagte damals, und den stolzen, aber erschöpft seufzenden Unterton zu diesem Satz kann man sich mühelos vorstellen: »Wir haben in Planung und Bau die Grenzen des Machbaren neu definiert.«

Unsichtbar, bis auf die dezenten Lüftungsöffnungen unterhalb der Sitze, trotzdem toll: die kilometerlangen Lüftungskanäle, hinter der »Weißen Haut« in den Zwischenräumen ihrer Aufhängung untergebracht. Ein millimetergenau verstecktes Labyrinth, das sich subkutan durch den Raum windet und lautlos seinen Dienst versieht. Unsichtbar auch, aber unvergessen: die Aufhängung der Schall-Mauer selbst, ein riesiges Alien-Skelett aus minuziös angepassten Knöchelchen und Knochen, Gelenken und Haltestrukturen, in die jede einzelne Portion der »Weißen

Haut« befestigt wurde. Auch das, klar, Millimeterarbeit, mehr Chirurgie als Handwerk.

Ebenso blickdicht gelagert (und glücklicherweise ebenso komplett unhörbar) sind die insgesamt 362 Federelemente, die den Konzertsaal in seiner Schwebe halten. Nur zur Erinnerung, weil sich das im Normal-Spielbetrieb so schnell vergessen lässt: Der Große Saal liegt wie eine 12 500 Tonnen schwere Perle in einer wohnblockgroßen Muschel. Auf Hunderten mächtig großer Schalldämpfer, die lautlos und geschmeidig dafür sorgen, dass er akustisch vom Rest des Gebäudes entkoppelt ist. Die Musik im Inneren bleibt dort, fest versiegelt, anstatt wie in hellhörigen Altbauten alle Nachbarn Abend für Abend um die Ruhe zu bringen. Denn der Saal an sich ist ja eingebettet in ein Hotel, dessen Gäste sich für den akustischen Room Service sicher nicht immer bedanken würden. Umgekehrt kommt auch kein Fitzelchen Hafen-Soundtrack ungewollt in den Saal. Aber trotz der Verkapselung hat der Raum zwei kleine, charmant direkte Kontaktpunkte zur Außenwelt. Dort, wo die Saalform den Außenwänden am nächsten ist, haben die Architekten zwei kleine Fenster spendiert, die den Blick auf die Innenseite der Glasfassade ermöglichen und damit zumindest eine kleine Portion Außen hineinlassen.

Ein letztes Wunder stilvoller Uneindeutigkeit: 650 Kugellampen in den Deckenschichten des Großen Saals. 650 mundgeblasene Einzelstücke, mit gewollten Unregelmäßigkeiten bei der Wanddicke des Glases. Ein Experte für Glasschmelztechnik hatte sich dafür bei 22 Glashütten in Europa und China umgesehen, bis er endlich bei einem Familienunternehmen im tschechischen Nový Bor fand, wonach er suchte. Dort entstanden – es dauerte über zwei Jahre – Hunderte dieser Sternchen-Doubles, die dem gesamten Raum etwas Entrücktes und Phantastisches geben können, wenn sie das sollen. Die Rohlinge wurden von Hand geschliffen und poliert und von innen mit Splitterschutzlack beschichtet. Der Schwund war enorm, von 3000 tropfenförmigen Lampen haben nur 1600 die Qualitätsprüfung bestanden, bevor sie nach Hamburg durften. Also: von wegen Glühbirne. Auch in den Foyers, bei den Garderoben und bereits auf der Plaza kommen 750 von ihnen, in Abwandlungen, diskret und hundertfach zum Einsatz, mal wie übers Deckenpanorama gestreuselt, mal geometrisch angeordnet. Doch sie stehlen dem Hauptdarsteller, der Architektur, nie die Show, sie würzen gekonnt nach. Die Rang-Terrassen sind sanft beleuchtet, jede für sich, so wird der Gesamteindruck des Raums portioniert. Zufall und Komposition, Absicht und Inspiration lösen sich beim Spiel mit den Schatten ab. Wie in der Musik, die unter ihnen stattfindet.

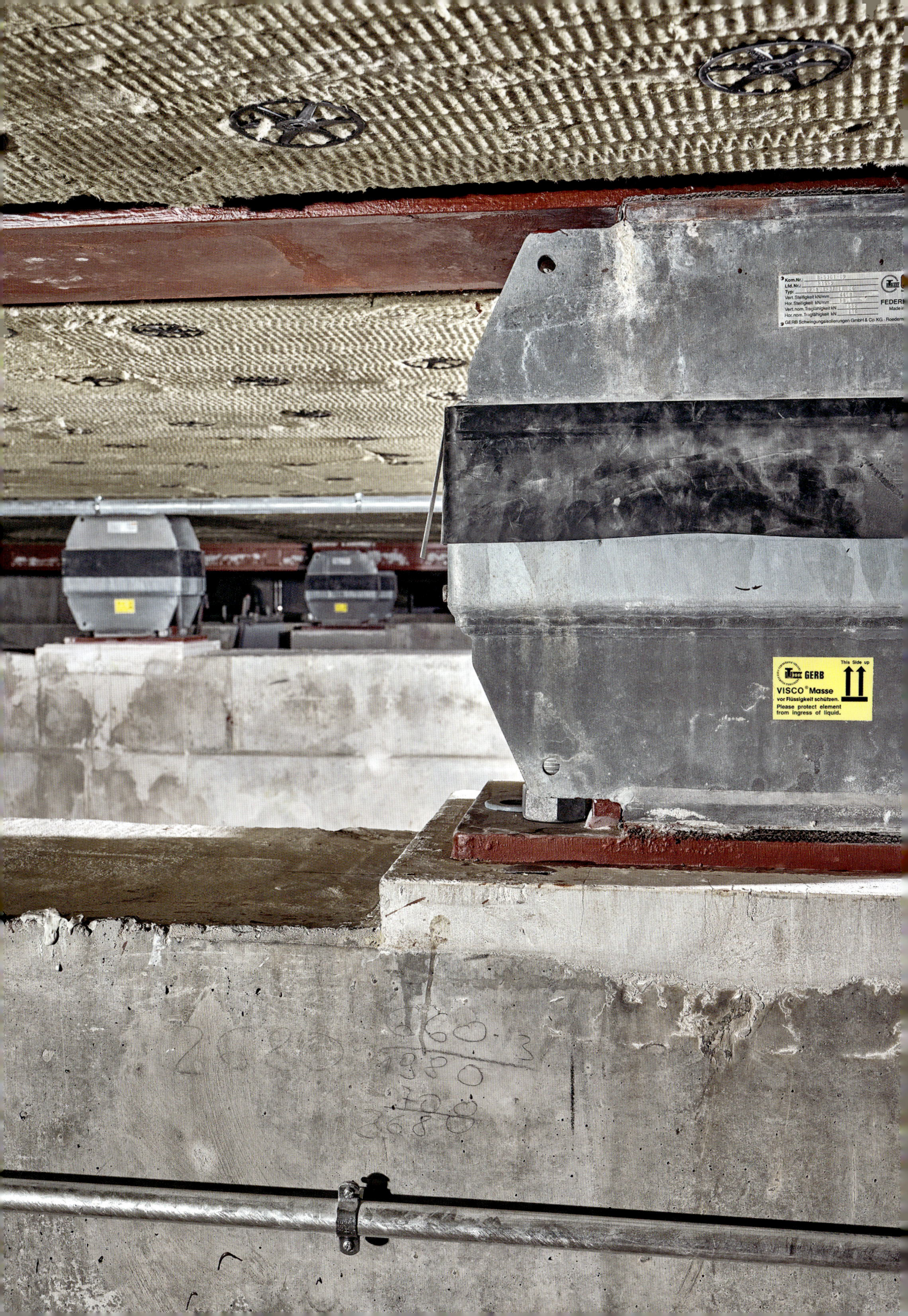
GERB
VISCO® Masse
vor Flüssigkeit schützen.
Please protect element from ingress of liquid.
This Side up

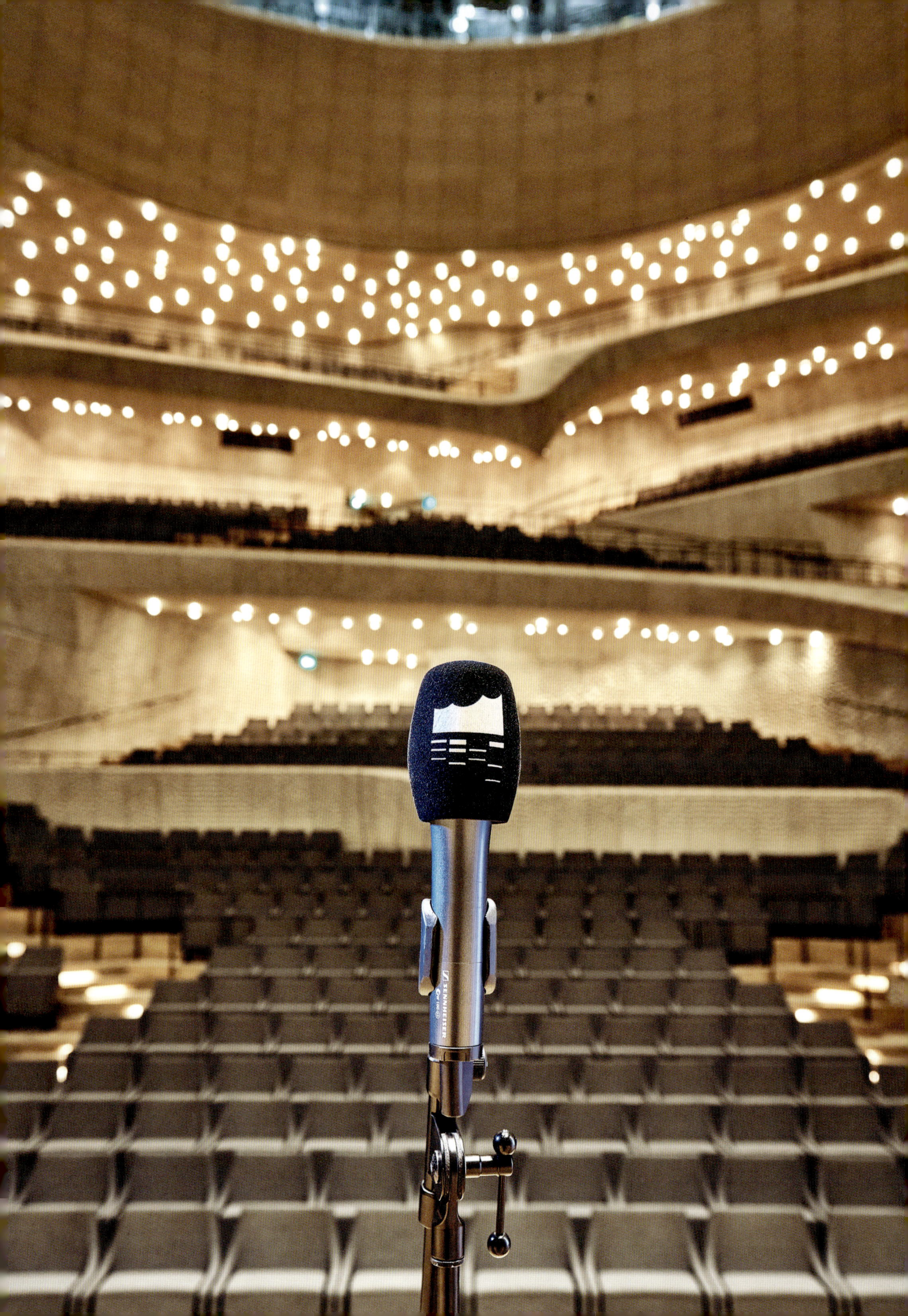
SENNHEISER

8

TON-ABNEHMER: DER SAAL UND SEIN KLANG

Wir brauchen diese Stille nicht zu fürchten, wir könnten sie lieben.« Nachzulesen bei dem Komponisten, Pilz-Experten und Daseinskünstler John Cage, 1959 in seinem »Vortrag über Nichts«, eine seiner wunderbar verrätselten Grübeleien über Musik und den weniger unklaren Rest der Welt. Zu schade, dass Cage nie die Stille im Großen Saal der Elbphilharmonie hören konnte, der ja erst ein Vierteljahrhundert nach seinem Tod seinen Spielbetrieb aufnahm. Aber immerhin war – anderthalb Wochen vor dem eigentlichen Eröffnungskonzert – am Neujahrsabend 2017 ein Cage-Klassiker das erste Stück, das dort eindrücklich NICHT zu hören war. Und dennoch und gerade deswegen großartig klang und unvergesslich wurde.

Die Tanz-Compagnie der Berliner Choreographin Sasha Waltz führte vor einigen Hundert Besuchern John Cages größten Hit »4′33″« auf. Jene viereinhalb Minuten körperliche, stumme Versenkung ins Alles und ins Nichts, bei dem kein Instrument und kein Interpret irgendetwas geschehen lässt außer: da zu sein.

Das Recht der ersten Töne sollte damals unbedingt dem NDR Elbphilharmonie Orchester und seinem damaligen Chefdirigenten Thomas Hengelbrock vorbehalten bleiben, der im Festakt vor dem eigentlichen Konzert mit den wuchtigen Vorhang-auf-Akkorden von Beethovens Ouvertüre zu »Die Geschöpfe des Prometheus« eine Ära begann. Doch bei Cage und Waltz machte der Saal die Musik, und seitdem mit ihm alle Menschen, die dort sind und sich selbst hörend beobachten und wahrnehmen. Herzschlag ist schließlich auch ein Rhythmus, der lebendigste und wichtigste von allen.

Viele glauben ja, dass ein klassisches Konzert erst mit einem musikalischen Geräusch aus einem Instrument oder von einer Stimme beginnt. Das kann man prinzipiell so sehen, es wäre aber, im nicht klassischen Sinne, wie Cage ihn beschrieb, zu kurz gedacht. Konzertsäle selbst sind auch Instrumente, sie werden – mal mehr, mal weniger virtuos – bespielt, zum Mitklingen gebracht und in Schwingung versetzt vom jeweiligen Publikum. Vor Beginn der Aufführung mit einem aufgeregt vorfreudigen Grundrauschen, das zum Start abebbt; danach, idealerweise, mit Applaus, der sich im Abgang aus dem Saal in eine andere Gemüts-Tonart transponiert, ins erste Gespräch über das gerade Gehörte und Miterlebte, weil der O-Freude-jetzt-diese-Töne-Druck so groß ist, dass er nicht noch bis vor die Tür warten könnte.

In dieser 2091-Menschen-Arena, die Bühne nicht mitgerechnet, ist Nähe architektonische und sozialphilosophische Absicht. Der Raum soll die Menschen zusammenbringen, eine Einheit aus Verschiedenem und Individuen formen. Fast jeder kann jeden und nahezu alles sehen, weil die Blickachsen auf die Bühne und in so ziemlich alle Ränge funktionieren, sei es beim eifrigen Programmheftlesen oder beim gemütlichen Sekundenschlaf im leise-langsamen Satz einer freundlichen Sinfonie. Zum Wohnzimmergefühl tragen auch die maßgeschneiderten Sitzmöbel bei. Spezialanfertigungen, was auch sonst, im Auftrag der Architekten von einer italienischen Firma konstruiert, mit einem Spezialbezug, der langlebig sein muss und zudem schallabsorbierend ist, sodass es für den Gesamtklang kaum eine Rolle spielen soll, ob jemand in einem dieser Stühle sitzt oder nicht. Sie kosteten damals rund 850 Euro pro Stück und erhielten den Modellnamen »HAM«, wie das Kürzel für den Hamburger Flughafen. Soll sagen: reinsetzen, anschnallen, bitte, bevor es losgeht, und abheben. Wer genauer hinsieht, entdeckt im Punktmuster des Wollstoffbezugs eine Anspielung auf einige andere schöne Stellen des Gebäudes: auf die Glaspailletten in der Rolltreppen-Röhre, die Bedruckung auf Teilen der Fassaden-Gläser und natürlich ganz besonders auf die kreisförmigen Platten aus Metall, die die XXXXXXXXXL-Konfetti-Oberfläche des Dachs bilden. Die Krümmung der Rückenlehne erinnert an die Wellenberge an den Oberkanten der Glashülle. All das sagt, so dezent wie deutlich: Hier hängt ästhetisch alles mit allem zusammen.

Die vermeintlich besseren, also: teureren Plätze sind nicht automatisch und überall auch wirklich besser. Näher an der Bühne ist näher an der Bühne, nicht weniger, aber auch nicht mehr. Sagen wir es mal so: Wer einen Abo-Platz in der Mitte von Block K hat, im Mittelgebirge mit zentralem Blick auf die Bühne, sollte es sich gut überlegen, von dort in einen anderen Block zu wechseln. Obwohl: Auch und gerade in den höheren Lagen hört es sich sehr angenehm und sehr differenziert, getreu der handlichen Verhaltensregel »Je höher, desto gut«.

Es ist ein sehr demokratischer und ein sehr gruppendynamischer Raum, organisch unberechenbar wirkend, anders als die strikt rechteckigen Säle, die alles auf die Wahrnehmung und Würdigung der Bühne und ihrer Angebote ausrichten und in Normen und Proportionen denken. Rechte Winkel und klare Kanten können sehr hilfreich für akustische Notwendigkeiten sein. Doch für den gefühlten Umgang mit Musik sind geschwungene, lebendiger wirkende Formschlenker, wie sie die Ränge anbieten, mitunter etwas seelenverwandter. Als sympathische Spezialanfertigung für diese Rundungen wurden in den Kurven der Sitzblöcke einige wenige Doppelsitzer eingebaut, die bequemer sind als so manches liebevoll durchgesessene Wohnzimmersofa.

Weil dieser Raum die Trennlinien zwischen Spielenden und Beschallten so geschickt aufweicht, ermöglicht er auch unmittelbare Begegnungen mit der Wirkungskraft von Musik. Der Abend im Februar 2017 beispielsweise, an dem das NDR-Orchester unter Leitung von Esa-Pekka Salonen im Dämmerlicht »The Unanswered Question« von Charles Ives spielte: Vier Flöten stellten auf der abgedunkelten Bühne existenzielle Fragen, die Treppenstufen-Beleuchtungen führten ins Irgendwo, die Streicher und die Solo-Trompete blieben hinter dem Podium unsichtbar. Raum-Klang, die Suche nach Erleuchtung, der Raum und seine Ruhe als Teil der Komposition. Womit wir bei den Surround-Spektakeln wären und dem Entdecken der dreidimensionalen Möglichkeiten. Noch beeindruckender als eine randvolle Bühne ist eine Bühne, die sich mit verteilten Instrumenten oder Vokal-Solisten in den Raum hinein erweitert. Beim Eröffnungskonzert sang der Countertenor Philippe Jaroussky in einem der Ränge wie ein Engel von seinem Lieblingswölkchen herab, bei spektakulär groß besetzten Werken wie Mahlers Achter oder Schönbergs »Gurre-Liedern« stapeln sich Chöre in die Sitzreihen, Blechbläser werden bei einigen Übergrößen–Sinfonien auf den Hochplateaus verteilt, um eine besondere Wirkung zu erzielen. Oder man erlebt die quirlige Cecilia Bartoli, wie sie spielfroh und überdreht durch die Reihen im Parkett flaniert, um einen halbszenischen Auftritt mit einer Opern-Arie intensiver wirken zu lassen. All das sind Special Effects dieses Raums, eine Nähe zur Tonentstehung, die keine noch so teure High-End-Anlage liefern könnte.

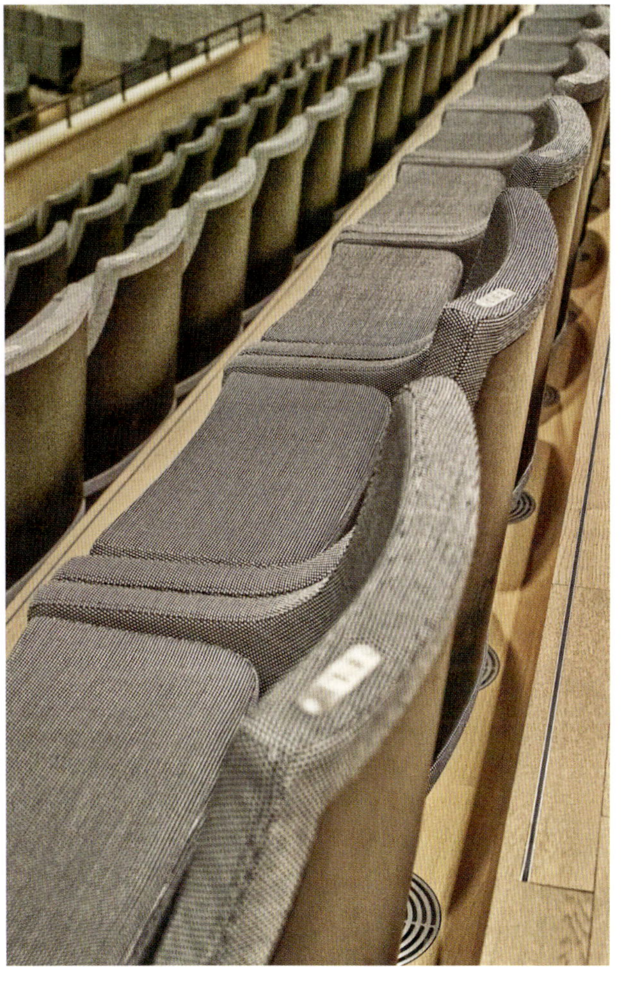

So großartig die Ruhe sein kann, die dieser Saal auszustrahlen vermag, so verheerend ist es, wenn seine Balance in entscheidenden Momenten gestört wird. Das geht ganz einfach und ganz schnell, gar kein Problem. Sekundenbruchteile, bevor der Pianist Igor Levit im September 2019 seinen mit Spannung erwarteten Beethoven-Sonaten-Zyklus mit Nr. 1 beginnen wollte, dröhnte aus der Tiefe des noch leeren Klangraums ein zart bimmelndes Klingeltönchen in die Stille. Levit drosch kurz, aber rechtschaffen wütend auf das Polster seines Klavierhockers, spielte einen anderen Klingelton als Revanche und bekam tatsächlich seine Kurve zurück zum Stück, zu Beethovens op. 2/1. Auch ein unausrottbarer Leise-Stellen-Huster schafft es wegen der exzellenten Akustik mühelos, einen ausverkauften Saal und alle auf der Bühne blitzschnell zu entnerven. Doch auch mit dem Knistern eines gemächlich geöffneten Hustenbonbon-Papiers lassen sich beeindruckende Ergebnisse erzielen.

Bei mehr als 2000 Plätzen ist im Großen Saal der Elbphilharmonie reichlich Platz für die unterschiedlichsten Publikumskategorien: die Dauergäste, die routiniert durchmarschieren, hin zu ihrem Revier, den Rest der Nachbarsitz-Belegschaft grüßen und mit geübtem Blick auf die Reihen gegenüber checken, ob heute wer fehlt. Die Neulinge, die sich beim staunenden Suchen nach ihrem Platz nicht entscheiden können, ob sie die ersten Fotos noch dort oder erst im Sitzen machen wollen. Kleiner Tipp am Rande: Man kann sich wie in einem Schneckenhaus von ganz unten bis nach ganz oben – oder eben weinbergab, Schicht für Schicht nach unten – den Saal erwandern, anders als beispielsweise in der Berliner Philharmonie.

Genauso gibt es aber auch, mit etwas Übung und Einhören, schnell voneinander unterscheidbar, mehrere Beifall-Ligen. Das reicht von der höflichen, sekundengenau abgewogenen Pflichterfüllung nach einem Abonnementskonzert, das eher mittel als prächtig war bis zum ungebremsten Durchdrehen, bei dem man allerdings fein unterscheiden sollte zwischen dem anknipsbaren Jubel, weil alle anderen gerade auch außer sich sind, und dieser anderen, in sich leisen Begeisterung, von der man noch lange zehren wird.

Apropos Ausnahmezustand: In den ersten Jahren war die Designer-Handtaschen-Häufigkeit in den Elbphilharmonie-Foyers groß, inzwischen hat sich der Dresscode – den es als strikte Vorschrift ohnehin nie gab – entspannt. Man kommt wegen der Musik, wenn man dabei auch modisch wahrgenommen wird, ist das ein Nebeneffekt, den vor allem Hanseatinnen und Hanseaten locker und eher unaufgeregt wegstecken. Andererseits hat das Modebewusstsein und dessen Sichtbarmachung deutlich an Bedeutung gewonnen. Für seine gute Stube kann man sich auch mal fein machen, und wenn das passiert, wird es subtil inszeniert. Insbesondere das Publikum von auswärts entdeckt gern die Möglichkeiten. Doch: Man muss all das nicht. Mit Dunkelblau, der Hamburger Allwetter-Nationalfarbe, macht man jedenfalls grundsätzlich nichts verkehrt.

Die Musik-Neugierigen mit unverstelltem Blick sind besonders sympathisch: Sie kamen und kommen, weil sie Glück beim Kartenkauf hatten oder vielleicht beschenkt wurden mit dem, was beim jahrelangen Dauer-Ansturm auf die Kassen gerade erhältlich war. Dann sitzen sie da, lassen sich überraschen und gehen mit dem großartigen Gefühl, unerwartet eine neue Welt für sich entdeckt zu haben. Dieser Eindruck kann mit einer x-mal gespielten Beethoven–Sinfonie genauso durch die Blutbahn rauschen wie mit einem vermeintlich unfassbar anstrengenden und fordernden Stück Avantgarde aus dem letzten Jahr, vor dem einen niemand gewarnt hatte und das deswegen auch gar keine Extrahürde ist. Und es muss auch keineswegs immer teuer sein, sich so bereichern zu lassen, schockbegeistert sein ist auch in einem kleinen Kammerkonzert mit einer noch wenig bekannten Pianistin oder einem Streichquartett möglich, bei einem liebenswürdig verpeilten Singer-Songwriter im Kleinen Saal oder einem Jazz-Konzert mit Ecken und Kanten.

Insbesondere der Große Saal klingt auch, wenn keine Musik in ihm zu hören ist. Er klingt ganz leise nach, die Poren seiner Wände dünsten die dort gespielten Konzerte aus. Der Raum hat nicht nur seine Aura, sondern auch ein Aroma aus geschehenen Tönen. Und wann immer ein Konzert endet, kündigt sich dort schon das nächste an. Unhörbar, aber innerlich unüberhörbar. Eine Stille, in der unendlich viel Musik liegt, direkt unter der Oberfläche, oder, wie Cage es vielleicht beschreiben würde: zum Verlieben nah.

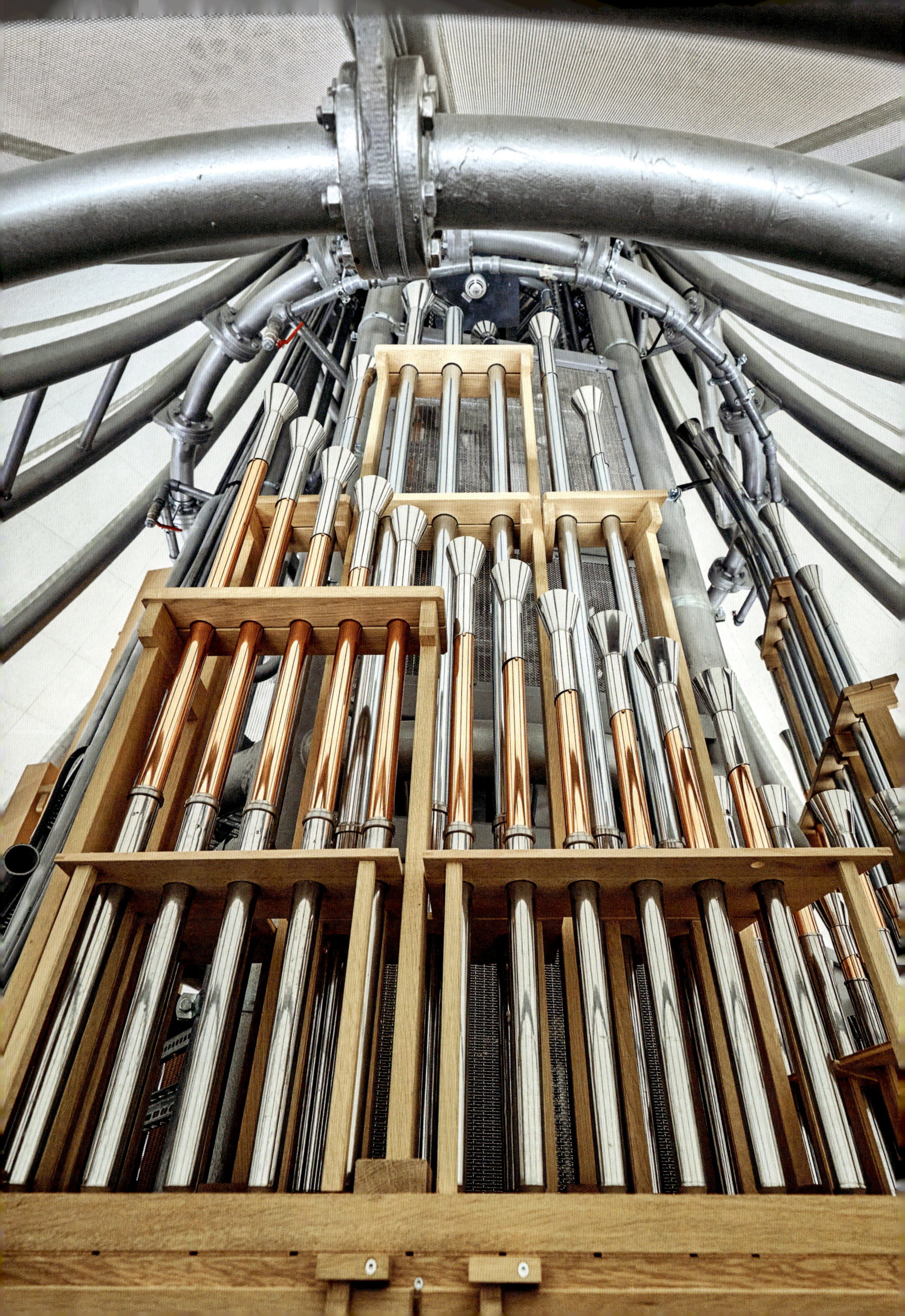

9

ALLES NUR SCHALL UND RAUM: DIE AKUSTIK

Hätte herausragende Akustik eine eindeutige chemische Zusammensetzung, könnte man sie womöglich im Labor nachbauen. Auf Vorrat abfüllen. Griffbereit für akute musikalische Notfälle, wenn es mal klemmen sollte mit dem Genuss im Konzert. Einfach eine Vorratspackung »Elbphilharmonie Klangzauber de luxe« in die Lüftungsanlage und die ganze Ladung diskret in den Saal sprühen lassen, wie eine dieser penetranten Duftkerzen, die an das süßfiese Müffeln gut abgehangener Taxi-Duftbäume erinnern. Nur eben: völlig geruchsneutral, absolut geschmacksneutral. Dafür aber: gefühlsecht. Eine kleine Dosis genügt bereits, am besten auf Ohrenhöhe, und, voilà, schon weiß, hört und vor allem spürt man als bestäubter Teil des Publikums: Ach, *so* soll das klingen ...! So großartig, vielschichtig und transparent kann das sein ...! Ganz so einfach ist es allerdings nicht. Obwohl: Wirklich kompliziert ist es auch nicht, jedenfalls für einige.

Der Umgang mit dem Thema Akustik, also einer der zentralsten Aufgaben von Sinn und Zweck des gesamten Gebäudes, lief in mehreren Phasen ab. Zunächst, bis zur Eröffnung, wurde jahrelang heftig spekuliert, vollmundig versprochen, skeptisch angezweifelt und energisch gegenargumentiert. Wird schon! Wird schon? Für weitere Vorab-Verwirrung sorgte der immer wieder von der Stadt Hamburg betonte Ehrgeiz, man wolle mit der Elbphilharmonie nicht weniger als »einen der zehn besten Säle der Welt« bauen. Wenn schon, denn schon, Kosten und Nutzen, wo kämen wir sonst hin? Als Ziel sehr hehr, doch: Wie soll man diese Exzellenz messen, berechnen oder gar abwiegen? Viele Säle sind ähnlich, aber letztlich ist und klingt jeder anders. Das liegt in der jeweiligen DNA ihrer jeweiligen Idee.

Es gibt physikalische Gesetzmäßigkeiten für das Verhalten von Schallwellen in Räumen, an denen kommt niemand beim Bau und später beim Betrieb dieser Räume vorbei. Es gibt aber auch die kleinen, feinen Geschmacksunterschiede und persönlichen Erfahrungshorizonte, die dafür sorgen, dass dasselbe Stück vom selben Orchester, aber von zwei Dirigenten erarbeitet, komplett anders klingen und

Blick ins Innere des riesigen Reflektors, in den der Bonner Orgelbauer Philipp Klais das Fernwerk der Orgel als Spezialeffekt installiert hat.

wirken würde, auch wenn jeder Tempo-Unterschied 1:1 identisch eingehalten wäre. Und dann, um das flüchtige Thema wieder zu erden, wären da noch die Stellt-euch-mal-nicht-so-an-Ansagen von erfahrenen und pragmatischen Praktikern wie dem ehemaligen NDR-Chefdirigenten Christoph von Dohnányi, der sich mit gleich zwei erstklassigen Pointen im Lebenslauf des Konzerthauses verewigte: Als er bei einer sehr frühen Senatsanhörung gefragt wurde, ob man neben der Hamburger Laeiszhalle, Baujahr 1908, noch einen zweiten Saal wirklich brauchen würde, hatte der international erfahrene Orchesterlenker gelassen gekontert: Gab es ein Bedürfnis für Beethovens Neunte? Oder für Coca-Cola? Kurz vor seinem ersten Konzert im Großen Saal auf die vermeintlich knifflige, überempfindliche Akustik angesprochen, entgegnete er leicht amüsiert: »Ich hab mit der Akustik kein Problem. Wenn Sie gut Auto fahren, können Sie mit jedem Auto gut Auto fahren.« Zum Vorsatz, sich in die Top-Ten-Liste bauen zu wollen, hatte der wegen seines unbetrügbaren Gehörs gefürchtete Dirigent, wenig überraschend, ebenfalls eine klare Meinung und zwei rhetorisch gemeine Gegenfragen: »So etwas ist immer schwierig ... Eine der zehn schönsten Frauen, einer der zehn besten Fußballer?«

Seit der Eröffnung wurde schnell und mitunter schmerzhaft klar: Der Große Saal der Elbphilharmonie ist kein großes Problem, er ist eine riesige Herausforderung. Ein Höchstleistungstrainingslager, eine Schule des Hinhörens, ein Mikroskop für Stärken und Schwächen. Er kann zu Sensationen motivieren und dafür belohnen – und er kann Hoffnungen pulverisieren. Gute Orchester und Solisten wirken und klingen dort noch besser, als sie ohnehin sind. Nicht ganz so gute? Tja. Nicht ganz so gut. Und besonders tückisch wird es, wenn jemand auf der Bühne schon vor dem ersten Ton glaubt, alles wäre hier für ihn automatisch ganz einfach.

Wo derart viel Glanz und Licht, da auch mal Schatten: Enorme internationale Aufregung löste ein Auftritt des Tenors Jonas Kaufmann am 12. Januar 2019 aus. Er wollte Mahlers »Lied von der Erde« singen, alle Abschnitte, also auch die, die eigentlich nicht für einen Tenor gedacht sind. Und er hatte mit dem Sinfonieorchester Basel ein Orchester im Tournee-Angebot, das sich in dem von Basler Architekten entworfenen Saal etwas zu sicher zu fühlen schien. Dazu kam, dass Kaufmann am vorderen Bühnenrand sang und nicht – für diese Art Musik effektiver – erhöht hinter dem Orchester, um es von dort zu übertönen, anstatt am Vorderrand von ihm übertönt zu werden. Das Ende vom Lied, noch bevor der Abend endete: erboste Zwischenrufe aus dem Publikumsbereich hinter der Bühne, man würde dort nichts hören. Kaufmann nahm das noch auf der Bühne übel und schlug wenig später, nachhaltig verstimmt, im Frust-Affekt vor, man sollte für solche Formate doch bitte auch noch »eine kleine Drehbühne« einbauen.

Nur zehn Tage später, ein schöner Zufall des luxuriösen Spielplans, bewies ein anderer Tenor, der auf Wagner spezialisierte Andreas Schager, bei einem Konzert mit den Münchner Philharmonikern unter Valery Gergiev, dass das »Lied von der Erde«, sein Solist und der Saal durchaus Freunde werden können. Der Dirigent war bestens mit den Besonderheiten von Toyota-Sälen vertraut. Und Schager sang wohlweislich auch nicht alles, was möglich gewesen wäre. Er stand vor allem dort, wo es Sinn macht – hinten und oben –, und nicht dort vorn, wo es auch gut aussieht.

Als alles noch ganz und gar neu und noch aufregender war, kurz nach den ersten Konzertabenden im Januar 2017, gastierte das Chicago Symphony mit *Maestro* Riccardo Muti, zwei Abende, praktisch ohne Anspielprobe, nach der guten alten Musiker-Devise »Wer übt, hat's nötig«. Der international tolle Konzertsaal, in dem diese All-Star-Band noch nicht war, muss erst noch gebaut werden. Wie alle Top-Orchester in dieser Liga ist solch ein Orchester nahezu mühelos in der Lage, sich instinktiv auf noch unbekannte akustische Gegebenheiten einzustellen. So auch in Hamburg: Innerhalb weniger Minuten – hier ein bisschen mehr, da einen Hauch weniger und direkter – hatte Muti sein Tutti auf Linie gebracht und die Feinmechanik des Orchesters geschmeidig justiert.

Viele Säle verzeihen Ungenauigkeiten, sie runden ab und zeichnen weich und tragen auf Händen. Sie versöhnen mit Unebenheiten und verzeihen viel. Eine spätromantische Sinfonie, die auch auf ein gewisses Maß an klanglicher Überwältigung abzielt, kann durch eine entsprechend umarmende Akustik an Dichte gewinnen, ohne deswegen massig zu werden. Dieses Klangideal wurde vor allem in den Schuhschachtel-Sälen früherer Jahrhunderte angestrebt und oft beispielhaft erreicht. Dem Elbphilharmonie-Akustiker Yasuhisa Toyota dagegen ging eine andere Klangphilosophie nicht aus dem Kopf: höchstmögliche Durchhörbarkeit. Ehrlichkeit, Aufrichtigkeit, und wenn das schonungslos und ungewohnt klingt, dann ist das nun mal so. Geliefert wie gespielt. HD statt Röhrenfernseher, CD statt Vinyl-LP. Tiefenschärfe in den Details, um die Strukturen zu erkennen und die Extreme ausreizen zu können.

Die Elbphilharmonie, das haben die ersten Spielzeiten eindrücklich bewiesen, steckt die dramatischen Ausbrüche einer Mahler- oder Schostakowitsch–Sinfonie gut weg, mühelos geradezu. Da scheppert nichts, egal, wie viele Blechbläser losbrettern, nichts klingt verengt oder zu groß für den Raum, da ist für die Musik immer noch Luft zum Atmen nach oben. Sie kann aber mit dem Gegenteil genauso sicher umgehen. Die filigranen Feinheiten von Kammermusik werden kantenscharf, aber nicht kühl auf den Weg zum Publikum geschickt. Man kann der Musik förmlich beim Nachdenken über sich selbst zuhören, bevor sie entsteht. Leise Momente, gut ausgelotet, sind hier extra leise. Immer wieder sah man in den ersten Monaten freudig erschrockene Blicke bei Orchestermitgliedern, weil sie zum ersten Mal merkten, mit wie wenig Aufwand und Nachdruck sie bei ihren Soli den ganzen Saal erreichen, spielend eben. Solisten entdeckten, wie schwer ein Pianissimo sein kann, wenn schon das Piano fast schwerelos ist, aber alles andere als leicht.

Da die Saalform so außergewöhnlich ist und sich der klassischen Einfachheit durch scheinbares Durcheinander entzieht, muss die Oberfläche noch spezieller sein, um wieder Ordnung in den Daseinszweck zu bringen. Vorhang auf also, für die »Weiße Haut«! Ein Begriff, den die Architekten mindestens so wenig mögen wie den Gebäude-Spitznamen »Elphi«. Verständlich, denn die Haut, eine skulpturale Klang-Tapete, hat eher etwas Riesen-Käsereibiges, sanft ist da wenig. Die aufwendig gefrästen Gipsfaserplatten – rund 10 000 Stück, etwa 400 Tonnen schwer und

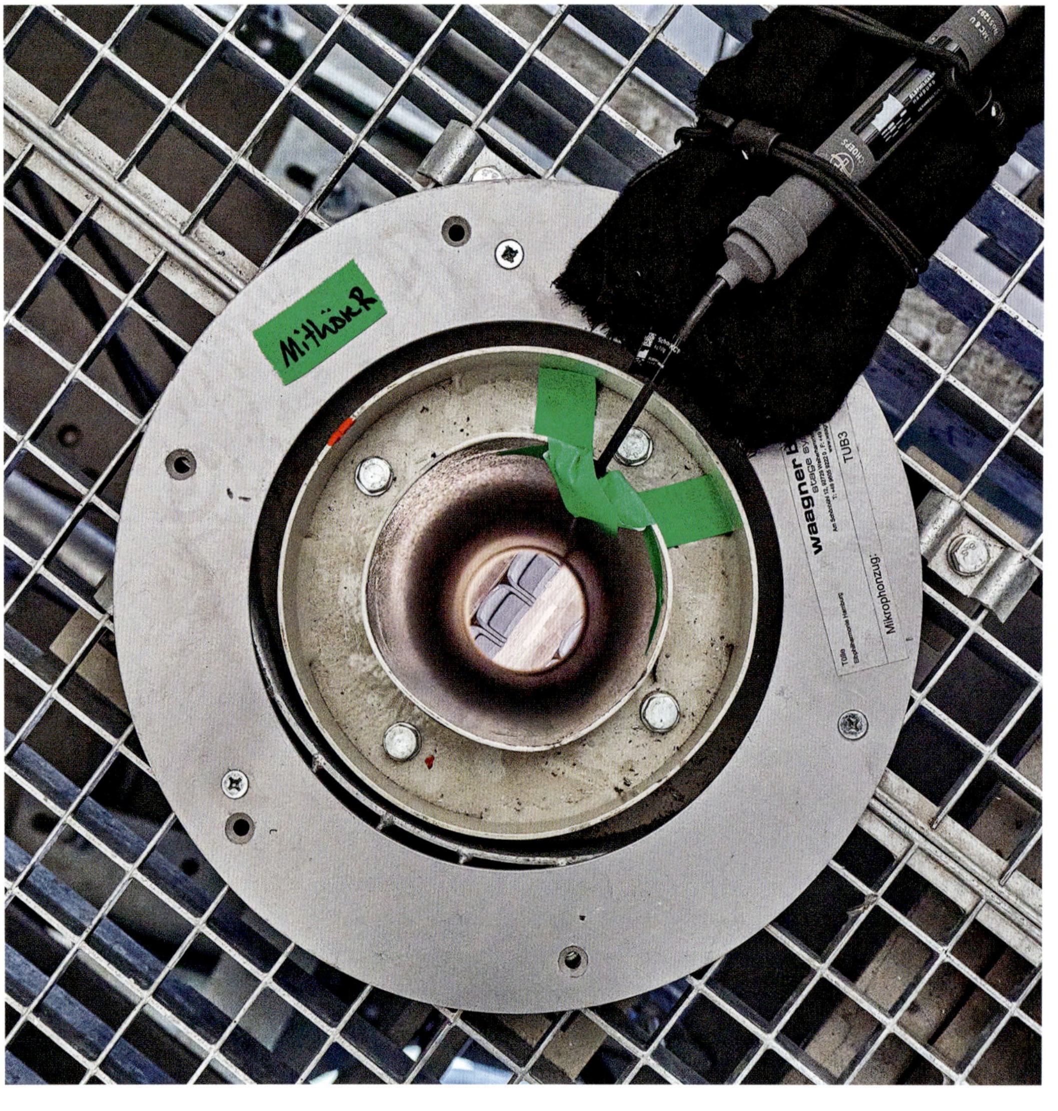

eine Gesamtfläche von 6500 Quadratmetern abdeckend – sollen die Schallwellen genau so reflektieren, dass sie im Zusammenspiel mit dem riesigen Reflektor über der Bühne (15 Meter Durchmesser, Gesamtgewicht 100 Tonnen mit Nutzlasten, vier Orgelregistern und raffinierter LED-Beleuchtung) ein Klangpanorama wahr werden lassen, das alle Bedürfnisse der Musik abdeckt.

Eine gewisse Charakterfestigkeit, jenseits der musikalischen Möglichkeiten, ist beim Betreten der Bühne im Großen Saal von Vorteil. Pianistinnen und Pianisten sind in aller Regel damit aufgewachsen, dass der Deckel ihres Instruments vorhanden ist, ob nun geschlossen oder aufgeklappt. Sich so und nicht anders beim Spielen zu hören, ist Teil ihrer Gewohnheiten und gibt Sicherheit. Doch im Großen Saal ist es – auf der richtigen Position – durchaus möglich und für alle Anwesenden durchaus dankbar, auf den Flügeldeckel komplett zu verzichten und den Klang unreflektiert in den Raum zu entlassen. Daniil Trifonov war bei seinem Solo-Abend im Februar 2019 mutig genug, sich auf dieses Experiment einzulassen. Der Flügel war mittig und leicht schräg gestellt, die Klangwirkung beeindruckend anders.

Ein Saal wie dieser unterrichtet nicht nur die Künstlerinnen und Künstler in seiner Mitte, sondern ist auch für das Publikum geschmackspädagogisch wertvoll. Auch dafür wurde er ja entworfen und gebaut, in all seiner Radikalität und Konsequenz. Anders als in einem altehrwürdig-klassischen Schuhschachtel-Saal wie der Hamburger Laeiszhalle sind hier die möglichen Abstufungen und Klassenunterschiede von Interpretationen und Künstlerperspektiven klarer zu hören. Zwei große Säle unter dem Dach einer organisatorischen Generalintendanz sind ein besonders schöner Luxus, denn so lässt sich ein Repertoire dort auf das Konzertprogramm setzen, wo es besser passt: Übergröße–Sinfonien mit dreistelligem Personalbedarf müssen sich nicht mehr wie in den vorelbphilharmonischen Jahrzehnten ins Raum-Korsett der Laeiszhallen-Bühne stopfen lassen. Dafür kann die Laeiszhalle im Kernbereich des klassischen Repertoires ihren Charme und ihre Vorzüge ausspielen.

Sängerinnen und Sänger, ob Cecilia Bartoli, Anna Netrebko oder Elīna Garanča, ob Plácido Domingo, Juan Diego Flórez oder Philippe Jaroussky, praktizieren in der Elbphilharmonie zur Vermeidung von Image-Schäden bei ihren Auftritten gern eine Vorsorge-Pirouette: Wie der sich langsam drehende Lichtstrahl eines Leuchtturms rotieren sie so um die eigene Achse, dass der gesamte Saal sie einmal frontal hört und sieht. Kleine Anstrengung, große Wirkung. Symbolisch ist das letztlich nah dran an den unzähligen kleinen Wellen auf der Oberfläche der »Weißen Haut«. Sie ist die wichtigste fest in den Saal eingebaute Ursache für die vielen Aha-Erlebnisse, Konzertabend für Konzertabend, bei denen die Akustik hält, was der Anblick der Architektur mal freundlich verspricht und mal ernüchternd androht: Wenn man alles hört, hört man alles.

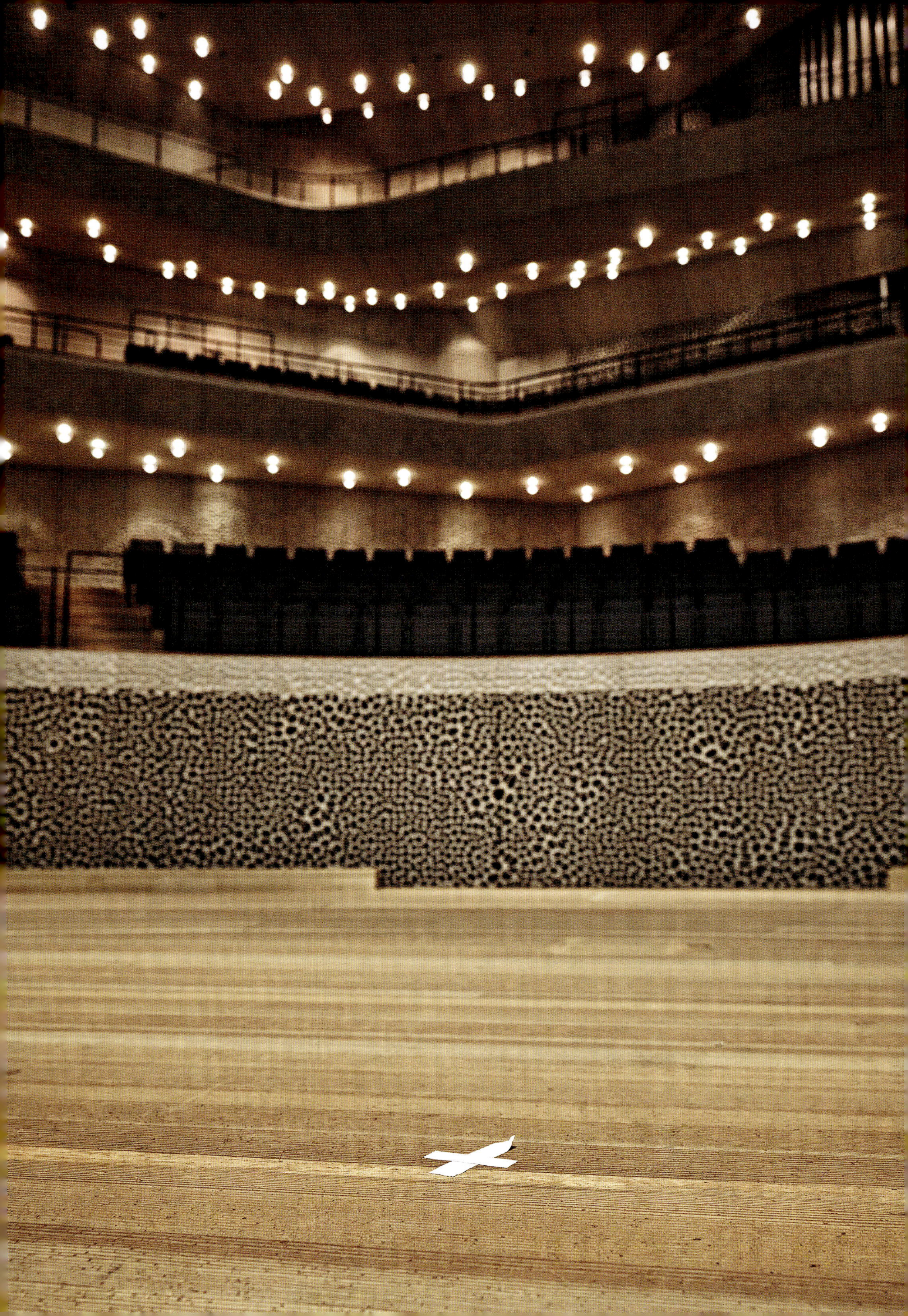

10

IN DER HERZKAMMER: DER BÜHNENBODEN

Elbphilharmonie, Großer Saal. Die Uhrzeit: knapp vor Showtime. In einem der zwei Seitengänge hinter einer der zwei Bühnentüren wartet ein Musiker oder eine Musikerin darauf, dass es gleich so weit ist. Aus der Tür kommen und allein dafür sofort in Applaus gebadet zu werden, ist eins. Es gibt diesen Applaus immer, für die lang erwartete Anwesenheit, und immer als zinslosen Liebes-Vorschuss, zurückzahlbar in vielen kleinen Raten, Takt für Takt, in den nächsten Stunden. Gelingt das, bekommt man ungefragt noch mehr Applaus, umsonst, als Bonus für das nächste Mal. Und es gibt ihn, anders als auf allen anderen Bühnen, als unmittelbare 360-Grad-Beschallung. Das Publikum ist in dieser Arena derart nah, zum Greifen und Begreifen nah, dass man womöglich schon die vielen kleinen Druckwellchen aus den vordersten Sitzreihen direkt am Bühnenrand spüren kann. Was für ein Gefühl das sein muss. Möchte man tauschen? Vielleicht. Auf jeden Fall. Nie im Leben. Sofort. Ach, schön wär's.

Seit der Eröffnung der Elbphilharmonie haben sich unzählige Künstlerinnen und Künstler aus der ganzen Welt fest vorgenommen, diese Adresse in ihren Lebenslauf einzutragen und darauf hingearbeitet. Große, traditionsreiche Orchester, die zwar selbst in großartigen und traditionsreichen Konzerthallen zu Hause sind, aber dennoch wissen wollen, wie toll Hamburg als Musikstadt jetzt wirklich ist. Erfolgshungrige, junge bühnenluftsüchtige Solistinnen und Solisten, die wissen: »*If I can make it there, I'll make it anywhere …*« Wenn ich es hier geschafft habe, dann … Seit Jahrzehnten blind aufeinander eingespielte Kammermusik-Ensembles, die das Wohnzimmerhafte des Großen Saals reizt, obwohl der ja so groß und so hoch ist. Jazzer, in deren Augen diese unkonventionelle Architektur, an allen Regeln vorbei, genau den Groove hat, den sie in anderen, gediegener gestalteten Locations vermissen. Musikerinnen und Musiker aus fernen Ländern, die noch nie ein Stück mit einer klassischen Opuszahl in ihrem Repertoire hatten oder wollten, weil sie die Musik ihrer Heimat spielen. Und dazu die grandiosen Sonderlinge: Typen wie Blixa

Bargeld, Frontmann der grau melierten Underground-Truppe Einstürzende Neubauten, mit seinem wundersam arrangierten, feinfühligen Kunst-Krach kurz nach der Haus-Premiere. Oder der lässig selbstironische Lebenskünstler Bill Murray, der aus Romanklassikern vorlas, Songs aus der *West Side Story* und *Porgy and Bess* sang und ansonsten vor allem Bill Murray war, bevor er seine Fans am Ende dieser Show von der Bühne aus mit Rosen bewarf. Sie alle wollten und wollen nur eines: rauf auf genau diese und keine andere Bühne.

Möglichst makellos musste ihr Material sein – astfrei und flexibel genug, aber auch an jeder Stelle enorm belastbar, wenn es darauf ankommt. Nicht zu weich. Aber auch nicht zu hart. »Bretterboden« ist ein arg hölzernes Etikett für das Fundament, das ein Weltklasse-Konzertsaal-Bühnenboden sein muss. Dafür muss er zu viel liefern, jedes Mal, sobald der erste Ton erklingt. Dieser Boden ist – möglichst unauffällig und dennoch unübersehbar – ein Teil dieser Show, und nicht der unwichtigste. Auch und erst recht im Großen Saal der Elbphilharmonie, im Zentrum der Herzkammer des gesamten Gebäudes. Er ist das größte und unsichtbarste Instrument mitten im Raum.

Seine rund 260 Quadratmeter Fläche sind einerseits der tollstmögliche Spielplatz, ein Feld der Träume von großartiger Musik. Dabei kann der Boden behilflich sein, weil er die nötige Standfestigkeit vermittelt und Ruhe ausstrahlt, sicheres Auftreten erleichtert und auch durch seine eigene Biographie Selbstvertrauen stärken kann. Denn jede kleine Scharte kann das Souvenir vom noch sensationelleren Auftritt eines ohnehin sensationellen Weltstars sein, in dessen Fußspuren man hier unterwegs sein darf. Die vielen kleinen Narben durch die vielen Halt suchenden Stachel der Celli. Die wieder und wieder passierenden Kratzer in der Einflugschneise des Flügels, der punktgenau gestimmt und penibel eingestellt wurde. Womöglich auch das eine oder andere Angstschweiß-Tröpfchen, das in der Solisten-Zone am Vorderrand eingetrocknet ist – so etwas bessert man doch nicht aus. Das soll so, ganz genau so und nicht anders. Schon, damit man das Ganze nicht mit einem unnahbaren Museum der Hochkultur verwechselt.

Die Bühne dieses Konzertsaals ist durch das ständige Rauf und Runter, Rein und Raus ein ganz bodenständiger Arbeitsplatz, aber auch eine ideelle Wert-Anlage, nicht nur einfach Zeug aus Holz, auf dem etwas stattfindet, bis alle klatschen. Heiliger Boden geradezu, eher später als früher, nach den Erinnerungen an viele großartige Konzerte, die sich durch Begeisterungs-Osmose in seinen Fasern eingelagert haben. Eines darf jedoch auf keinen Fall passieren: Knarzen. Röchelndes Knarzen wie von den guten alten Pitchpine-Dielen in Eppendorfer Riesenwohnungen, zuverlässig wie das Amen in der Kirche immer an derselben Stelle, aber immer im falschen Moment. Das würde man bis ganz oben im Saal hören, sehr laut und sehr deutlich, also: sehr schrecklich. Sollte einmal ein Komplettaustausch dieses

Bühnenbodens notwendig werden, dürfte es jedenfalls kein Problem sein, kleine Stückchen portionsweise an den Elbphilharmonie-Fan zu bringen, wie Reliquien. Vielleicht in Kunstharz eingegossen, mit einem kleinen Kärtchen, wo genau auf der Bühne das Stückchen Holz in seinem früheren Leben gewesen ist.

Der Bühnenboden eines weltbekannten Konzertsaals ist aber auch der unbarmherzige Präsentierteller, auf dem jedem Musiker und jeder Musikerin in Sekundenbruchteilen klar wird, wie weit man gekommen ist und was man kann. Wie viel spielerische und hochkonzentrierte Leistung hier erwartet wird. Er kann schlimmstenfalls sogar der Boden sein, in den man am liebsten komplett versinken möchte, etwa wenn ein Detail im entscheidenden Moment knapp danebengeht. Das können hier bis zu 2091 Menschen, auf mehrere Etagen verteilt, mühelos mithören, so genau, als hätten sie gerade selbst gepatzt und müssten nun dennoch weitermachen, als wäre das Malheur eben nicht passiert. Diese Bühne hat dann große Ähnlichkeit mit einem Boxring, in dem man stehend k. o. ist, ohne dass ein Ringrichter erlösend eingreift. Verschärft wird diese einschüchternde Wirkung durch die helle Farbe des Holzes, die das Raumlicht bestens reflektiert und jede Geste, jede Bewegung viel klarer erkennbar macht als eine gnädig und würdevoll abgedunkelte Fläche.

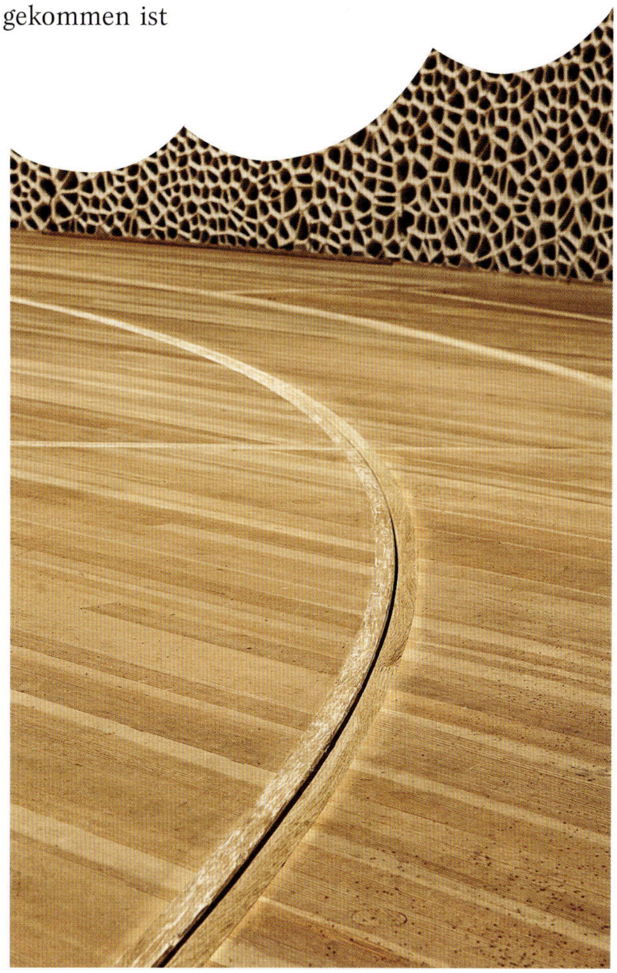

Könnte eines dieser Bühnenboden-Bretter sprechen, würde es seine aufregenden Momente im unaufgeregten, freundlichen Dialekt der US-Westküste erzählen, wie es so war, bevor es zum Laufsteg-Stück wurde. Dort, im gemütlich verwaldeten Oregon, ist sein Stammbaum verwurzelt. »Oregon Pine«, Douglasien-Holz, ähnlich hart wie Kiefer oder Lärche. In einem Fachhandel-Steckbrief heißt es über dessen Vorzüge lakonisch: »Nur geringe Neigung zum Reißen oder Verdrehen.« Ein Freund fürs Künstlerleben also, charakterstark und stressfest und uneitel. Keine extravaganten Maserungen, die »Streichel mich …, bewundere mich …« raunen. Eine Bühnenbau-Fachfirma aus dem baden-württembergischen Städtchen Wertheim hat aus einer großen Menge feinstem Oregon Pine eine Bühne für Hamburg spezialgeschreinert, in mehreren Lagen verleimtes Holz, als Fertigbauteile zur Endmontage ins Haus geliefert, auf ausdrücklichen Wunsch des japanischen Elbphilharmonie-Akustikers Yasuhisa Toyota. Beim Bühnenbau für das Mariinski-Theater hatte er die Handwerker aus Wertheim kennengelernt. Toyota und seine Mitarbeiter sollen damals eine halbe Stunde lang barfuß auf dem dortigen Bühnenboden herumgelaufen sein, damit sie hautnah erspüren konnten, ob ihnen die Spezial-Auslegeware zusagt.

Ebenso wie ein Bühnenboden nicht einfach nur Wald- und Wiesenholz sein darf, darf genauso wenig dem Zufall überlassen werden, wer wo steht oder sitzt beim Konzert. Die nächste Fast-Geheimwissenschaft also. In den Monaten vor der Eröffnung war vor allem das NDR-Orchester und sein damaliger Chefdirigent Thomas Hengelbrock damit beschäftigt, Sitzpläne und Klang-Panoramen zu ertesten. Wie weit können beziehungsweise müssen die Abstände zwischen Instrumentengruppen sein? Spielt sich eine kleine Haydn-Sinfonie näher an der Rückwand deutlich besser als weiter vorn, und falls ja, wäre es für eine Beethoven-Sinfonie womöglich schon wieder verkehrt, diesen Sitzplan einfach zu übernehmen? Wohin mit dem vielen Blech bei Mahler? Sollen sich Einzelstimmen prominent in einen Gesamtklang hineinmischen – und falls sie das nicht sollen, wie positioniert man bestimmte Instrumente dort, wo sie zwar herausragen, aber eben nicht spitz und unangenehm? Wo haben die Schlagzeuger noch den besten Bums und wo schon zu viel? Ganz heikles Thema: Wo genau hin mit dem Flügel? Bei einem großen Orchesterkonzert einfach dort einparken, wo noch genügend Platz ist? Und was ist bei Solo-Recitals zu beachten? Fragen über Fragen, denn: Entscheidend is' aufm Platz. »Wir erwarten an jedem Abend einen Moment des Zauberns«, beschrieb der Dirigent Kent Nagano dieses Gefühl. »Wir leben für diese Möglichkeit, wir üben darauf hin.«

Das Wort »Resonanzboden« als Bezeichnung für einen spielentscheidenden Teil bei Tasteninstrumenten ist kein Zufall. Im Laufe der Jahre verändern sich frische Bühnenböden. Sie setzen sich, sie trocknen weiter durch, sie nehmen nach und nach ihre endgültige Form an und produzieren ihren ganz eigenen Klang. So legendär wie schrullig ist die schöne Geschichte von der »Horowitz-Schraube«, die in den Boden der Carnegie Hall versenkt worden sein soll, als einzig erlaubte Positionsmarke für das Instrument des überexzentrischen Jahrhundert-Pianisten. Und ähnlich schön ist eine weitere Anekdote aus dem New Yorker Konzerthaus: Nach der Renovierung 1986 gab es immer wieder Beschwerden, dass die Akustik im Saal darunter gelitten habe. Die Schuld bekam eine angeblich frisch und falsch unter dem Bühnenboden eingezogene Betonschicht. Unsichtbar, also schwer zu beweisen. Die Verantwortlichen dementierten kategorisch: Da sei nichts, wirklich nicht, großes Ehrenwort – bis man bei einer Bodenwartung tatsächlich eine dicke Lage Beton entdeckte, für deren Existenz sich niemand verantwortlich fühlte. Seit sie entfernt wurde, ist die Klang-Welt dort wieder in schönster Ordnung. Im Wiener Musikverein wird der Bühnenboden übrigens seit der Eröffnung 1870 etwa alle vier Jahrzehnte ausgetauscht, in der Boston Symphony Hall, Baujahr 1900, ließ man sich mit der ersten Renovierung bis zum 106. Jahr des Bestehens Zeit, um ja nichts vom Traditionszauber unwiederbringlich zu vergeigen. Verglichen mit diesen Lebensläufen, ist der Bühnenboden der Elbphilharmonie noch blutjung.

Um die Fahndung nach der Ideallinie im alltäglichen Umgang mit einem Bühnenboden noch komplexer und nervensägender zu machen, lässt sich das Spielchen auch auf eine weitere räumliche Ebene ausweiten. Die Bühne hat neben der Fläche mehrere Hubpodien zu bieten, um einzelne Orchesterabteilungen eine kleine Etage höher gestaffelt spielen zu lassen. All das ist nicht nur Physik, sondern auch, zumindest bis zu einem gewissen Grad, Geschmackssache. Der eine Dirigent bevorzugt es kompakt, die andere möchte es lieber etwas durchhörbarer. Und dann gibt es immer noch die Mischung aus Inspiration und Tagesform, durch die ein Konzert ohne jede Vorwarnung ganz eigene Wege geht. Inzwischen sind diese Bühnen-Erfahrungswerte für die örtlichen Orchester und die Stammgäste längst vorhanden. Was aber nicht heißt, dass nichts mehr schiefgehen kann.

Manche Pianisten alter Schule wirken auf den wenigen Metern bis zur Tastatur eher mittelprächtig gelaunt, wie ein klassischer Wiener Kaffeehaus-Kellner mit Tunnelblick. Geigenvirtuosinnen eröffnen gern in mondäner Abendgarderobe die Audienz. All das ist Teil des Spiels mit dem Sehen und Gesehenwerden, das ein Klassik-Konzert sein kann. Gerade in den ersten Lebensmonaten der Elbphilharmonie war oft zu erleben, dass auch Stars, die ansonsten durch wenig aus ihrer Ruhe zu bringen sind, doch etwas tiefer in den Bauch atmen mussten, als sie nach dem ersten Schritt ins Rampenlicht erkannten, wie nah das Publikum im Großen Saal ihnen ist. Diese Aufregung gab sich dann aber nach den ersten Takten. Meistens. Andere wiederum, der Cellist Yo-Yo Ma oder die Mezzosopranistin Cecilia Bartoli beispielsweise, strahlen beim kurzen Weg zu ihrer Poleposition in dieser Arena, als wäre mindestens Weihnachten und Ostern zugleich, überglücklich über diesen Anblick und das Gefühl von so viel Nähe und Vorfreude, mit dem sie Energie tanken. Eine Einbahnstraße ist das nicht: Der Blick von der Bühne in den Saal, in die vielen Gesichter, gibt eine Vorahnung von der Intensität, die Künstlerinnen und Künstler im eigenen Leib erleben, wenn die Musik beginnt.

Auf einer gestimmten Geige könne jeder spielen, ist einer der unzähligen blöden Musikerwitze. Auf einer Bühne wie der im Großen Saal der Elbphilharmonie wird man spielend getragen und gehalten, während man abhebt.

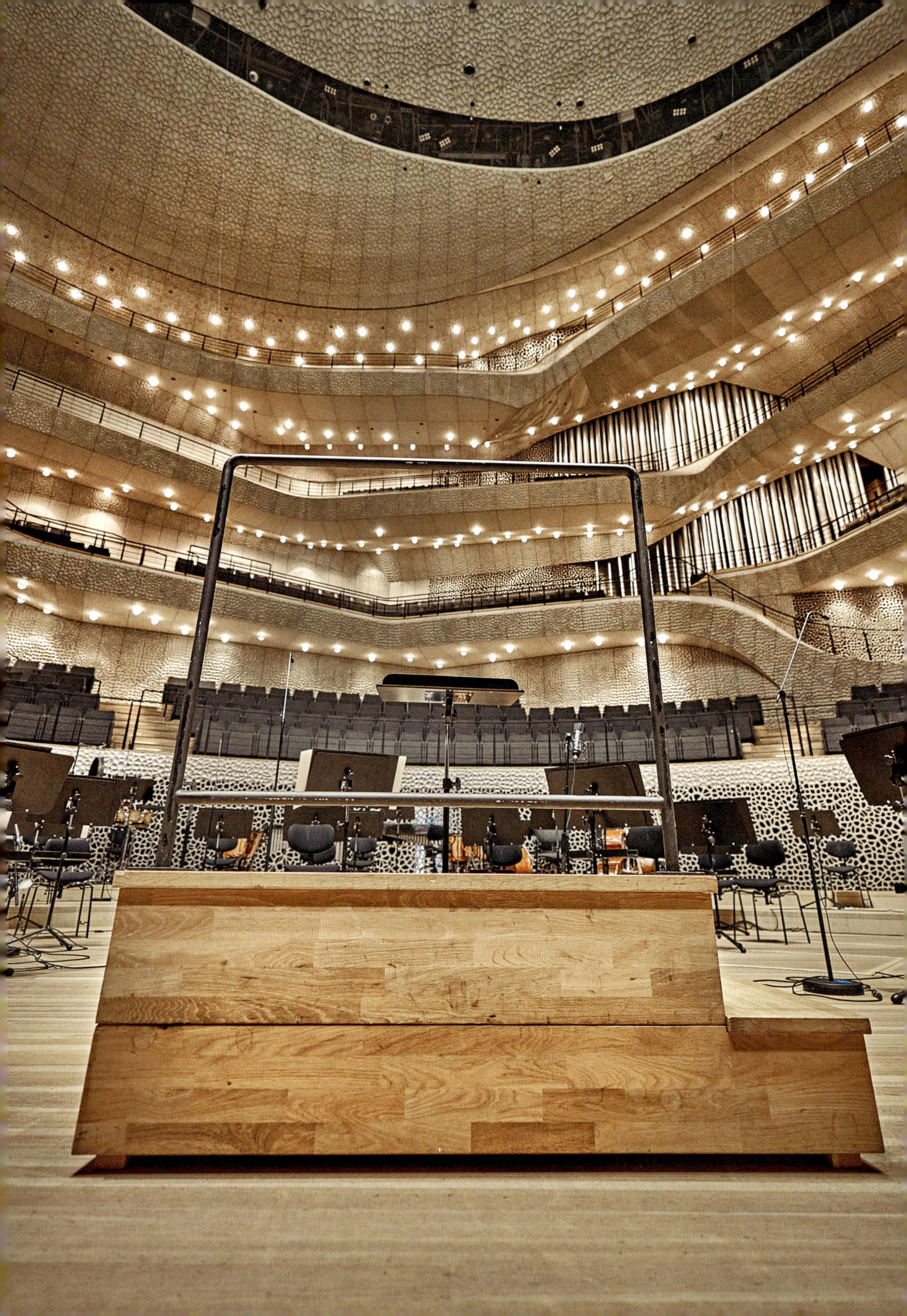

11

STAND-PUNKT: DAS DIRIGENTENPULT

Ein Pult, 30 Meter. Mehr als diese beiden Kennzahlen braucht es nicht für eine erste, sehr kurze Arbeitsplatzbeschreibung, wenn es um die leicht erhöhte Leitzentrale von Orchesterkonzerten in der Elbphilharmonie geht, egal, ob sie ein kleines Kammerorchesterchen präsentieren oder riesig besetzt sind. Das Dirigentenpodest. Der Chef-Sockel. Die Maestro-Bühne auf der Bühne. Ein Kleinststaat im Staat. All diese Umschreibungen erklären unisono: An dieser Stelle gelten gern mal eigene, spezielle Regeln. Dort gibt es nur eine Person, die das Sagen hat. Drastischer ausgedrückt: Sie verlassen, zumindest ein ganz kleines bisschen, den demokratischen Sektor.

Ein Dirigentenpodest ist meistens sehr überschaubar und bietet nur bescheidene persönliche Auslauffläche, es ist aber immens groß an Bedeutung. Und, nicht zu unterschätzen: Ein kleiner Fehltritt nur, eine Aufmerksamkeitsschwäche, und man kann nicht nur sprichwörtlich, sondern auch buchstäblich abstürzen, vor aller Augen, mitten bei der Arbeit. Ein Standpunkt, den man sich mit viel psychologischem Fingerspitzengefühl verdienen sollte und nicht nur mit Machtgesten, weil manchmal mehr als 100 Menschen von einer einzelnen Meinung zu überzeugen sind. Das wäre das Mindestmaß, Begeisterung wäre praktischer. Die einzige grundlegende Verhaltensregel für den Job: Hier stehe ich, ich will nicht anders.

Nicht alle Dirigentinnen und Dirigenten stehen darauf, unbedingt und immer darauf zu stehen. Eine Faustregel: Je kleiner das Orchester, desto niedriger das Pult. Barock-Ensembles mit einstelliger Personal-Zahl benötigen niemanden, der oder die ihnen von oben herab den Kurs für das Continuo oder die Begleitung von Solo-Instrumenten zeigt. Die dann noch nötigen dirigentischen Wegweisungen ergänzt der Konzertmeister, oder wer auch immer am Cembalo sitzt und die Begleitakkorde drückt. Mehrfachbegabte Virtuosen übernehmen den Primus-inter-Pares-Part gern mit, es bleibt ja eh alles Wichtige in der musikalischen Kleinfamilie. Doch mit wachsender Orchestergröße wächst auch die Notwendigkeit, eine klärende Führungspersönlichkeit oberhalb der Oberkante der Notenpulte sehen zu sollen. Vertrauen ist gut, Kontrolle wird ab einer bestimmten Vielschichtigkeit notwendig, je weiter die Entfernungen zwischen Instrumentengruppen sind, die sich schon nicht mehr sehen, aber dennoch zusammen auf den Punkt sein und spielen sollen. Spätestens in einer Haydn-Sinfonie gibt es enorm viele fehlerempfindliche Stellschrauben im Orchesterapparat, so viele Kleinigkeiten, die aufeinander abgestimmt und justiert werden müssen.

Die anfangs erwähnten 30 Meter sind eine eingebaute Spezialität des Großen Saals, eine selbstauferlegte Komplikation, mit der die Schweizer Elbphilharmonie-Architekten Jacques Herzog und Pierre de Meuron sich und ihrem Akustiker Yasuhisa Toyota die raumakustische Detailarbeit noch etwas schwerer machen wollten: Keiner der 2091 Plätze ist weiter als 30 Meter von jenem Punkt entfernt, auf dem das Dirigentenpodest steht. So wird dieser eine Fleck auf der Bühne nicht nur zum Epizentrum des Geschehens. Er wird auch zum emotionalen Schwerpunkt des gesamten Gebäudes. Viel ist das nun wirklich nicht: gerade mal sechs Meter länger als ein Tennisfeld, etwas weniger als drei Elfmeter-Strecken. Eine auch psychologisch respekteinflößende Nähe, wenn man es ansonsten andernorts gewohnt ist, als Maestro mit sehr groß geschriebenem M schön auf Distanz bleiben zu können. Als kleine optische Pointe dazu haben die Planer sich eine kleine Raffinesse einfallen lassen, die man erst bei Dunkelheit und mit etwas Abstand zum Gebäude erkennt: Die Neonröhren an den Foyer-Decken weisen sternförmig auf die Position des Dirigentenpodests, wie Kompassnadeln, die sich nach dem Magnetfeld dieses Unruhe-Pols und seiner Anziehungskraft ausrichten.

Das hauseigene Dirigentenpodest ist eine ziemlich pragmatische Zweckkonstruktion. Sie tut, was sie soll und passt damit zur Bühne. Durch Design auffallen soll sie eindeutig nicht. Manchen Dirigenten genügt das Podest an sich, dazu, je nach Erinnerungsvermögen und Routine, das Pult für die Partituren und als Ablage für den Taktstock. Andere haben es gern etwas bequemer und bevorzugen ein Modell mit Rückengeländer. Man kann sich im existenziellen Trubel einer Mahler-Sinfonie daran klammern, als wäre es das letzte bisschen Bodenhaftung vor dem Abgrund, und beim Applaus lässig daran festhalten, als hätte man nichts anderes erwartet. Die Lampen an den hauseigenen Notenpulten sind hingegen speziell, eine Maßanfertigung, wie so vieles unter diesem Dach: LED-Leuchten, kabellos, über Lichtmischpulte steuerbar und, klar, energiesparend.

»Schon schlecht …«, raunen sich übellaunige Theaterkritiker angeblich gern zu, wenn gerade erst der Premieren-Vorhang hochgeht und die erste sichtbare Person noch gar kein einziges Wort loswerden konnte. »Schon toll …« signalisiert andererseits die selbstbewusste Körperhaltung, mit der manche die Bravour-Bühne in der Elbphilharmonie betreten. »Ein Dirigent kann den Klang eines Orchesters komplett verändern«, erklärte die Dirigentin Karina Canellakis aus eigener Erfahrung, »nur dadurch, dass er dort steht.«

Es gibt royale Orchesterlenker, eher sind es Dirigenten und weniger ihre Kolleginnen, die schon diesen Teil des Auftritts inszenieren, als wäre es das Finale einer Bruckner-Sinfonie: Alles, was Haar ist, darf auf dem Weg zum Feldherrenhügel großräumig wehen, das Schritttempo ist mindestens molto maestoso, die Körpersprache dröhnt: Da bin ich, ihr dürft jetzt klatschen und »Maestro« zu mir sagen. Dann gibt es die coolen, von innen glühenden Charismatiker, Paradiesvögel wie Teodor Currentzis, die ihre Wirkung bis in die letzte Sitzreihe genau einschätzen und dosieren können. Eine der vielen unvergesslich rührenden Momente: Er und die Geigerin Patricia Kopatchinskaja, wie ein weltverlorenes Liebespaar, im abgedunkelten Saal, sie sitzt auf dem Bühnenboden und er, ganz nah bei ihr, auf der Standfläche des Dirigentenpults, sie singen ein tränengetränktes Lied von John Dowland, eine nachtblaue Ballade aus der Zeit von Elisabeth I. Über 400 Jahre alt und doch taufrisch in ihrer Unmittelbarkeit.

Souveräne Könner wie Mariss Jansons, Sir Simon Rattle, Christoph von Dohnányi oder Herbert Blomstedt gehen mit großer Selbstverständlichkeit und reifer Übersicht ans jeweilige Werk. Dohnányis These, so simpel wie erschreckend: »Dirigieren ist nicht schwer. Musik machen ist schwer.« Blomstedts Meinung zu seinem Job, sehr tiefenentspannt und freundlich: »Es wird jedes Mal neu gekocht. Auch wenn das Grundrezept vielleicht bekannt ist, ist das Ergebnis immer wieder völlig neu. Wenn man denkt: Ah, das kenne ich schon, entsteht keine Musik. Dann ist es nur Routine. Ein Dirigent muss viel Selbstvertrauen haben. Aber wenn das Ego überhandnimmt, blockiert das das Musizieren. Wir sind beneidenswerte Menschen, denn wir dürfen – ein Kollege formulierte das so – jeden Tag mit Gott sprechen.«

Andere flanieren so lässig und unaufgeregt rein, als hätten sie sich nur mal schnell einen Kaffee für die nächste Probe geholt. Was Lampenfieber bedeutet, müsste ein Esa-Pekka Salonen wohl nachschlagen, falls es ihn tatsächlich einmal interessieren sollte, die lenkenden Blicke ins Tutti sind bei diesen Chefs basisdemokratisch und antiautoritär. Und dann gibt es noch die Scheinriesen. Wenn eine Probe Schieflage bekommt, sagen sie dem Gast-Solisten noch frohgemut, als wäre alles in schönster Ordnung: »Vertrau mir …«. Genau das sei der Moment, ab dem sie diese Dirigenten nicht mehr ernst nehmen würde, berichtete die Geigerin Hilary Hahn.

Gerade die großen Traditionsorchester haben in ihrem üppigen Tournee-Gepäck gern neben Instrumenten, Garderobe und Noten ein eigenes Chefpodest mit dabei. Ein Stück Heimat, wo immer man ist, eine Portion Aberglaube, aber auch liebevoll gepflegt. Den meisten dieser Antiquitäten sieht man ihr Alter und die Flugmeilen schon auf weiterer Entfernung an. Sie haben, damit sie die Tour-Strapazen ohne Ermüdungsbrüche überleben, die grobkörnige Statur eines soliden Preisboxers.

In den klassischer und konventioneller gebauten Konzertsälen – ihr Pauschalname: »Schuhschachtel« – ist die Blickrichtung des Dirigenten zunächst ins Orchester, dann höchstens noch Richtung Bühnenwand. Der größte Teil des Publikums darf sich von seinem Rücken entzücken lassen, oder, von den seitlichen Logen- und Rangplätzen, mit dem Profil vorliebnehmen. So bleibt immer ein Resträtsel, was das Orchester eigentlich wann sieht und wie es darauf reagiert oder auch mal nicht. Und das Publikum bleibt für die Menschen auf der Bühne eine unbekannte Größe, die man spürt, ahnt, hört, aber höchstens noch aus dem Augenwinkel wahrnimmt.

Nicht so in der Elbphilharmonie. Die Form des Großen Saals, abgeleitet von der flächigen Anordnung der Berliner Philharmonie, wird gern Weinberg genannt. Eine nicht ganz richtige Bezeichnung, denn für die steil bis unters Saaldach geschichteten Ränge der Elbphilharmonie wäre der Begriff »Schnellkochtopf« passender. Der Druck, der sich in seinem Inneren aufbaut, kann nirgendwo hin, die Energie entlädt sich also in und mit der Musik. Für den Menschen auf dem Dirigentenpodest bedeutet diese Positionierung, dass es kein Entkommen gibt und keine Schutzzone vor pausenloser Beobachtung. Bei allem Hang zur Selbstliebe: Das muss man mögen als Dirigent. So selten ist diese rundliche Saalform übrigens nicht mehr in der Musikwelt, doch kein anderer Saal setzt das Surround-Prinzip ähnlich radikal um. Deswegen sind alle Plätze, von denen aus man einen Dirigenten frontal beobachten kann, besonders lehrreich, um taktsynchron nachzuvollziehen, wie aus Vorgaben, Gesten und Blicken Musik entsteht. Auch deswegen ist der begeisterte Applaus aus den Rängen hinter dem Orchester meistens noch etwas begeisterter als aus den »vorderen« Sitzreihen, sobald sich alle um 180 Grad zur Verbeugung in diese Richtung drehen. In »Schuhschachteln« kann man sich lediglich in eine Richtung verbeugen, in »Weinberg-Sälen« in vier. Eine ganz andere Applaus-Bilanz also. Auch das erhöht den Glückspegel am Ende des Konzerts ungemein.

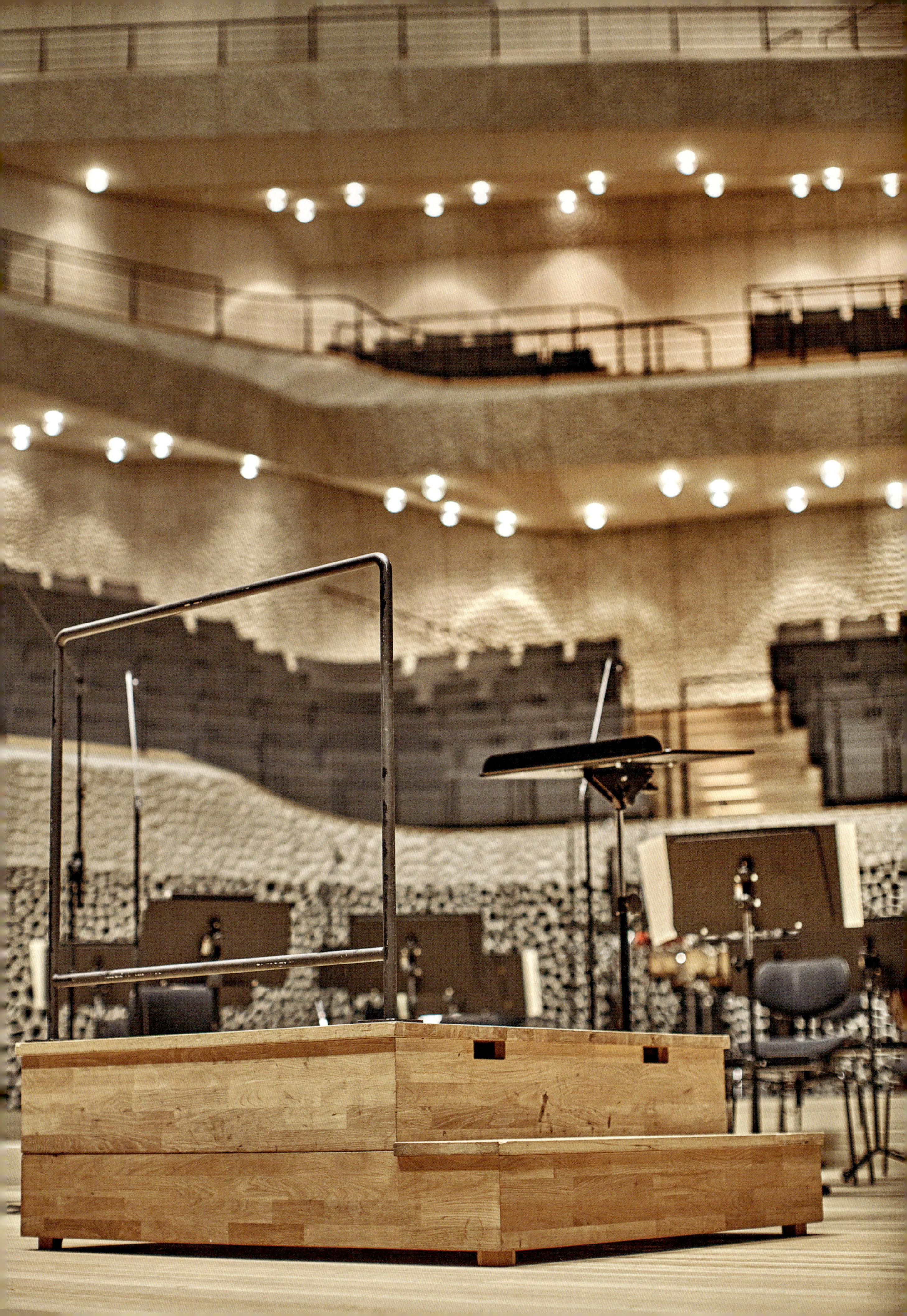

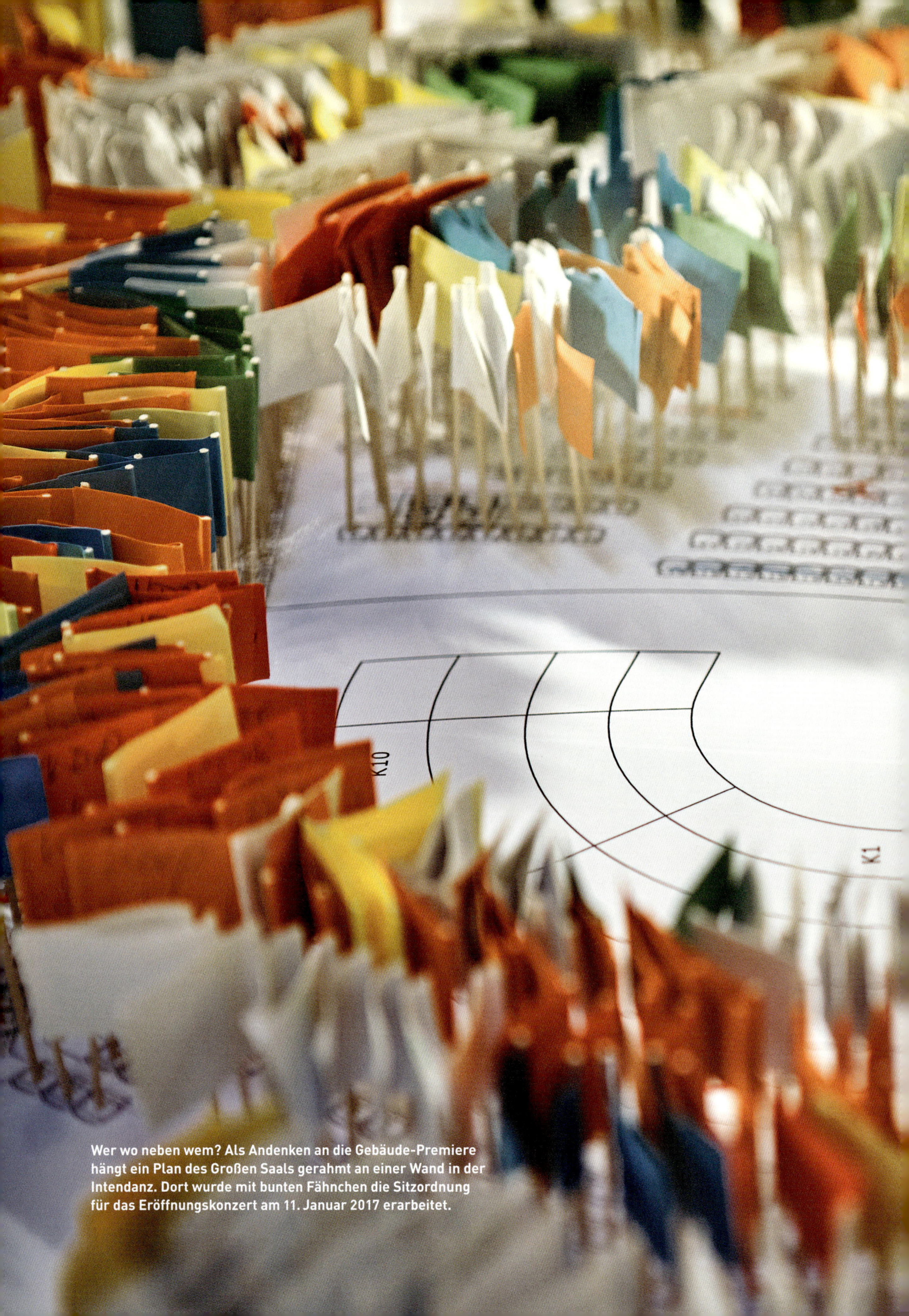

Wer wo neben wem? Als Andenken an die Gebäude-Premiere hängt ein Plan des Großen Saals gerahmt an einer Wand in der Intendanz. Dort wurde mit bunten Fähnchen die Sitzordnung für das Eröffnungskonzert am 11. Januar 2017 erarbeitet.

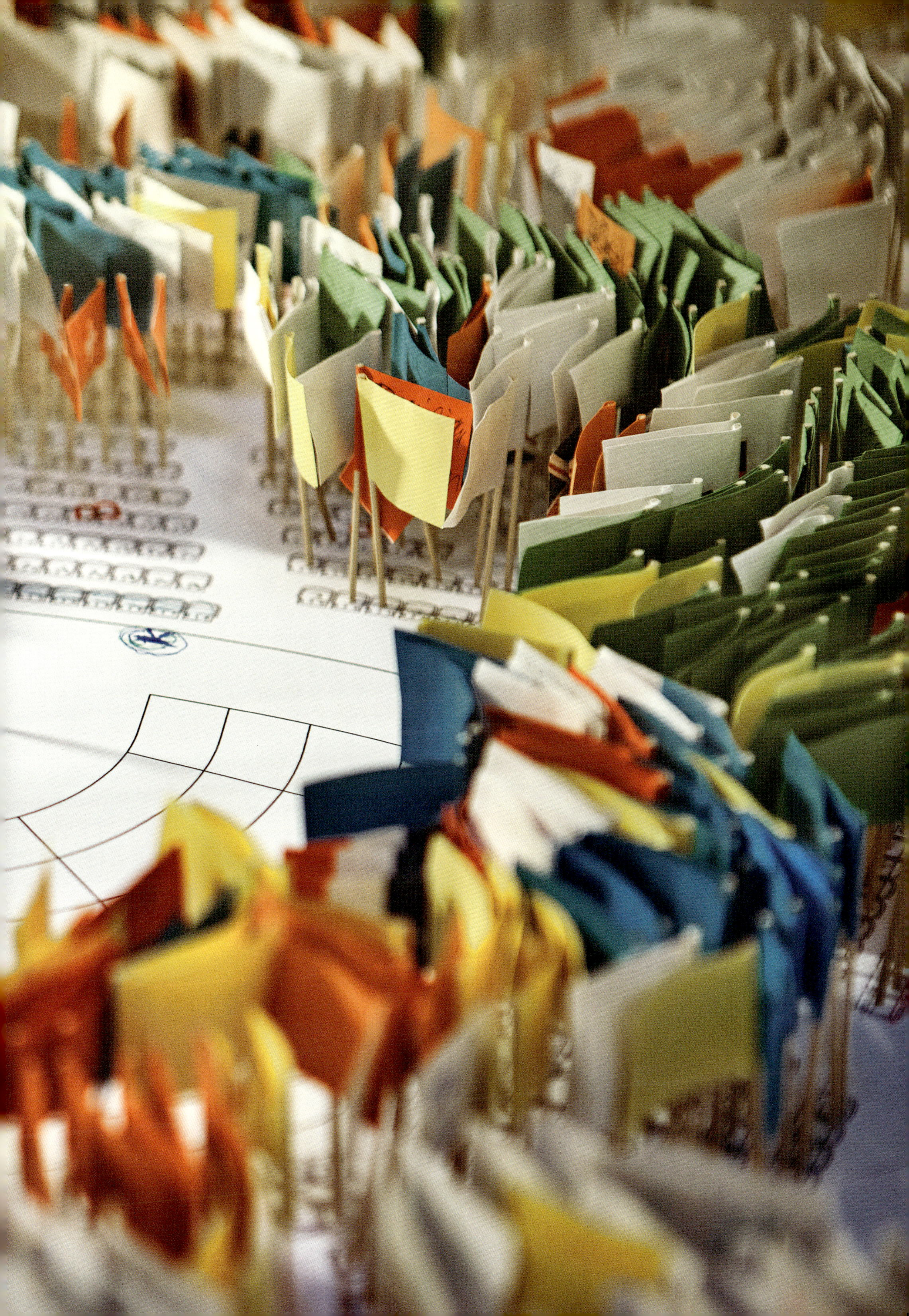

12

BITTE RECHT FREUNDLICH: GROSSE UND ANDERE EVENTS

Der 7. Juli 2017 begann als ein warmer, sonniger Freitag. Ausgerechnet Beethovens Neunte, die mit Schillers freudenvoll vertonten Worten über den lieben Vater und sein Sternenzelt, sollte als Festakt-Musik zum G-20-Gipfel in Hamburg erklingen, als großer gemeinsamer Nenner und Fototermin mit guter Musik. Die Stimmung in der Stadt war tagelang aufgeheizt gewesen. Eine Vorahnung von mächtigem Ärger lag in der Luft, verstörend, wie der dubiose Geschmack einer Autobatterie, an der man lieber nicht hätte lecken sollen. Beim morgendlichen Joggen in der Nähe des Elbufers liefen plötzlich vermummte Autonome durchs idyllische Bild. An der Elbchaussee geparkte Autos wurden abgefackelt. Dieser Juli-Tag ging schon mal steil los. Die ausgebrannten Reste blieben dort, tagelang. Alle Menschen werden Brüder? Das sähe anders aus. Ausgerechnet Beethovens Neunte und erst recht ihr Finale sollte, wie schon im Rahmen der Eröffnungsfeierlichkeiten ein halbes Jahr zuvor, als großer gemeinsamer Nenner den Mächtigen der Welt einen sinfonischen Ordnungsruf verpassen. Vier Sätze Moral-Nachhilfe in d-Moll, op. 125, im Großen Saal der Elbphilharmonie gespielt vom Philharmonischen Staatsorchester unter der Leitung von Generalmusikdirektor Kent Nagano, ein Wunsch der Kanzlerin.

Im Saal füllte sich die Klatsch-Kulisse in den Rängen mit den handverlesenen Gästen, und in den Gängen hinter den Sitzreihen, wie in einer Hollywood-Satire, flanierte der eine oder andere Operettenuniform-Offizier mit viel Lametta durchs Bild, der als Dekoration für die G-20-Prominenz den Anblick garnierte, als wäre das alles eine Art Wiener Kongress 3.0. In Block E, Premium-Plätze in Mitte, zur Besichtigung und Machtmasse-Demonstration aufgereiht, posierten Staatenlenkerinnen und -lenker für die Kameras, die anderen und sicher auch für sich. Angela Merkel, demonstrativ mit viel Applaus empfangen, Donald Trump, höchstens halb freundlich zur Kenntnis genommen, Emmanuel Macron, Justin Trudeau … Klassentreffen eben. Wladimir Putin kam, weil er es konnte, mit Verspätung und versteinerte auf einem hinteren Platz, Recep Tayyip Erdoğan hatte offenbar Wichtigeres vor und fehlte unentschuldigt. Wie es war, dort Teil dieser surrealen Gipfel-Show gewesen zu sein, erzählte später die Sopranistin Christiane Karg: »Es gab sehr viel Kritik … ›Wie können Sie es wagen, für Donald Trump zu singen?‹ Und dann habe ich an die Worte gedacht, die ich singe: Alle Menschen werden Brüder. Und ich kann das wirklich dem Herrn Trump entgegenschreien«, meinte sie. »Es wird wahrscheinlich nichts nützen, aber diese Möglichkeit haben wir als Musiker.«

Ein historisches Konzert also, das ja. Ein schönes, unbelastetes Wiederhören, eine Begegnung mit Beethovens humanistisch glühenden Wahrheiten um ihrer selbst willen? Das war diese Inszenierung ganz und gar nicht. Das Konzerthaus wirkte wie eine Burg, nicht wie ein Begegnungsort. Wer aus den Foyer-Fenstern auf das Panorama blickte, sah kleine Polizeiboote auf der Elbe und kleine Polizeiwagen auf den Straßen der Umgebung, lauter kleine Omen, ein Miniaturland, über das man sich wundern musste, völlig anders als das bei Touristen beliebte, rundum harmlose Miniatur-Wunderland in der nahe gelegenen Speicherstadt. Der folgende Abend und die Nacht: Straßenschlachten im Schanzenviertel, Brände, Chaos, Gewalt. Eine Stadt im Ausnahmezustand. O Freunde, nicht diese Töne, allerdings.

Zwischen dieser unseligen Zweckentfremdung der Elbphilharmonie und ihrer seligen Eröffnung lagen weit mehr als nur einige Monate Abstand. Die Premieren-Abende waren große, für hanseatische Wesensverhältnisse geradezu ausgelassene Jubelfeiern gewesen. Endlich fertig, endlich offen, endlich hineinkönnen. Endlich hören, ob es sich wirklich gelohnt hat, das Warten, die Häme, das viele Geld. Die Eintrittskarten für die Gala-Konzerte konnte man jedoch nicht kaufen, für kein Geld der Welt. Entweder musste man eingeladen werden oder zu den wenigen Glücklichen gehören, unter denen ein Kontingent verlost wurde. 1000 Plätze für die ersten Abende waren zu vergeben, 223 346 Interessierte aus 73 Ländern hatten sich bei dieser Ticket-Tombola angemeldet. Das NDR Elbphilharmonie Orchester und sein damaliger Chefdirigent Thomas Hengelbrock spürten die Augen und Ohren der Musikwelt auf sie gerichtet. Der Druck, liefern zu müssen, war enorm und mitunter auch hörbar, nach wochenlanger Vorbereitung und Annäherung an die Akustik des Saals und dessen Herausforderungen an Disziplin und Kreativität. Bundeskanzlerin Angela Merkel traf mit Verspätung ein, heftiger Schneefall hatte ihre Fahrt von Hamburg nach Berlin ausgebremst.

Das Programm selbst war bis zum Abend eine penibel gehütete Verschlusssache gewesen. Es ging von Historischem aus der langen Musikgeschichte der Stadt Hamburg über Johannes Brahms, den *local hero* und nach Wien verzogenen Ehrenbürger aus dem Gängeviertel, bis zu Zeitgenössischem, der Uraufführung einer Auftragsarbeit von Wolfgang Rihm. Musikkritiker und -kritikerinnen aus aller Welt vergaben Wertungsnoten, Pressekonferenzen vorab, TV-Teams, Radioschalten,

Live-Interviews, Handy-Fotos aus so ziemlich jeder Ecke des Saals und seiner Vorbauten, mit denen Premieren-Gäste die sozialen Medien fluteten. Die Stimmung im Saal war an diesen ersten Abenden begeistert, bis an den Rand der Tränen gerührt oder beides. Auch nach den letzten Tönen konnten sich viele der Ehrengäste nicht dazu durchringen, zügig nach Hause zu wollen. Kein Vergleich übrigens zur salzärmeren Eröffnung der Philharmonie de Paris, die Jean Nouvel entworfen hatte und die zwei Jahre zuvor eingeweiht worden war. Er selbst fehlte demonstrativ, weil er sich schwerst mit den Auftraggebern verkracht hatte. Weil man dort bis über die letzten Minuten hinaus noch zu bauen hatte, klafften noch deutliche Lücken sowohl in den Parkett-Sitzreihen als auch in der spektakulären Außenfassade des Konzerthauses, das wie ein Raumschiff in einen Park gefallen war. Weil es an den Rand der Stadt gefallen war, hatte es das Publikum sehr eilig, möglichst flott wieder in seine zentraleren Arrondissements zurückzukommen.

Etwa eine Woche nach dem Hamburger Eröffnungskonzert hatte sich Generalintendant Christoph Lieben-Seutter einen kleinen Spaß auf eigene Kosten gegönnt: Er ließ die Avantgarde-Altmeister-Band Einstürzende Neubauten für zwei Konzerte in den Großen Saal. Die Gipsplatten hielten, natürlich, kein einziges Stückchen der Glasfassade ging zu Buch. Gepflegt gediegener Krach, für den vorab als niedliche Tapferkeits-Souvenirs Ohrenstöpsel ausgeteilt wurden. Was nett gemeint, aber letztlich unnötig war. Auch etwa zwei Jahre später, bei einer Aufführung von Magnus Lindbergs Orchesterstück »Kraft« durch das NDR-Orchester wurden solche Schalldämpferchen vom Saal-Personal angeboten, weil sich die Schlagzeug-Abteilung für die Performance großzügig auf einem Schrottplatz mit den nötigen Extras versorgt hatte.

Im Laufe der ersten Jahre unterbrachen immer wieder leicht moussierende Events das reguläre Spielplan-Programm der Elbphilharmonie, sie hatte sich schnell als ein *place to be* etabliert und der Stadt zu einer neuen Treffpunkt-Adresse mit ungeahnten Möglichkeiten verholfen. Der 6. Dezember 2017 aber, der war eine Liga für sich: Karl Lagerfeld, *der* Karl Lagerfeld, zwirbelte eine Chanel-Modenschau in den Großen Saal. »Hamburg ist das Tor zur Welt – aber es ist eben nur das Tor, und da musst du raus«, das hatte ihm seine Mutter früh und tief eingebläut. Nachdem Lagerfeld von Paris aus jahrzehntelang seine alte Heimat als trutschige Provinz-Nudel gekonnt ignoriert und aus seiner Wertschätzung verbannt hatte, holte nun ein Konzerthaus den verloren gegangenen Patriziersohn zurück, von der Seine an die Elbe. Tout Hambourg war außer sich, für eines der 1400 Tickets wären von manchen Damen der hiesigen Gesellschaft ohne das Zucken einer Kajal-Wimper einige Schwerverbrechen begangen worden. In war da aber nur, wer tatsächlich drin war und mitbestaunen durfte, wie die Grazien als Begrüßung zu Hans Albers' »La Paloma« durch die Saal-Etagen des Showrooms wanderten. Haute-Couture-Handwerkskunst auf höchstem Niveau traf auf Bau-Kunst auf Augenhöhe. Der Anblick der Métiers-d'art-Kollektion wurde gefeiert, als wäre Karl der Größte zu Fuß übers Elbwasser angereist. 20 Minuten, voilà, finis. Nachgefeiert wurde in der Fischauktionshalle, die Kaffeesäcke in der Lounge waren aus Chanel-Jute. Wenn schon, denn schon.

Radiopreise wurden hier – auch der schönen Bilder wegen, die im Radio-Alltag sehr selten sind – gern vergeben, ebenso etliche Echo-Klassik-Trophäen. Im Kleinen Saal präsentierte Steinway im Oktober 2018 eine auf acht Exemplare limitierte »Elbphilharmonie Edition«, einen Flügel, bei dem die Innenseite des Deckels mit dem Punktmuster der Glasfassade überzogen war und die Notenablage die Dach-Wellen zitierte. Wenige Tage nach dem G-20-Konzert hatte das Haus royalen Besuch aus Großbritannien: Prinz William und Herzogin Kate ließen sich das Gebäude zeigen. Im Oktober 2016 waren Königin Silvia und König Carl XVI. Gustaf von Schweden zu Gast, Thomas Hengelbrock reichte bei einer Orchester-Audienz noch etwas Mozart zum Besuch. Hin und wieder schauten auch durchreisende Stars wie Ewan McGregor kurz für Erinnerungsfotos vorbei. *Charlie's Angels*, ein weiteres Film-Remake des TV-Klassikers *Drei Engel für Charlie*, in dem das Hamburger Konzerthaus das Hauptquartier eines dubiosen Technologie-Konzerns zu spielen hatte, bediente sich zwar bei den Schauwerten, schrieb Anfang 2020 allerdings nicht einmal ansatzweise Kino-Geschichte.

»Der Saal ist das Instrument« – Auch wenn Sir Simon Rattle, langjähriger Chefdirigent der Berliner Philharmoniker, damit einmal den Scharoun-Bau an der Herbert-von-Karajan-Straße definierte, ist diese Aussage mit Blick auf die Hamburger Möglichkeiten ebenso wenig falsch. Im Frühjahr 2021, während der Corona-Generalpause, bespielte die Hamburger Band Deichkind nicht nur den Saal, sondern gleich das ganze Gebäude. Für ein Online-Format von ARD und ZDF nahmen Philipp und Porky kreuz und quer im Haus etwa 130 Geräuschproben. Sie droschen auf eine Sperre im Parkhaus und schlitterten dort mit dem Skateboard über den Beton, klöppelten auf den Treppengeländern im Foyer, amüsierten sich mit den Orgelpfeifen und kasperten mit einer Heliumflasche auf der Dachterrasse herum. Daraus puzzelte sich nach und nach ein extrem launiger Track zusammen. Großer Spaß, tolles Remmidemmi, wie immer bei Deichkind. Musikwissenschaftler mit dem Forschungsschwerpunkt »Mittleres 20. Jahrhundert« mögen so etwas unter »Musique concrète« in der Seminar-Übersicht abheften, weil es an Avantgarde-Wegweiser wie Pierre Schaeffer, den frühen Pierre Boulez oder den frühen Karlheinz Stockhausen erinnert. MC Philipps abschließender Kommentar brachte es griffiger auf den Punkt: »Nice Erfahrung.«

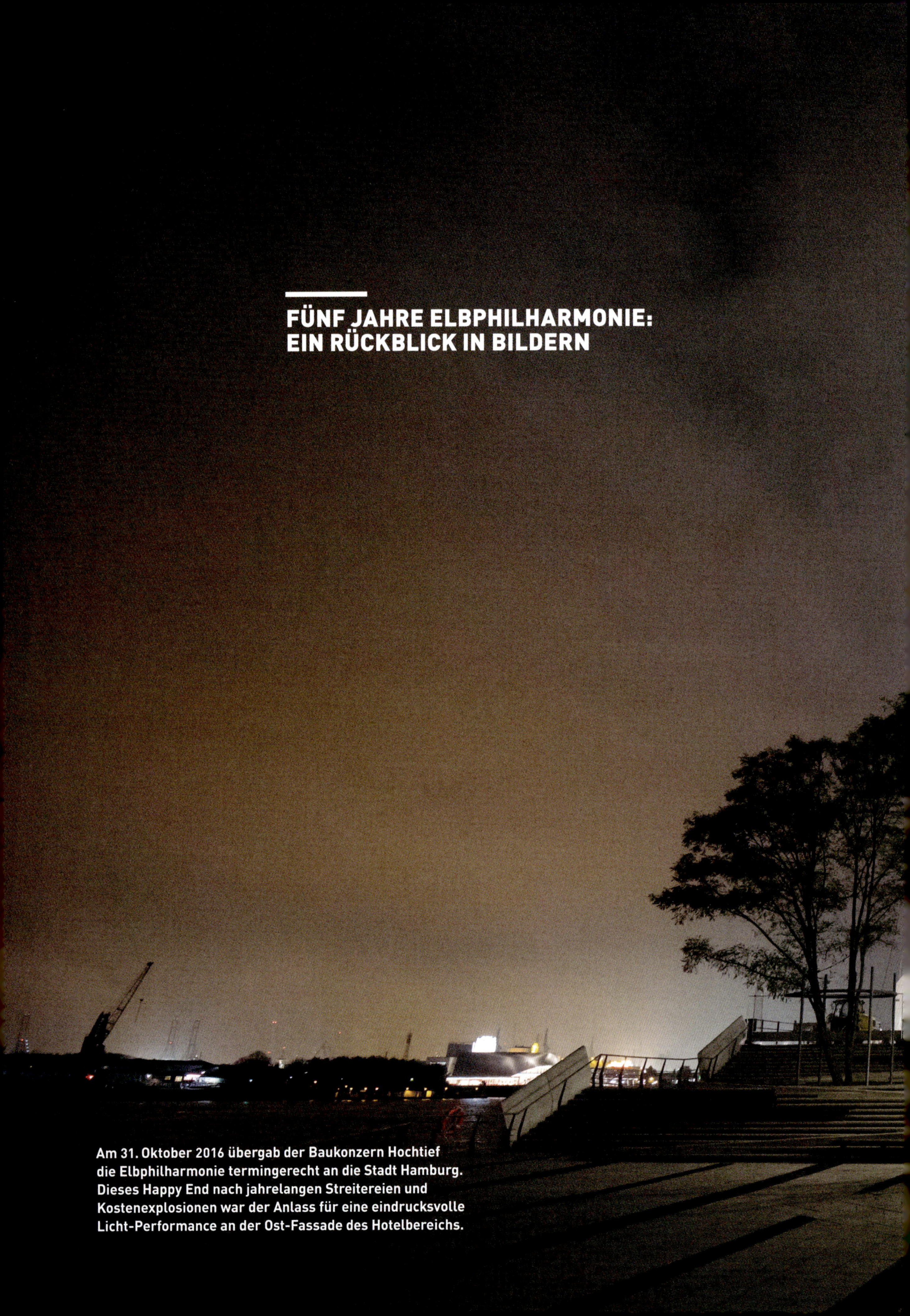

FÜNF JAHRE ELBPHILHARMONIE: EIN RÜCKBLICK IN BILDERN

Am 31. Oktober 2016 übergab der Baukonzern Hochtief die Elbphilharmonie termingerecht an die Stadt Hamburg. Dieses Happy End nach jahrelangen Streitereien und Kostenexplosionen war der Anlass für eine eindrucksvolle Licht-Performance an der Ost-Fassade des Hotelbereichs.

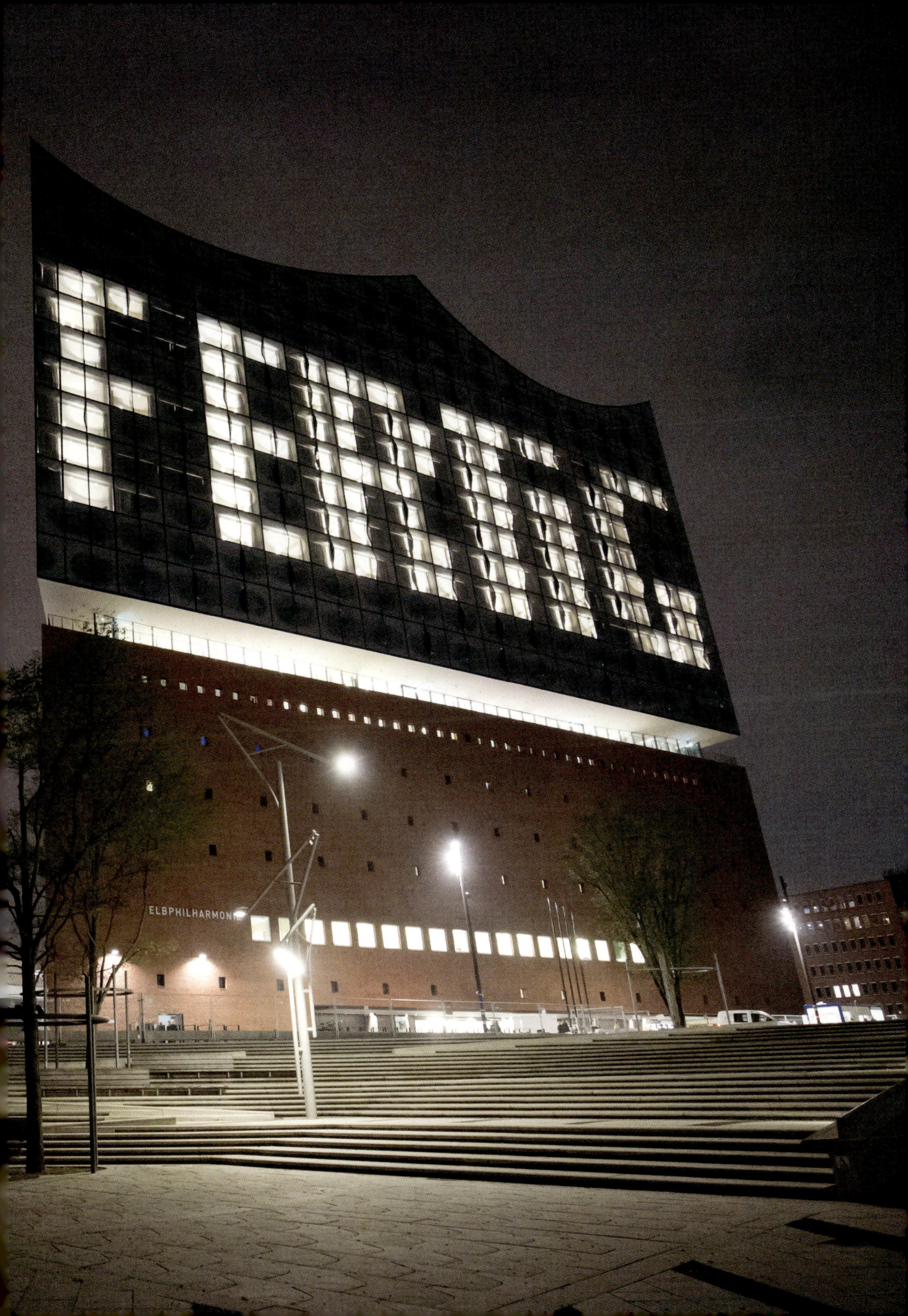
ELBPHILHARMONI

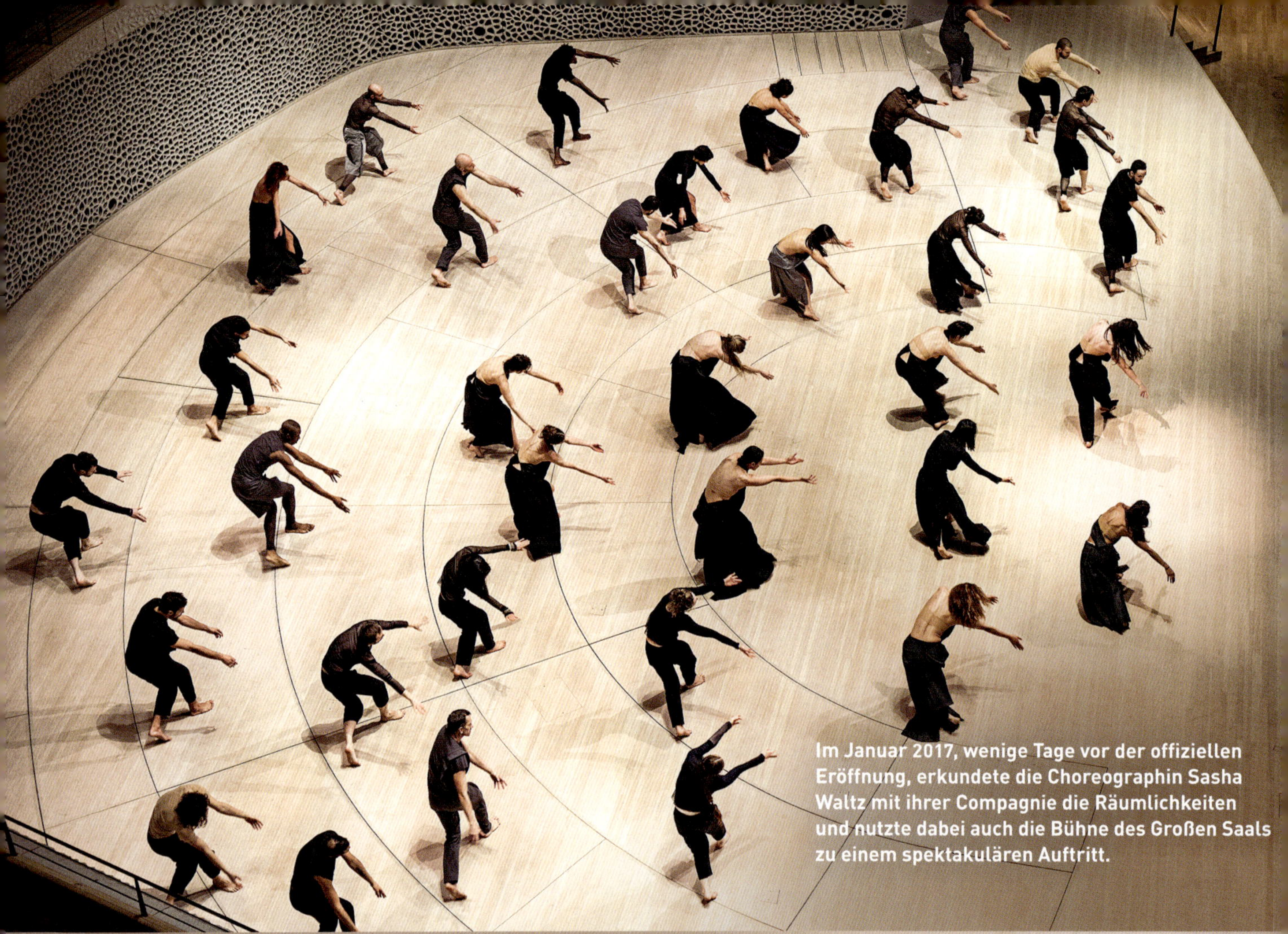

Im Januar 2017, wenige Tage vor der offiziellen Eröffnung, erkundete die Choreographin Sasha Waltz mit ihrer Compagnie die Räumlichkeiten und nutzte dabei auch die Bühne des Großen Saals zu einem spektakulären Auftritt.

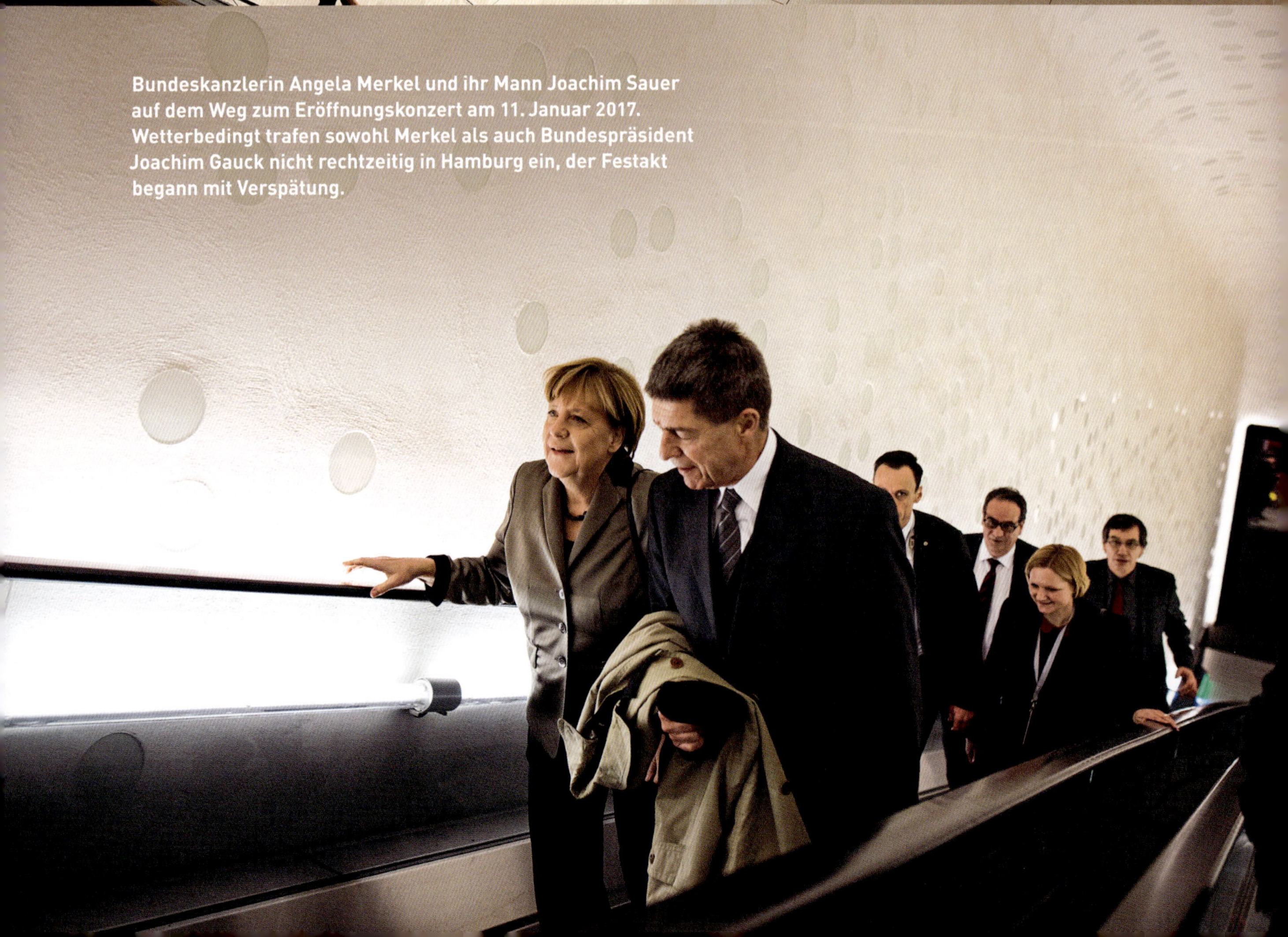

Bundeskanzlerin Angela Merkel und ihr Mann Joachim Sauer auf dem Weg zum Eröffnungskonzert am 11. Januar 2017. Wetterbedingt trafen sowohl Merkel als auch Bundespräsident Joachim Gauck nicht rechtzeitig in Hamburg ein, der Festakt begann mit Verspätung.

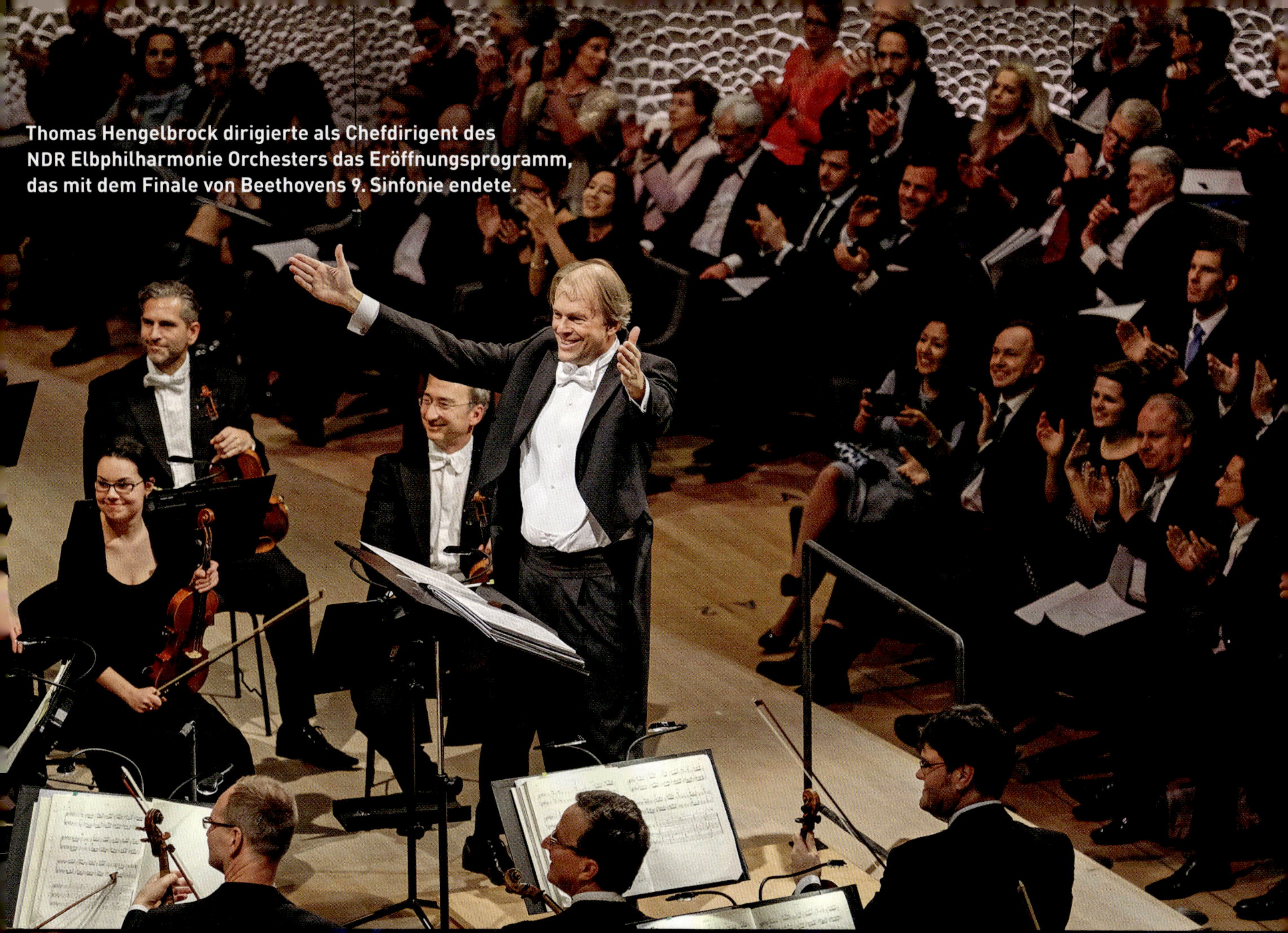

Thomas Hengelbrock dirigierte als Chefdirigent des NDR Elbphilharmonie Orchesters das Eröffnungsprogramm, das mit dem Finale von Beethovens 9. Sinfonie endete.

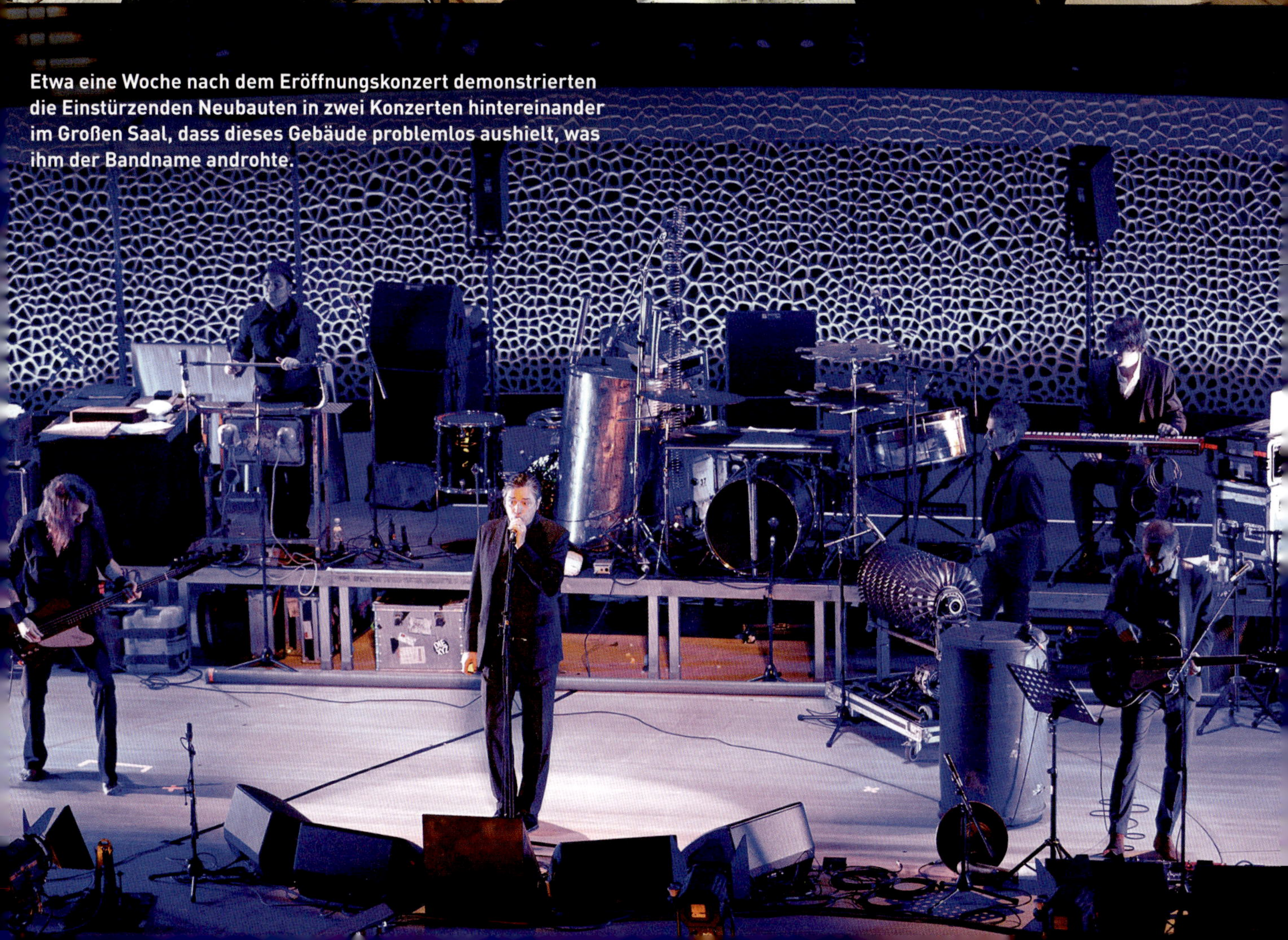

Etwa eine Woche nach dem Eröffnungskonzert demonstrierten die Einstürzenden Neubauten in zwei Konzerten hintereinander im Großen Saal, dass dieses Gebäude problemlos aushielt, was ihm der Bandname androhte.

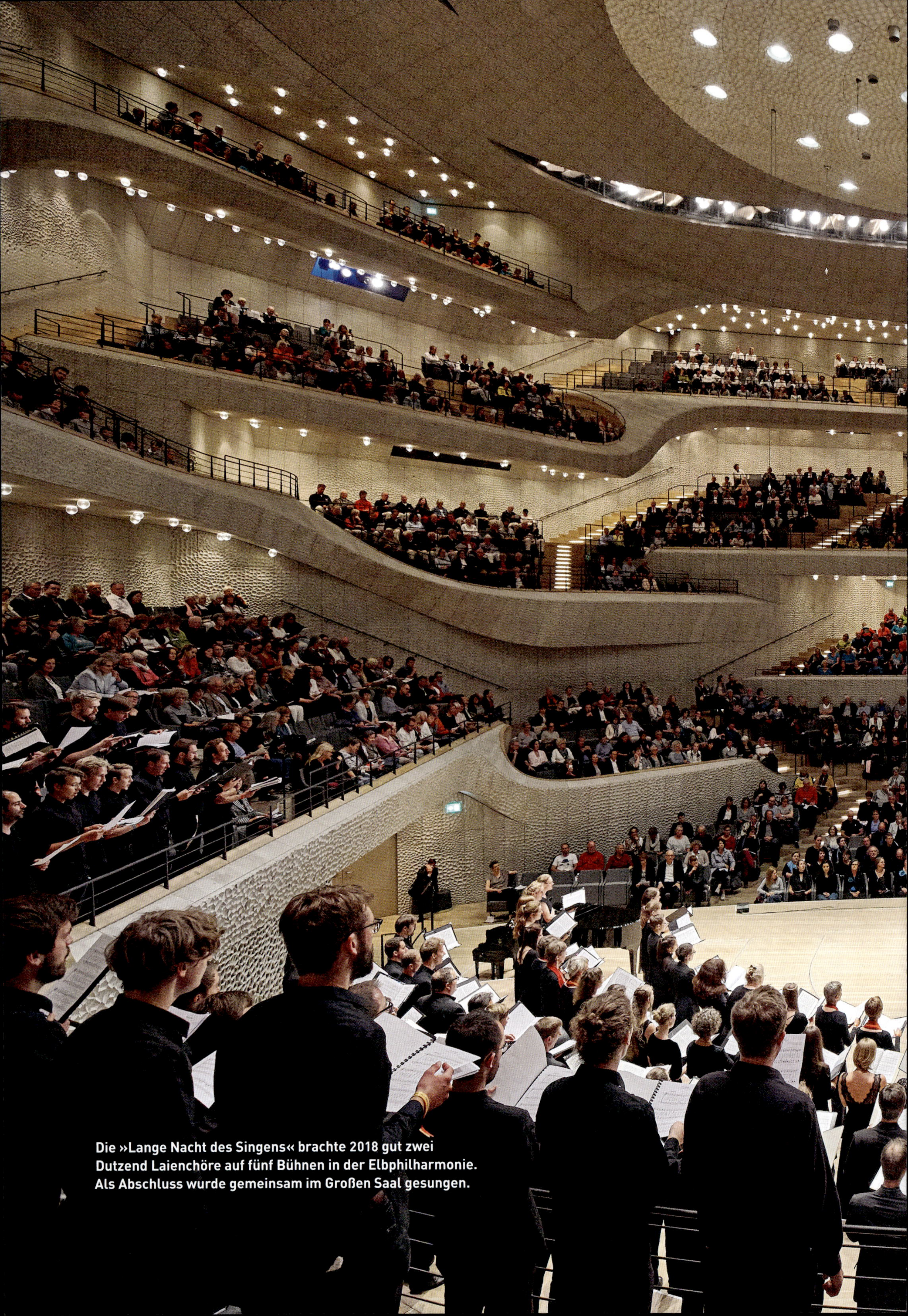

Die »Lange Nacht des Singens« brachte 2018 gut zwei Dutzend Laienchöre auf fünf Bühnen in der Elbphilharmonie. Als Abschluss wurde gemeinsam im Großen Saal gesungen.

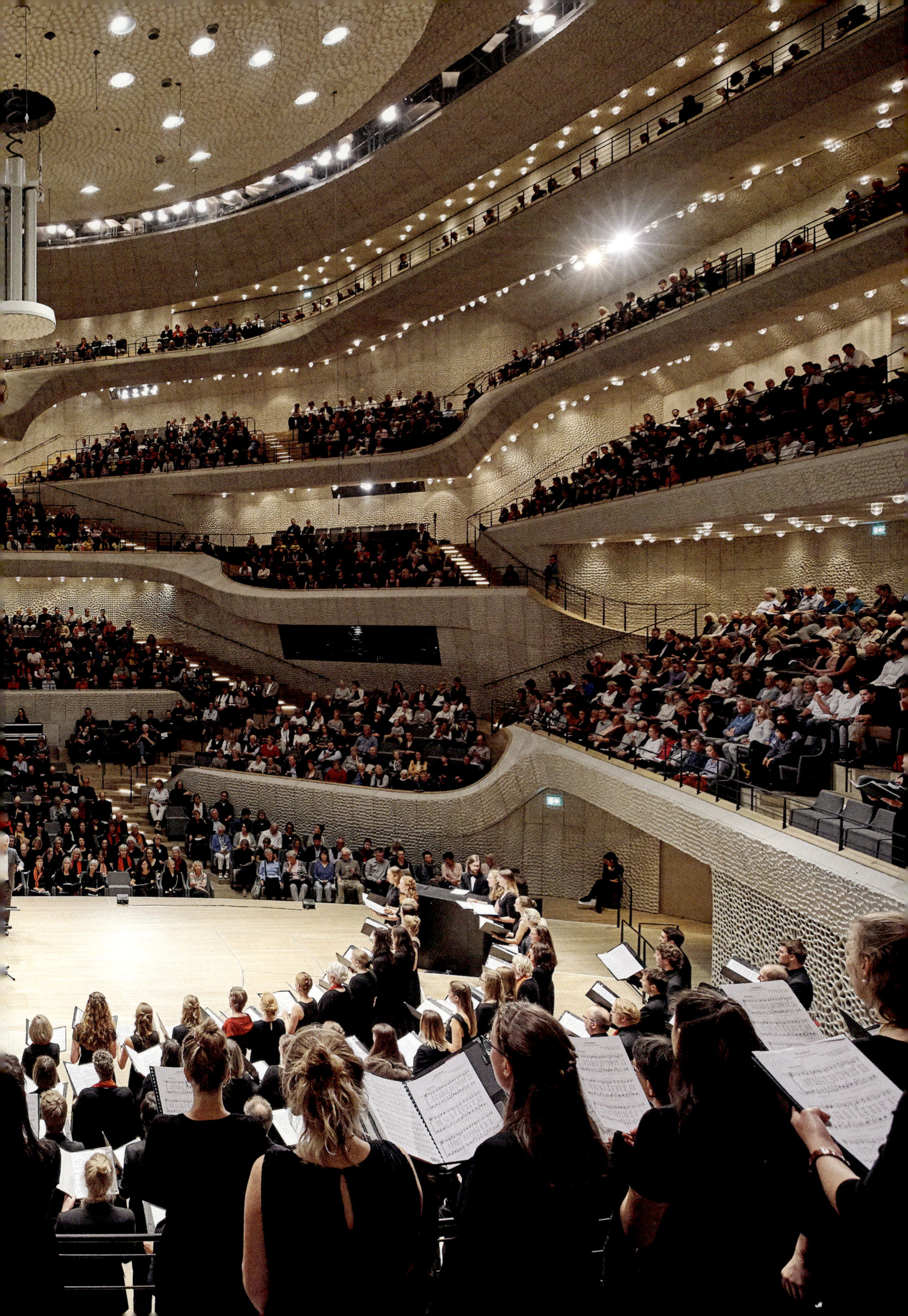

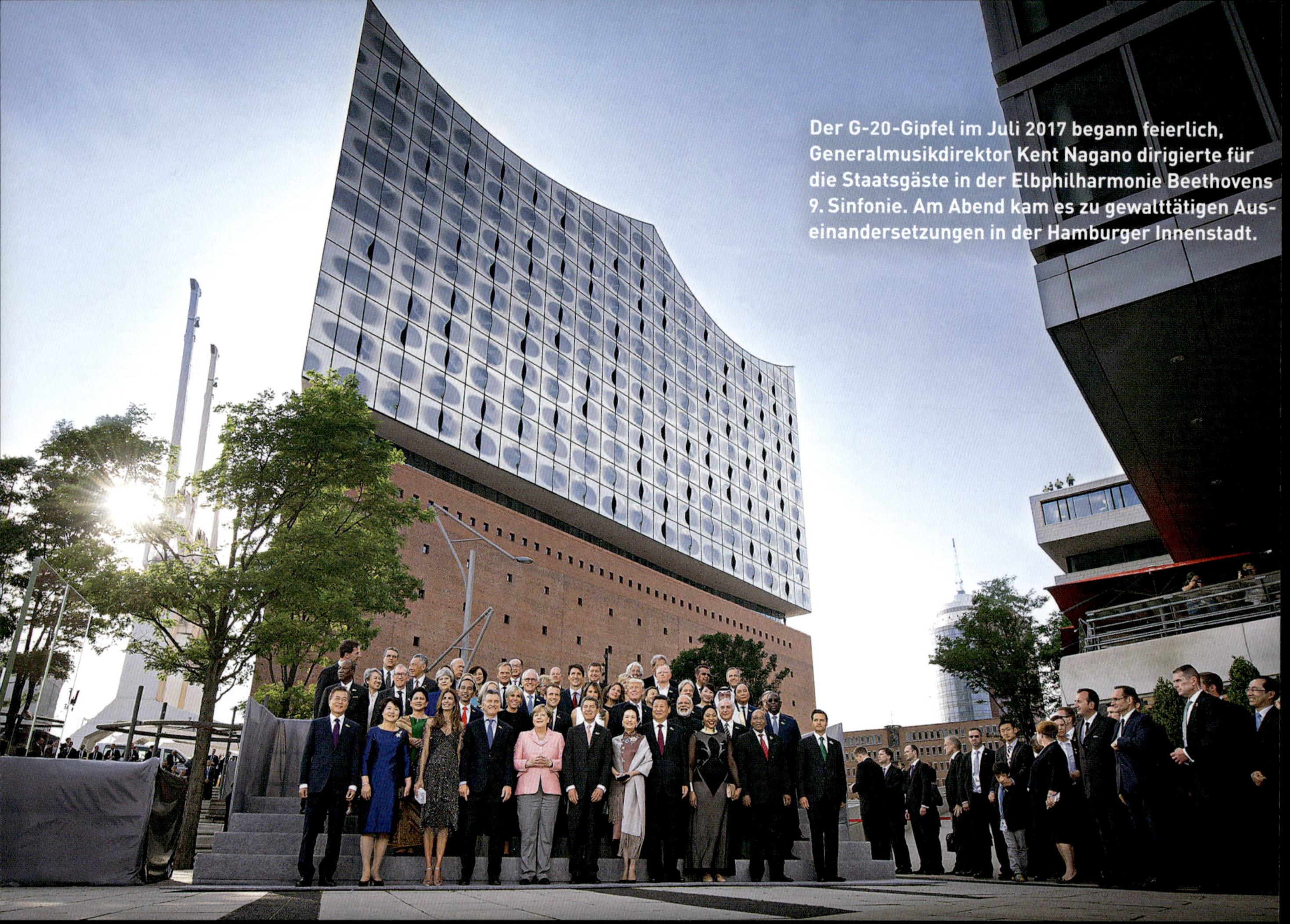

Der G-20-Gipfel im Juli 2017 begann feierlich, Generalmusikdirektor Kent Nagano dirigierte für die Staatsgäste in der Elbphilharmonie Beethovens 9. Sinfonie. Am Abend kam es zu gewalttätigen Auseinandersetzungen in der Hamburger Innenstadt.

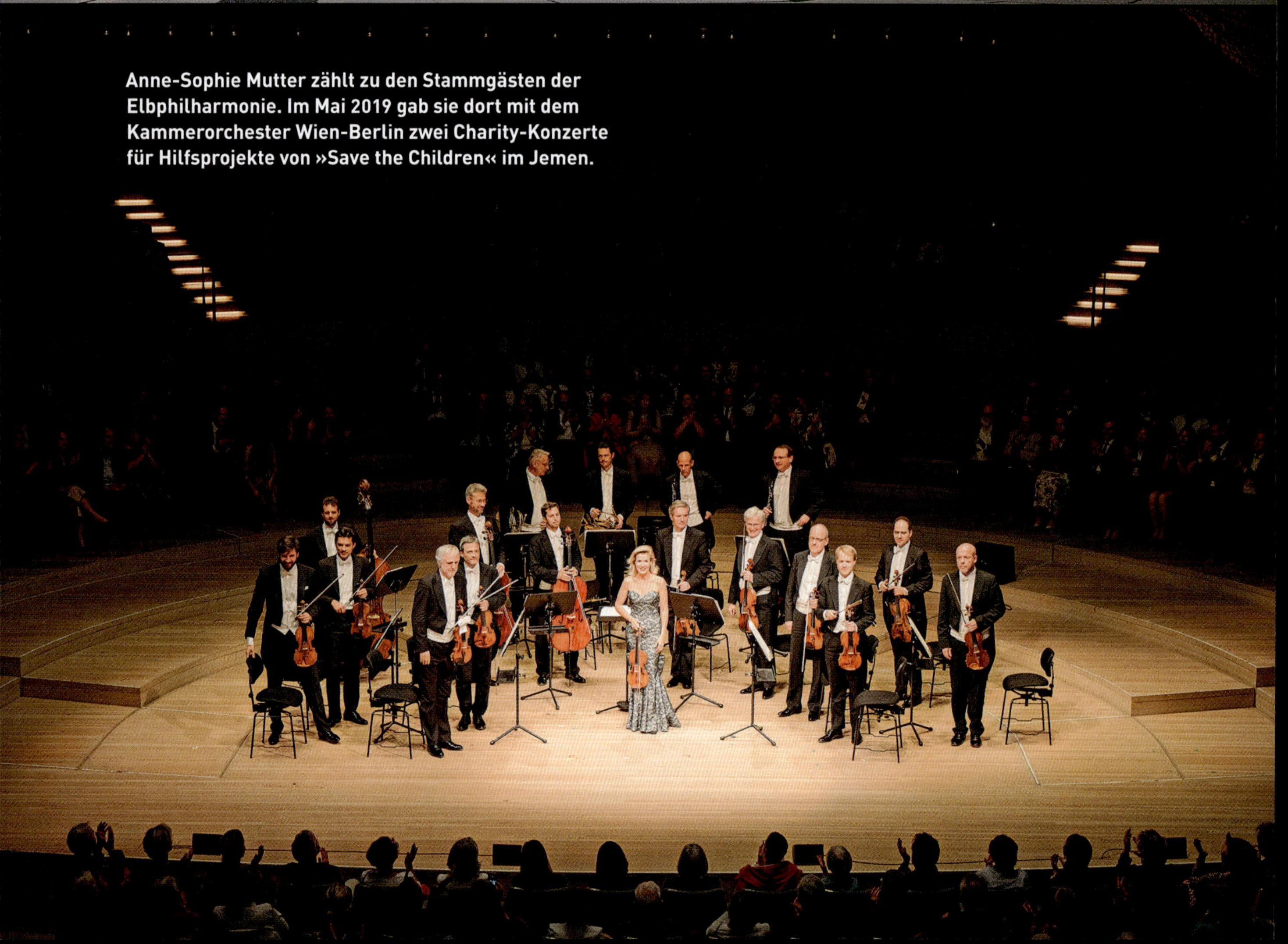

Anne-Sophie Mutter zählt zu den Stammgästen der Elbphilharmonie. Im Mai 2019 gab sie dort mit dem Kammerorchester Wien-Berlin zwei Charity-Konzerte für Hilfsprojekte von »Save the Children« im Jemen.

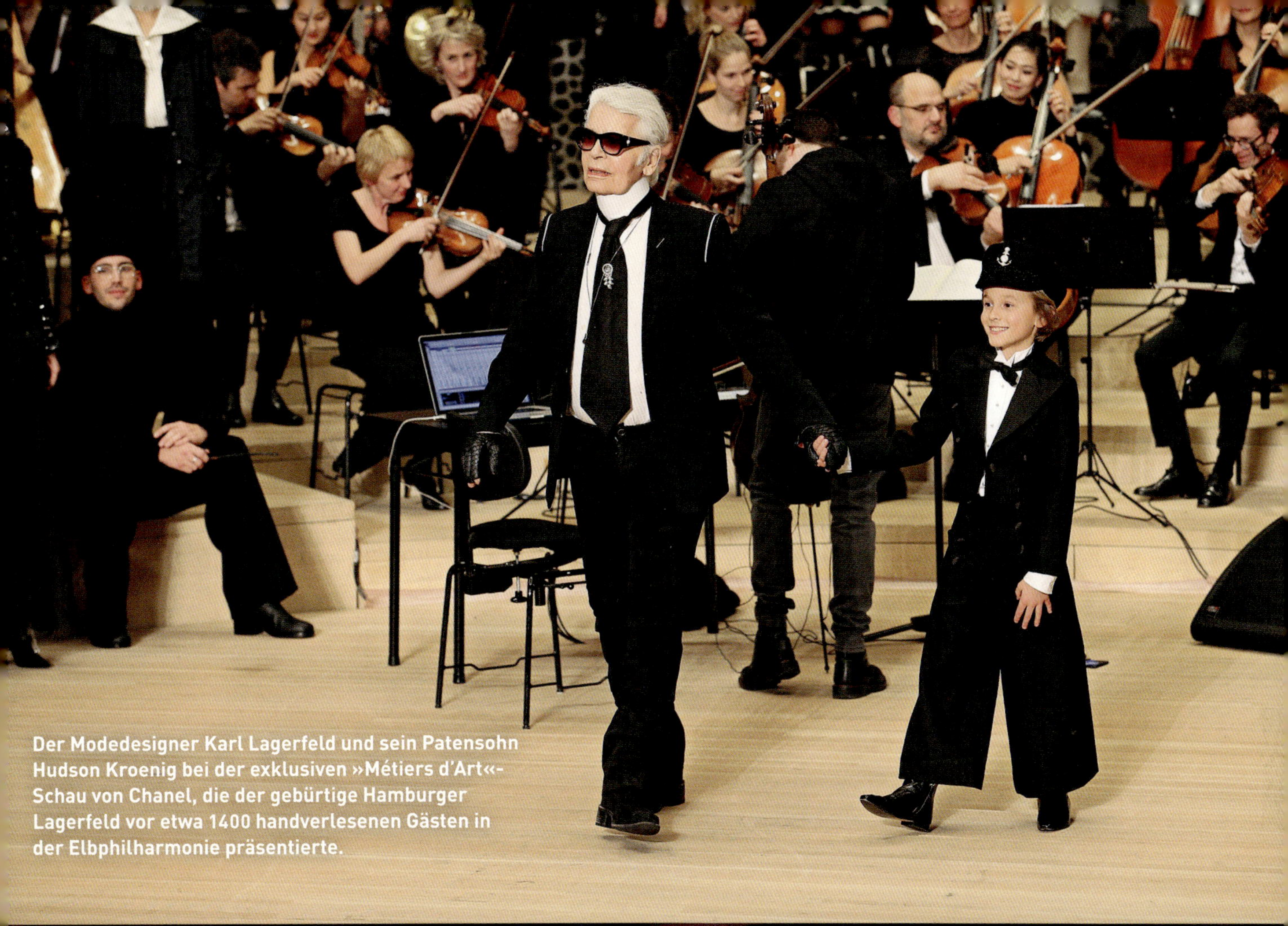

Der Modedesigner Karl Lagerfeld und sein Patensohn Hudson Kroenig bei der exklusiven »Métiers d'Art«-Schau von Chanel, die der gebürtige Hamburger Lagerfeld vor etwa 1400 handverlesenen Gästen in der Elbphilharmonie präsentierte.

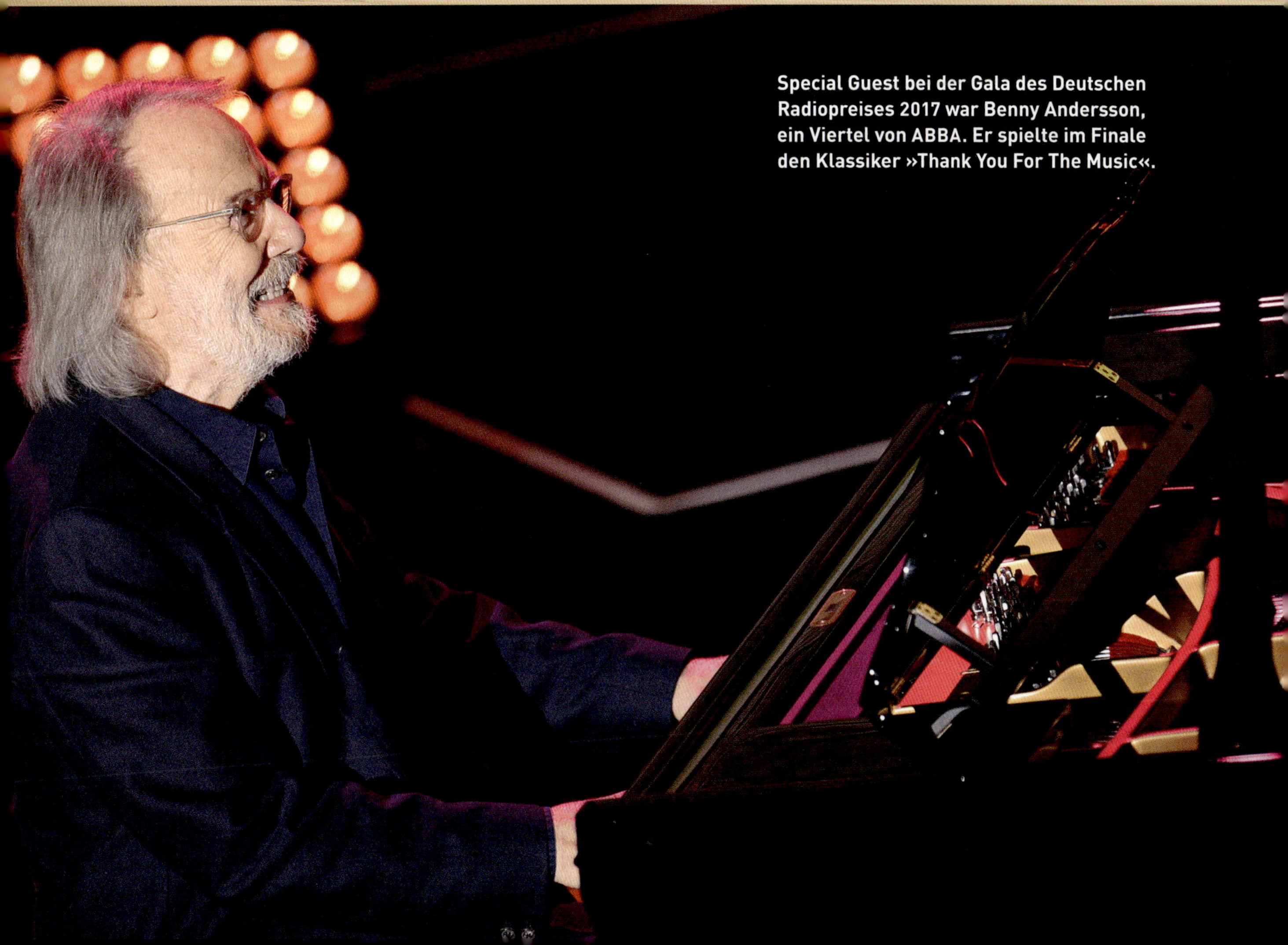

Special Guest bei der Gala des Deutschen Radiopreises 2017 war Benny Andersson, ein Viertel von ABBA. Er spielte im Finale den Klassiker »Thank You For The Music«.

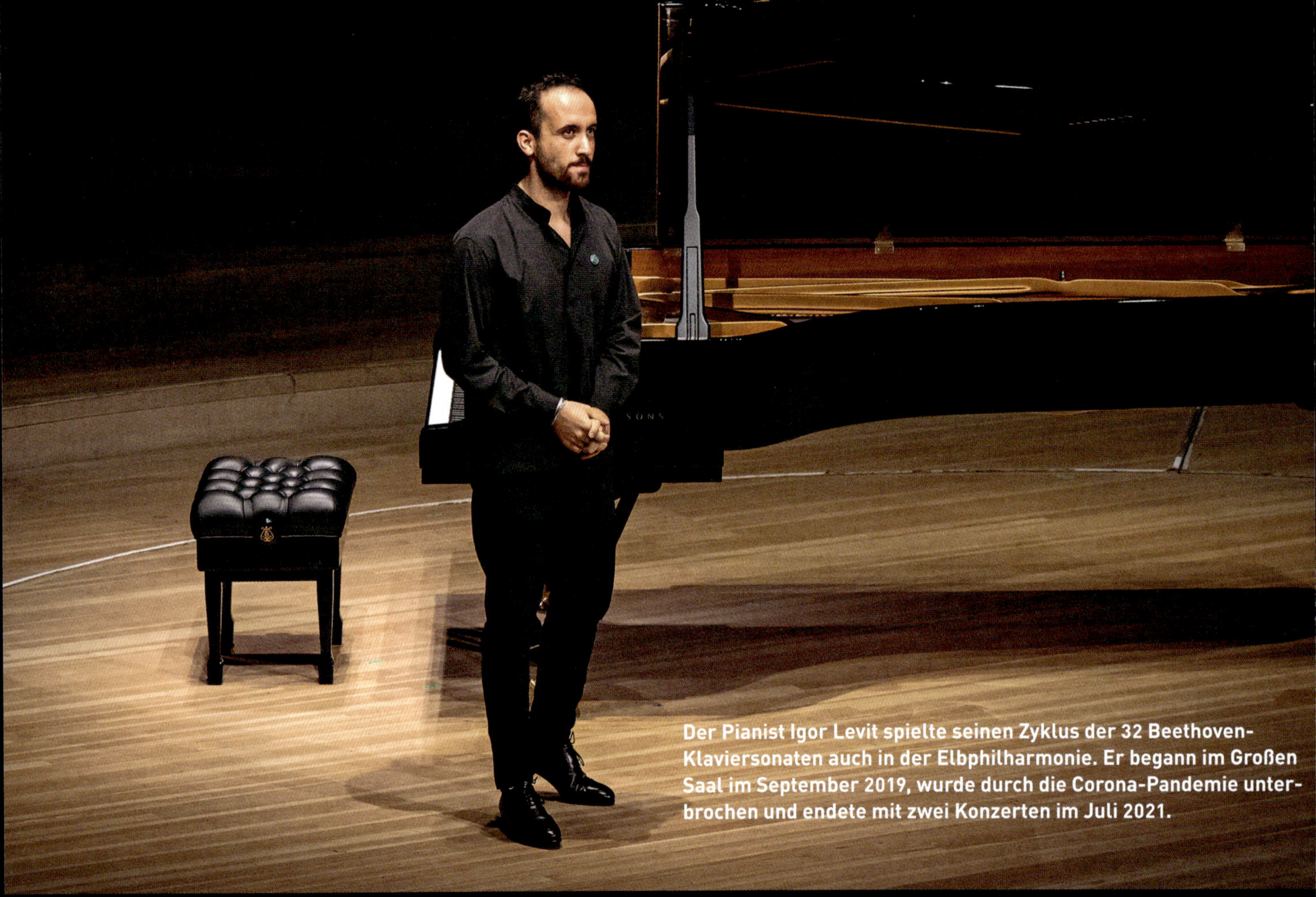

Der Pianist Igor Levit spielte seinen Zyklus der 32 Beethoven-Klaviersonaten auch in der Elbphilharmonie. Er begann im Großen Saal im September 2019, wurde durch die Corona-Pandemie unterbrochen und endete mit zwei Konzerten im Juli 2021.

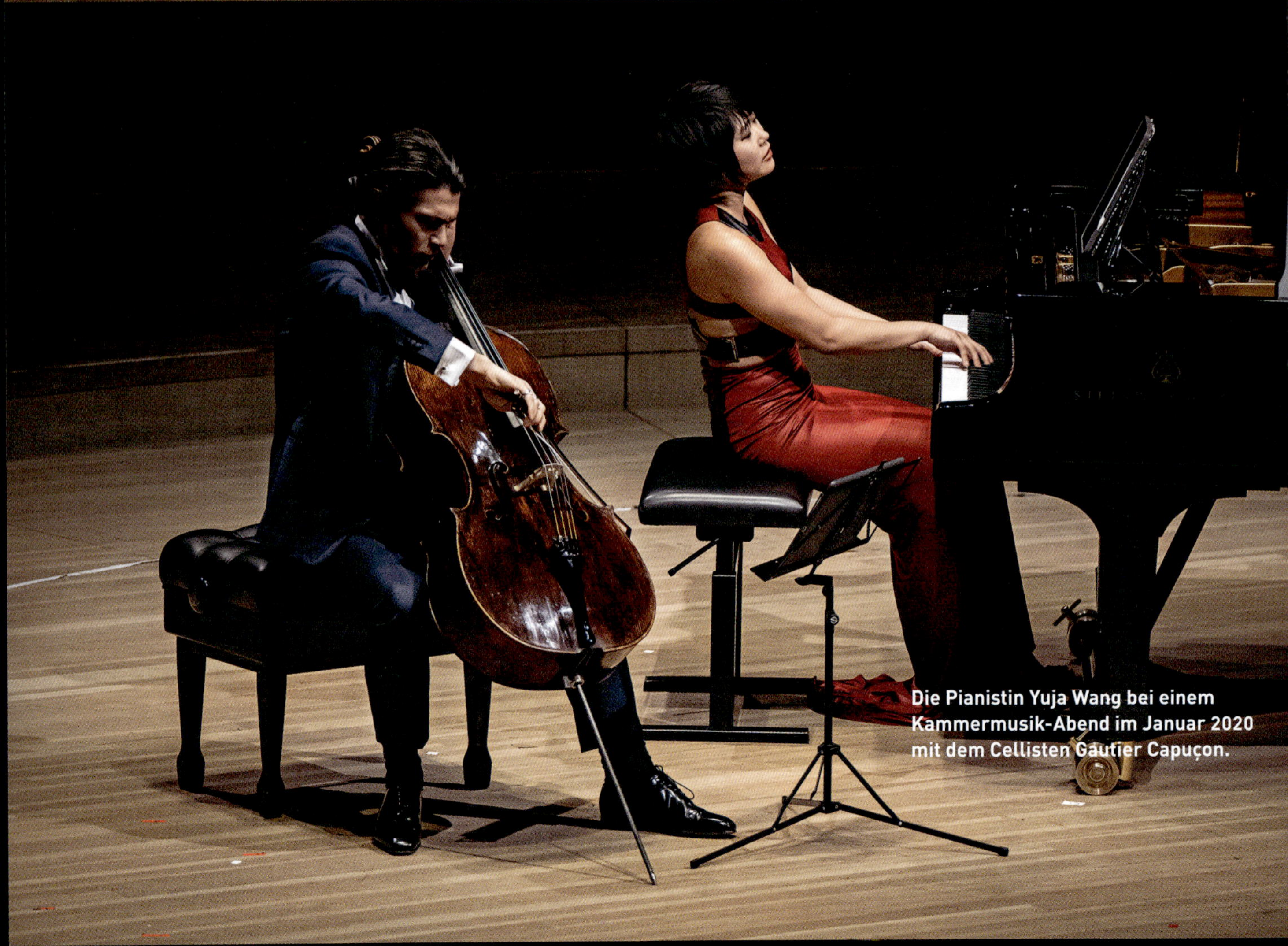

Die Pianistin Yuja Wang bei einem Kammermusik-Abend im Januar 2020 mit dem Cellisten Gautier Capuçon.

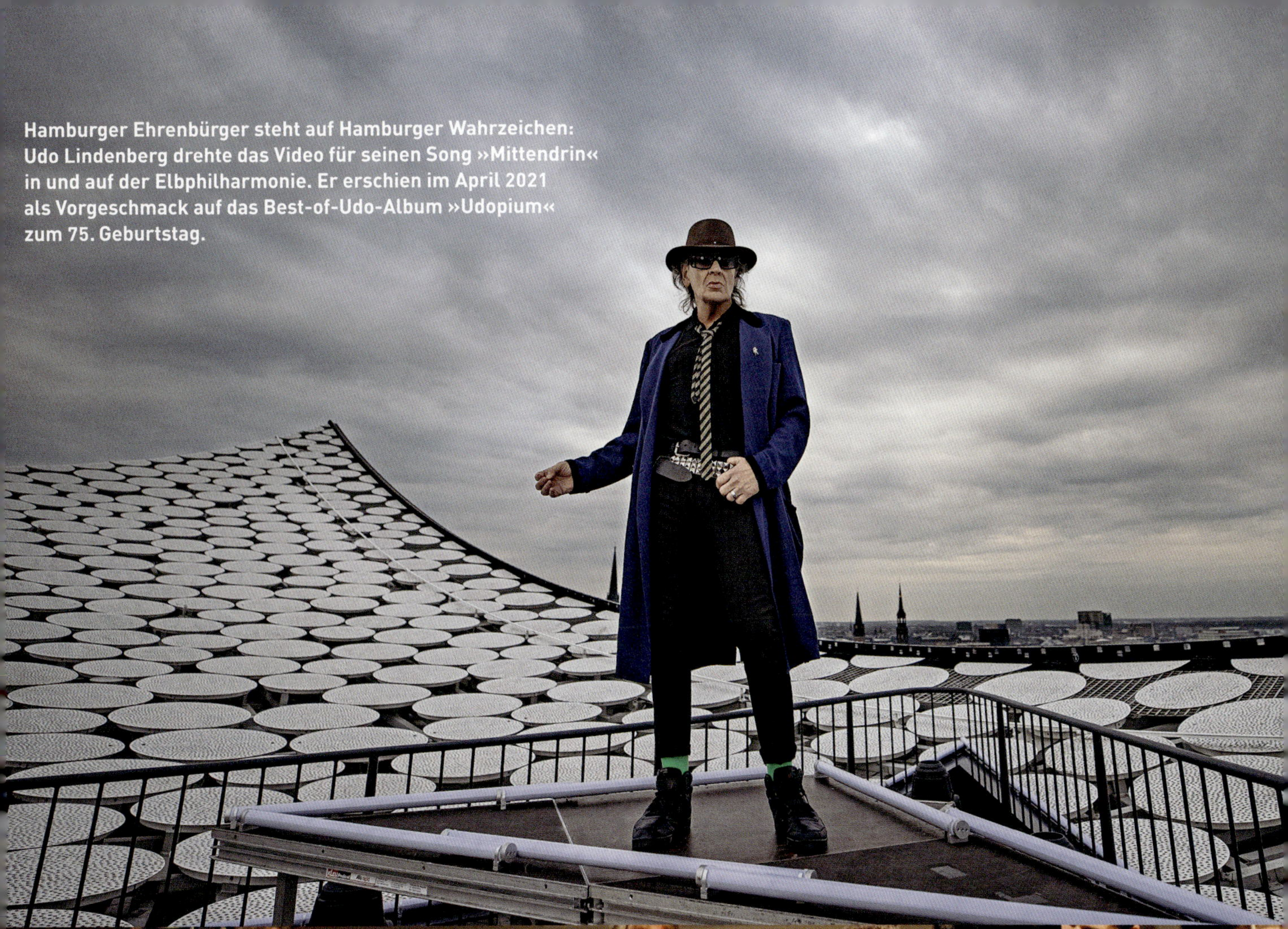

Hamburger Ehrenbürger steht auf Hamburger Wahrzeichen: Udo Lindenberg drehte das Video für seinen Song »Mittendrin« in und auf der Elbphilharmonie. Er erschien im April 2021 als Vorgeschmack auf das Best-of-Udo-Album »Udopium« zum 75. Geburtstag.

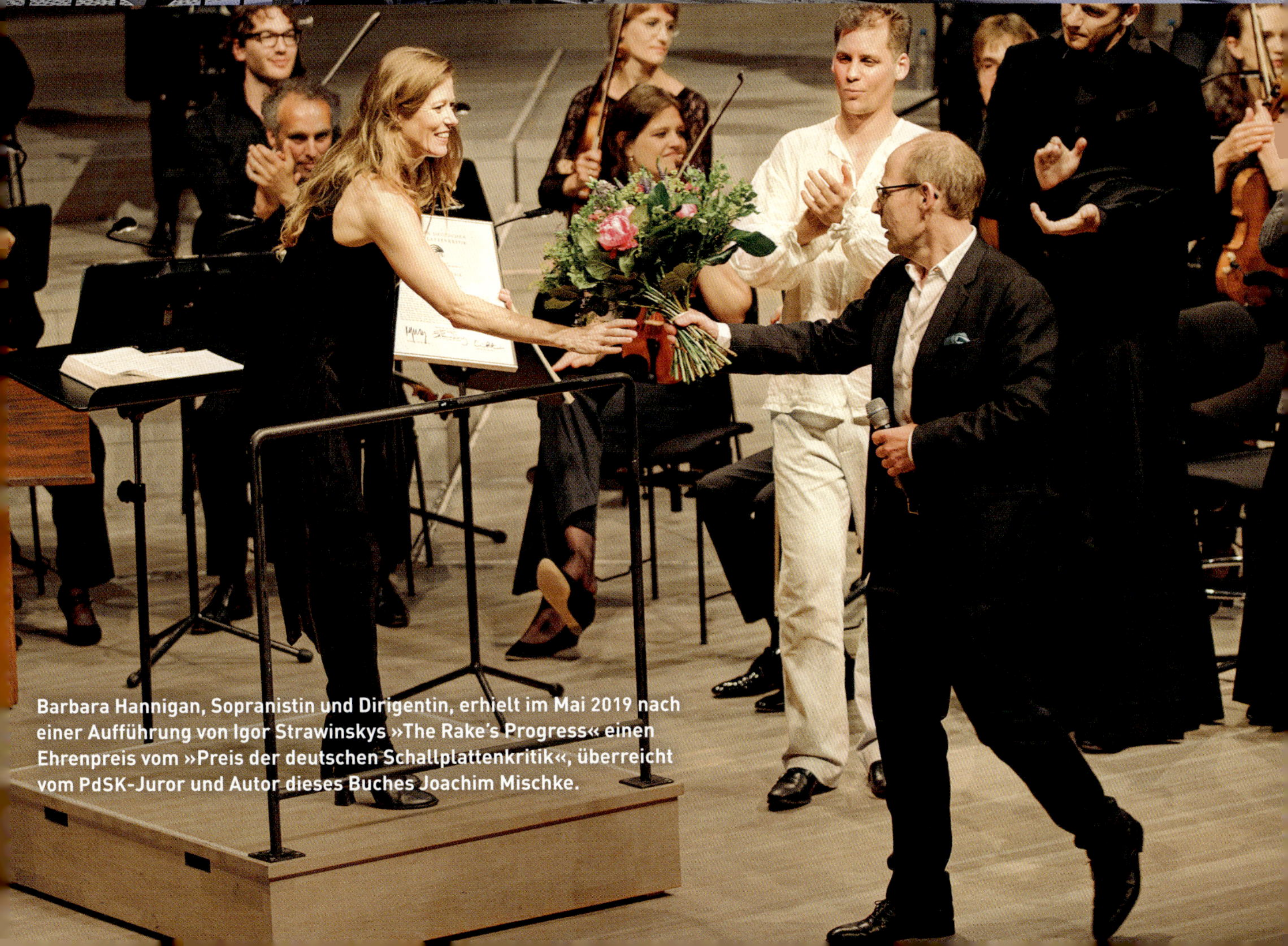

Barbara Hannigan, Sopranistin und Dirigentin, erhielt im Mai 2019 nach einer Aufführung von Igor Strawinskys »The Rake's Progress« einen Ehrenpreis vom »Preis der deutschen Schallplattenkritik«, überreicht vom PdSK-Juror und Autor dieses Buches Joachim Mischke.

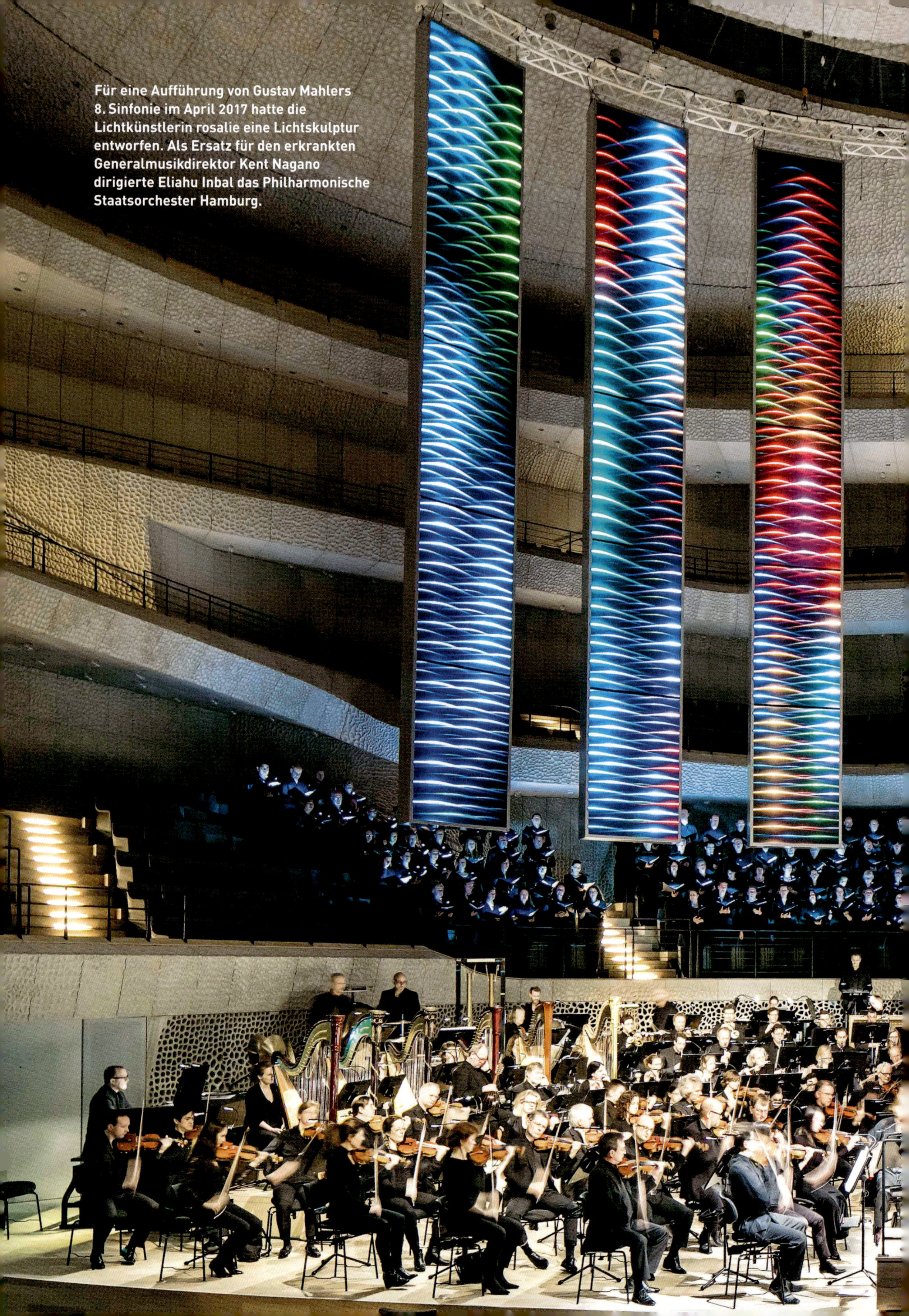

Für eine Aufführung von Gustav Mahlers 8. Sinfonie im April 2017 hatte die Lichtkünstlerin rosalie eine Lichtskulptur entworfen. Als Ersatz für den erkrankten Generalmusikdirektor Kent Nagano dirigierte Eliahu Inbal das Philharmonische Staatsorchester Hamburg.

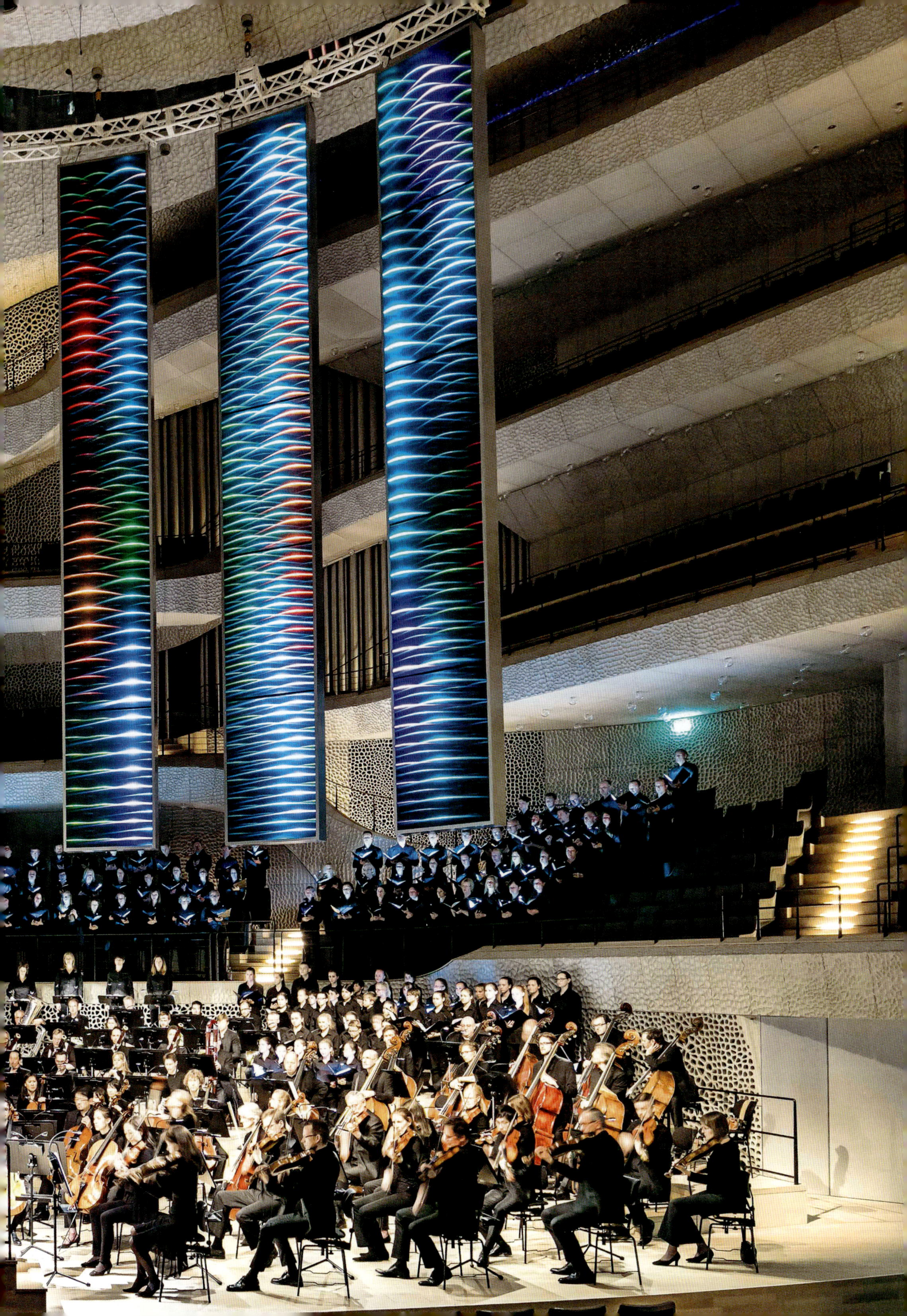

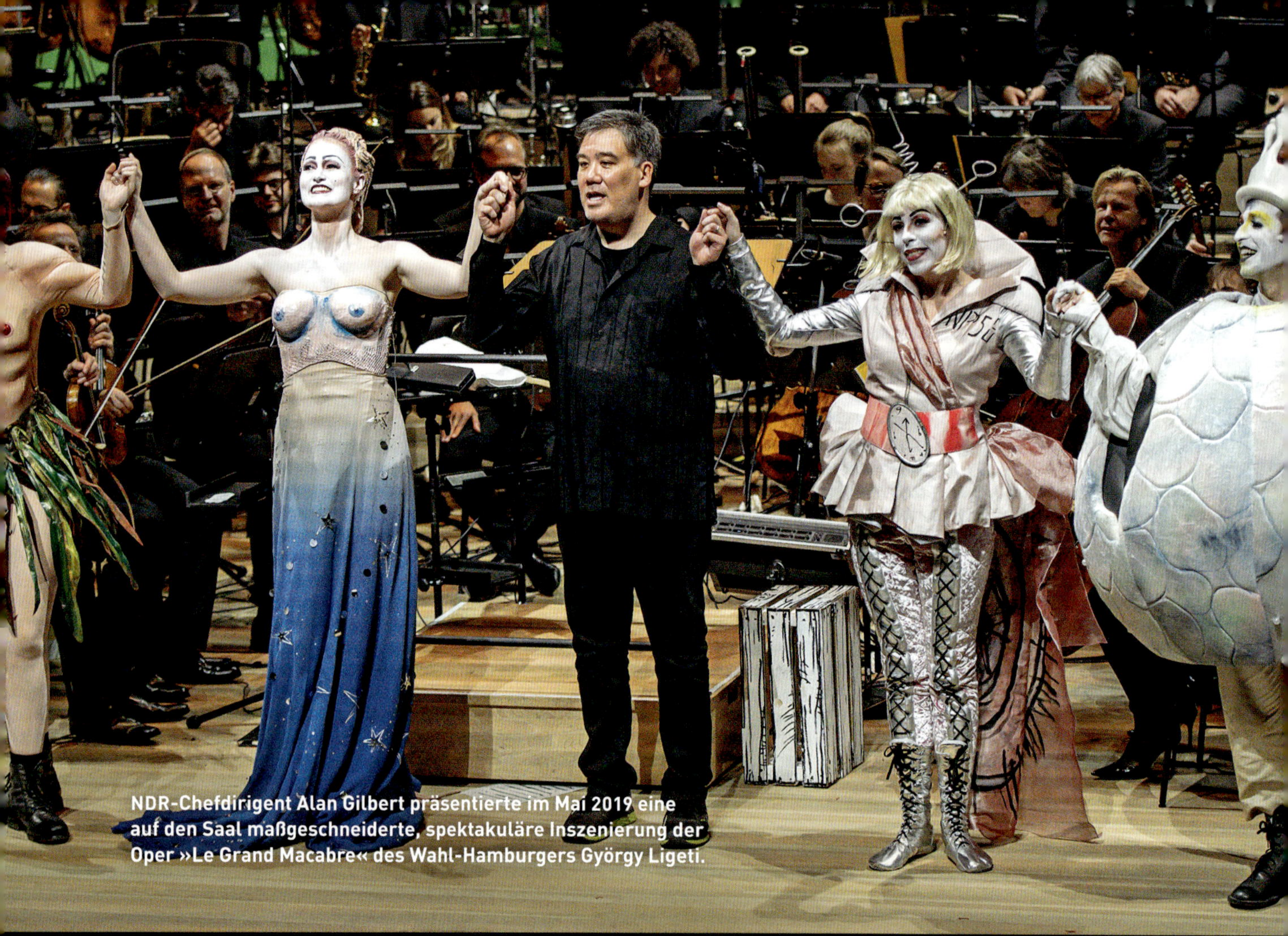

NDR-Chefdirigent Alan Gilbert präsentierte im Mai 2019 eine auf den Saal maßgeschneiderte, spektakuläre Inszenierung der Oper »Le Grand Macabre« des Wahl-Hamburgers György Ligeti.

»Ich gratuliere Hamburg zu diesem Saal!« Mariss Jansons, Chefdirigent des Münchner BR-Symphonieorchesters, war von der Akustik der Elbphilharmonie begeistert. Etwa einen Monat nach einem umjubelten BR-Gastspiel starb Jansons im Dezember 2019 in St. Petersburg.

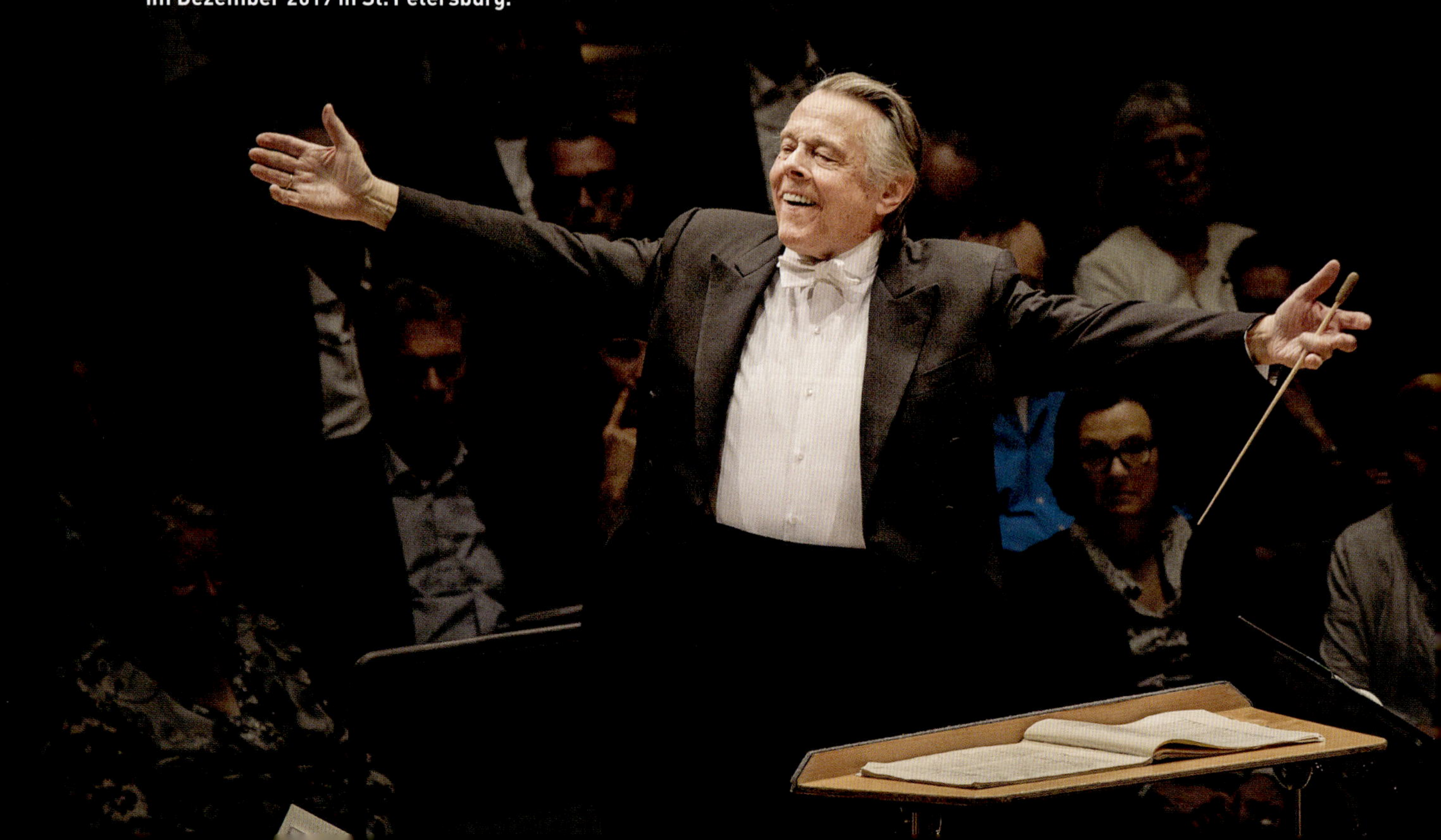

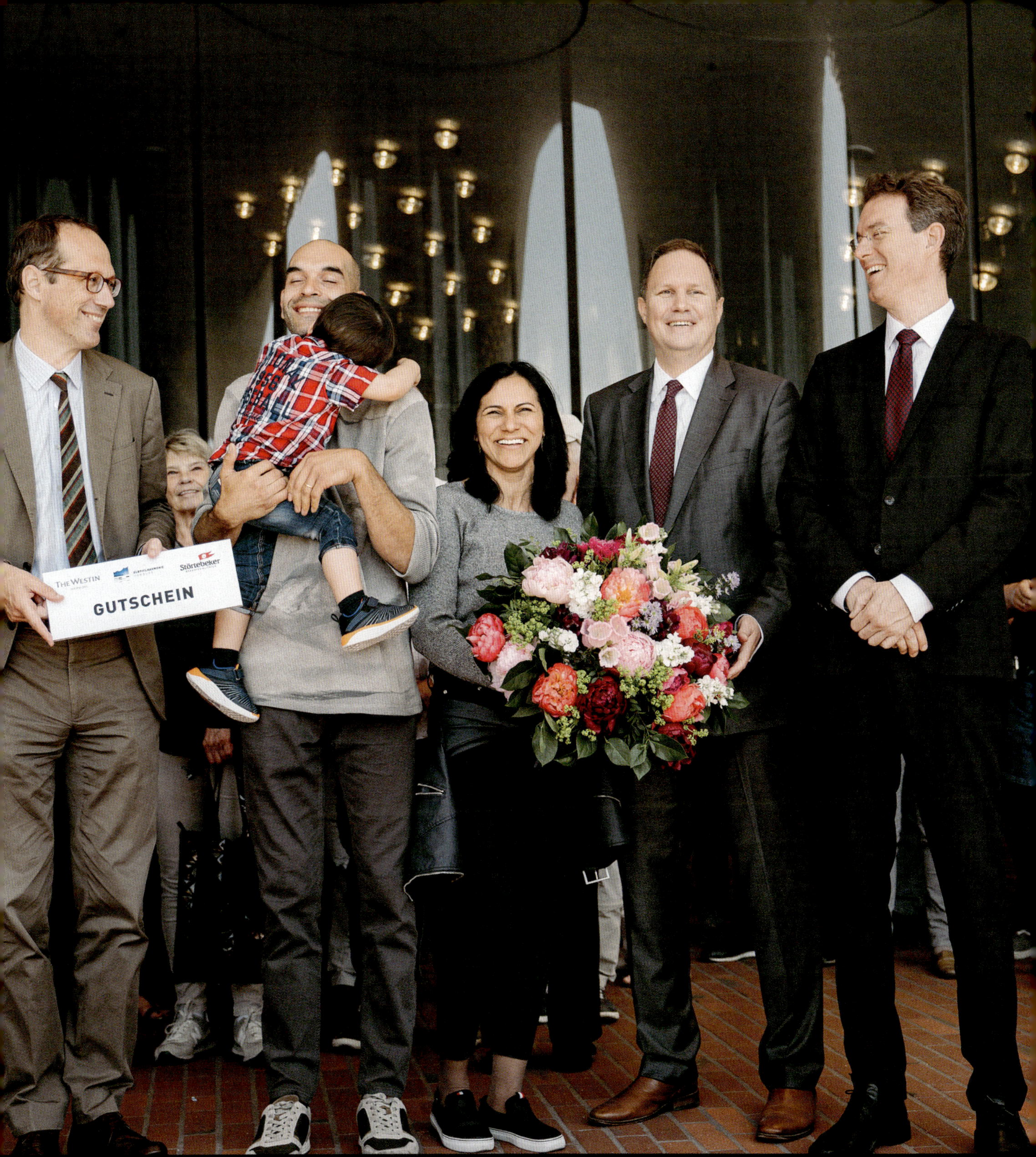

Eine Frau aus dem portugiesischen Porto, die mit ihrer Familie die Plaza besichtigen wollte, wurde im Juni 2019 von Generalintendant Christoph Lieben-Seutter (l.), dem kaufmännischen Geschäftsführer Jochen Margedant (r.) und Kultursenator Carsten Brosda (2. v. r.) angenehm überrascht: Als zehnmillionster Gast erhielt sie einen Gutschein für ein Konzert-Wochenende mit Hotelübernachtungen. Mit rund vier Millionen Besuchern pro Jahr befand sich die Elbphilharmonie auf Augenhöhe mit dem New Yorker Empire State Building (4,2 Millionen Besucher).

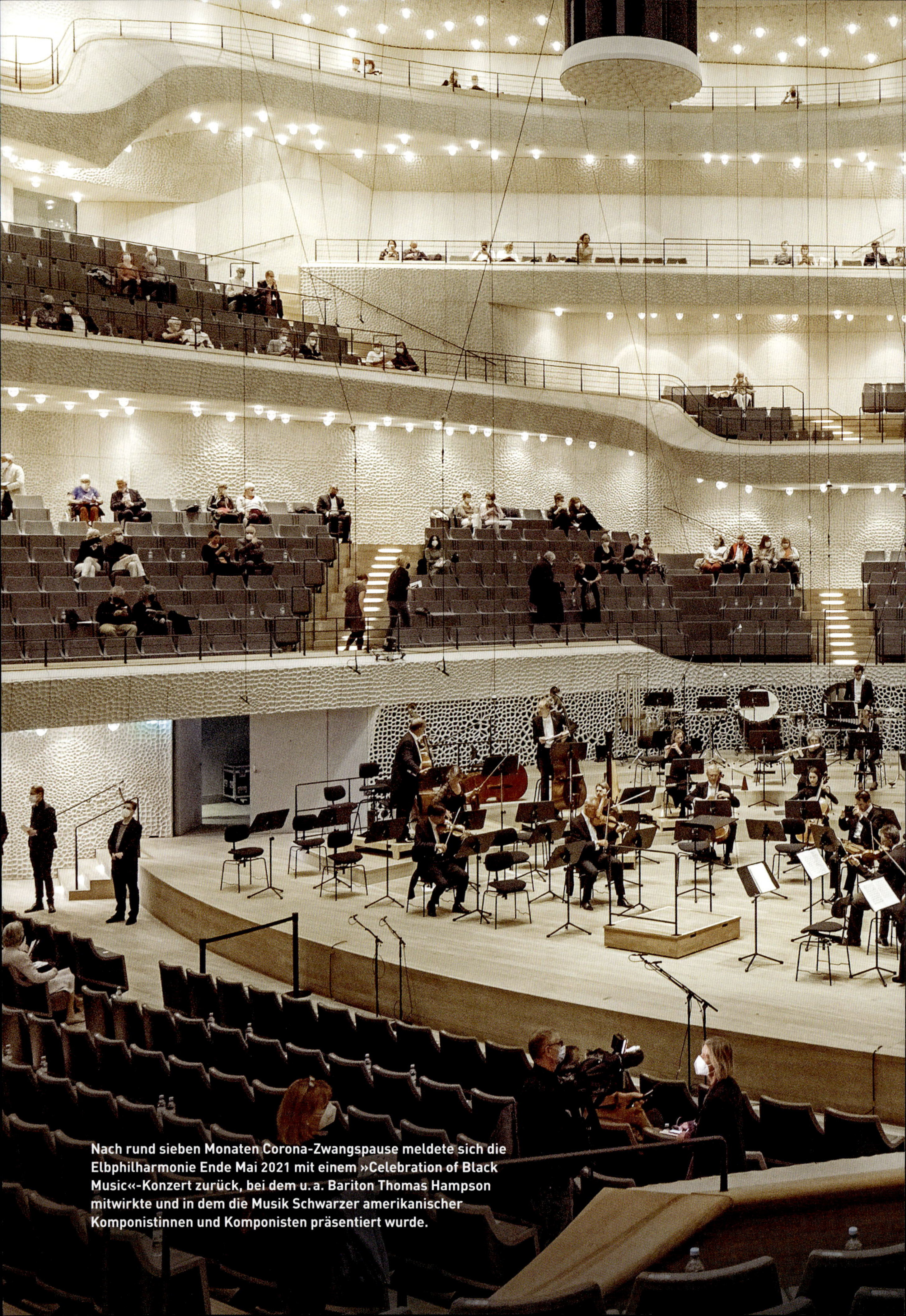

Nach rund sieben Monaten Corona-Zwangspause meldete sich die Elbphilharmonie Ende Mai 2021 mit einem »Celebration of Black Music«-Konzert zurück, bei dem u. a. Bariton Thomas Hampson mitwirkte und in dem die Musik Schwarzer amerikanischer Komponistinnen und Komponisten präsentiert wurde.

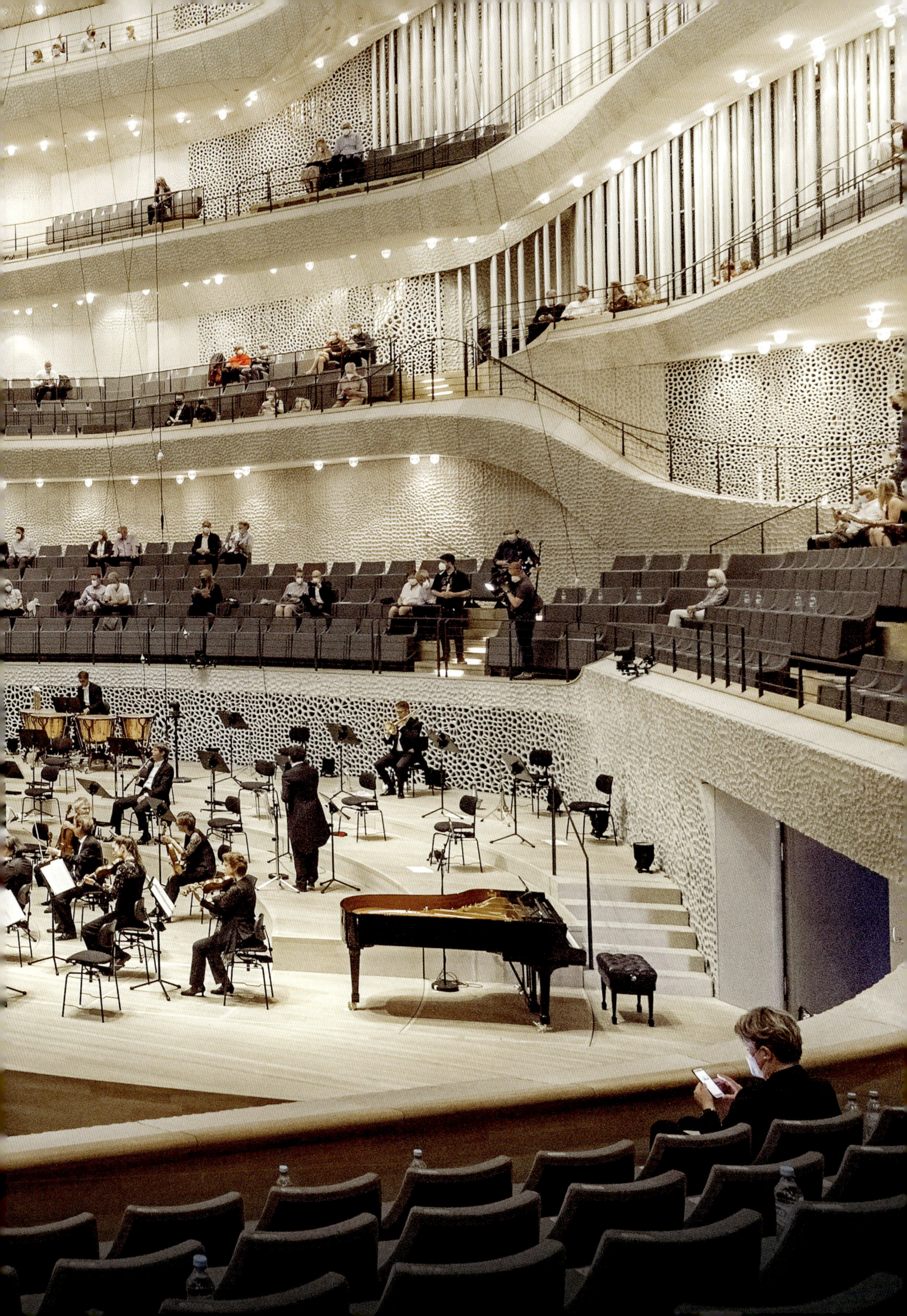

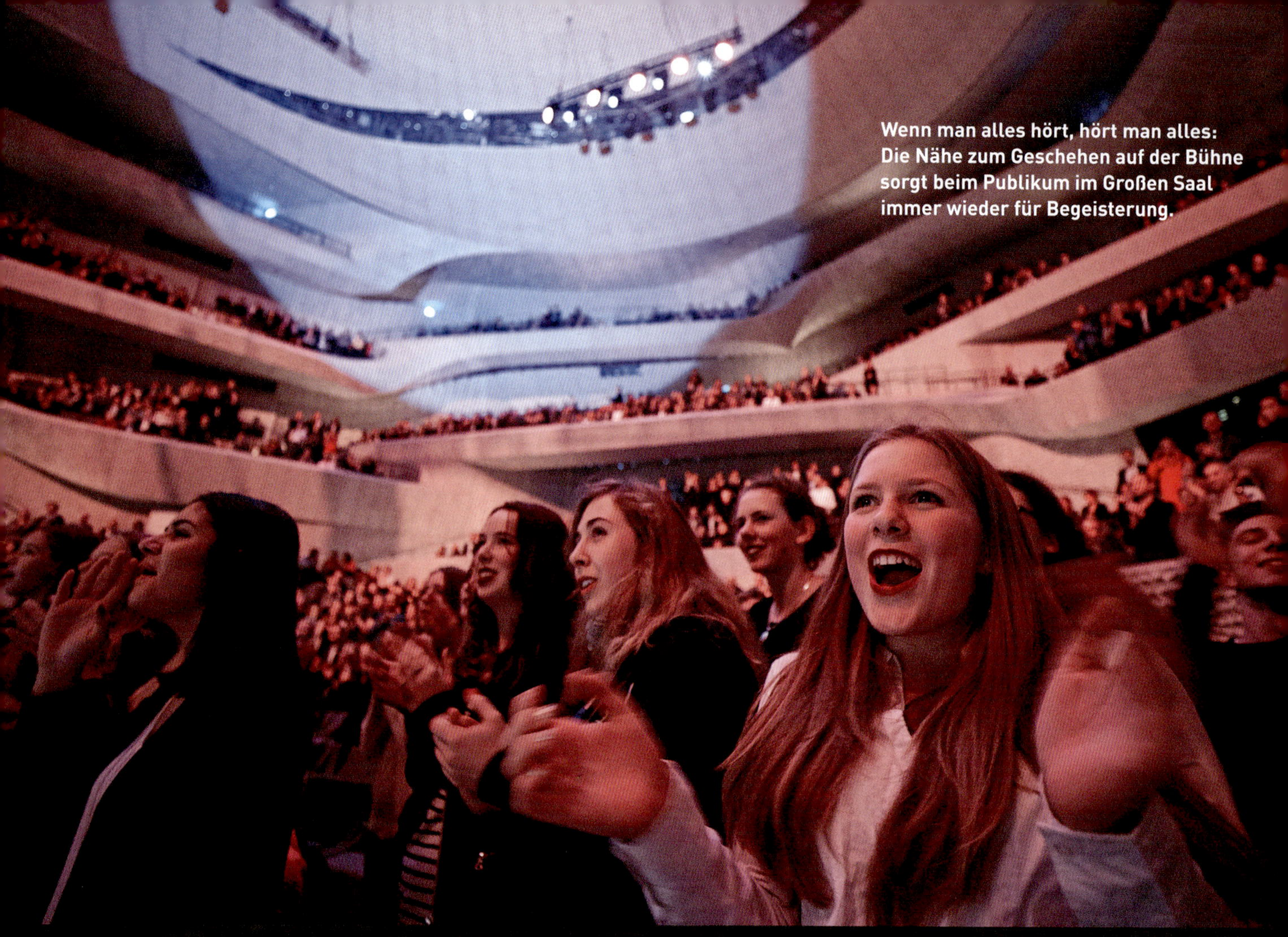

Wenn man alles hört, hört man alles: Die Nähe zum Geschehen auf der Bühne sorgt beim Publikum im Großen Saal immer wieder für Begeisterung.

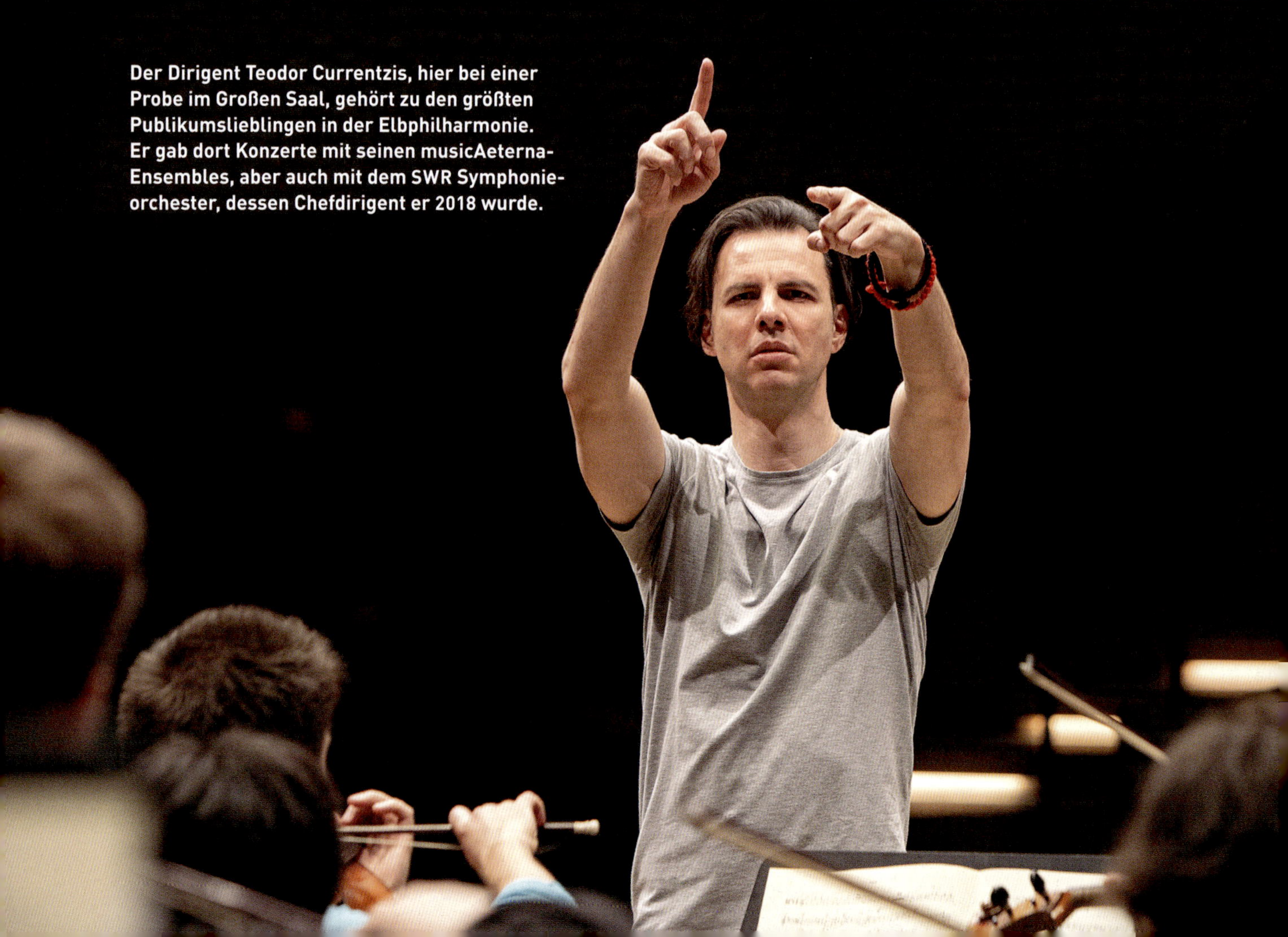

Der Dirigent Teodor Currentzis, hier bei einer Probe im Großen Saal, gehört zu den größten Publikumslieblingen in der Elbphilharmonie. Er gab dort Konzerte mit seinen musicAeterna-Ensembles, aber auch mit dem SWR Symphonieorchester, dessen Chefdirigent er 2018 wurde.

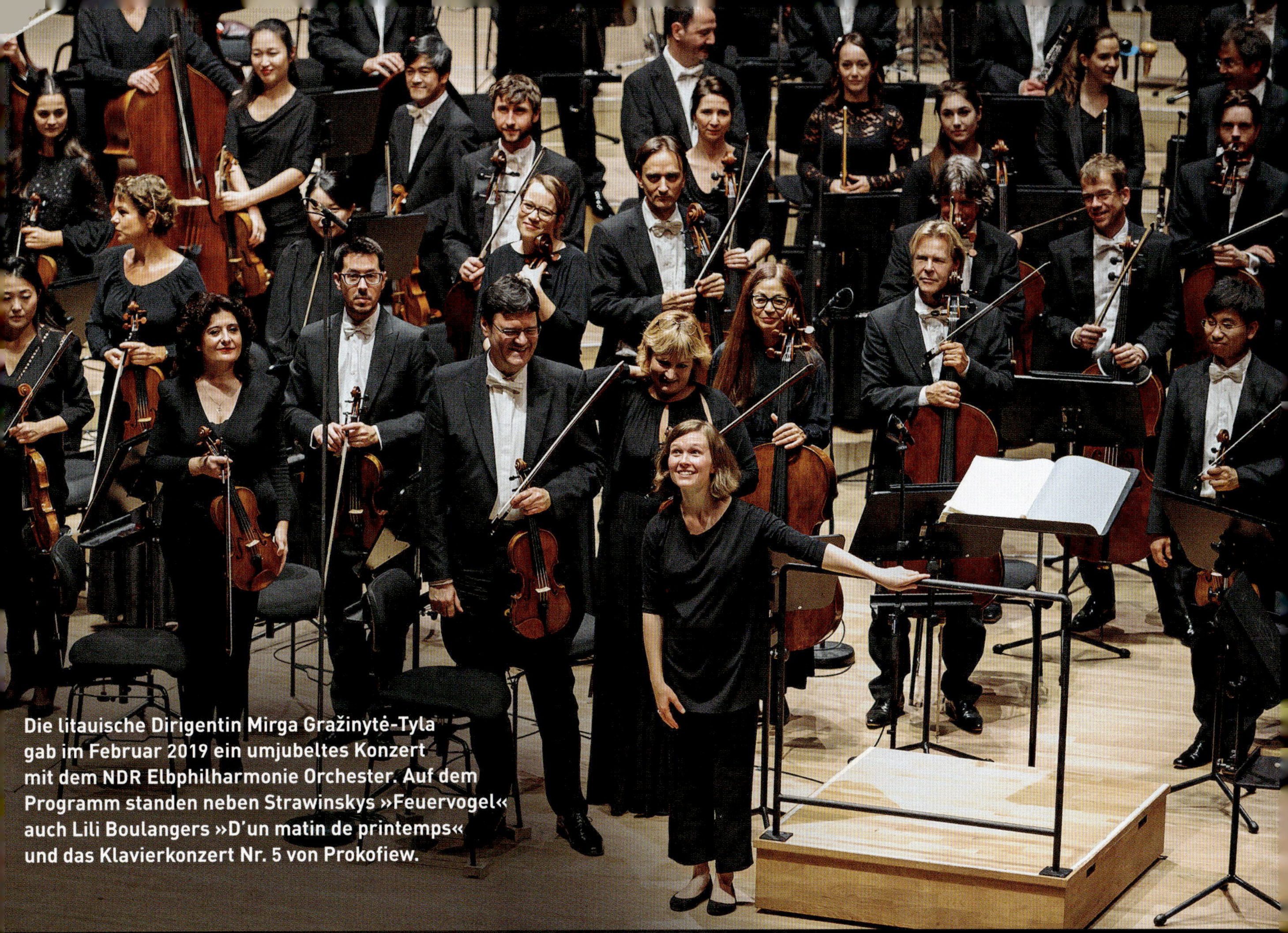

Die litauische Dirigentin Mirga Gražinytė-Tyla gab im Februar 2019 ein umjubeltes Konzert mit dem NDR Elbphilharmonie Orchester. Auf dem Programm standen neben Strawinskys »Feuervogel« auch Lili Boulangers »D'un matin de printemps« und das Klavierkonzert Nr. 5 von Prokofiew.

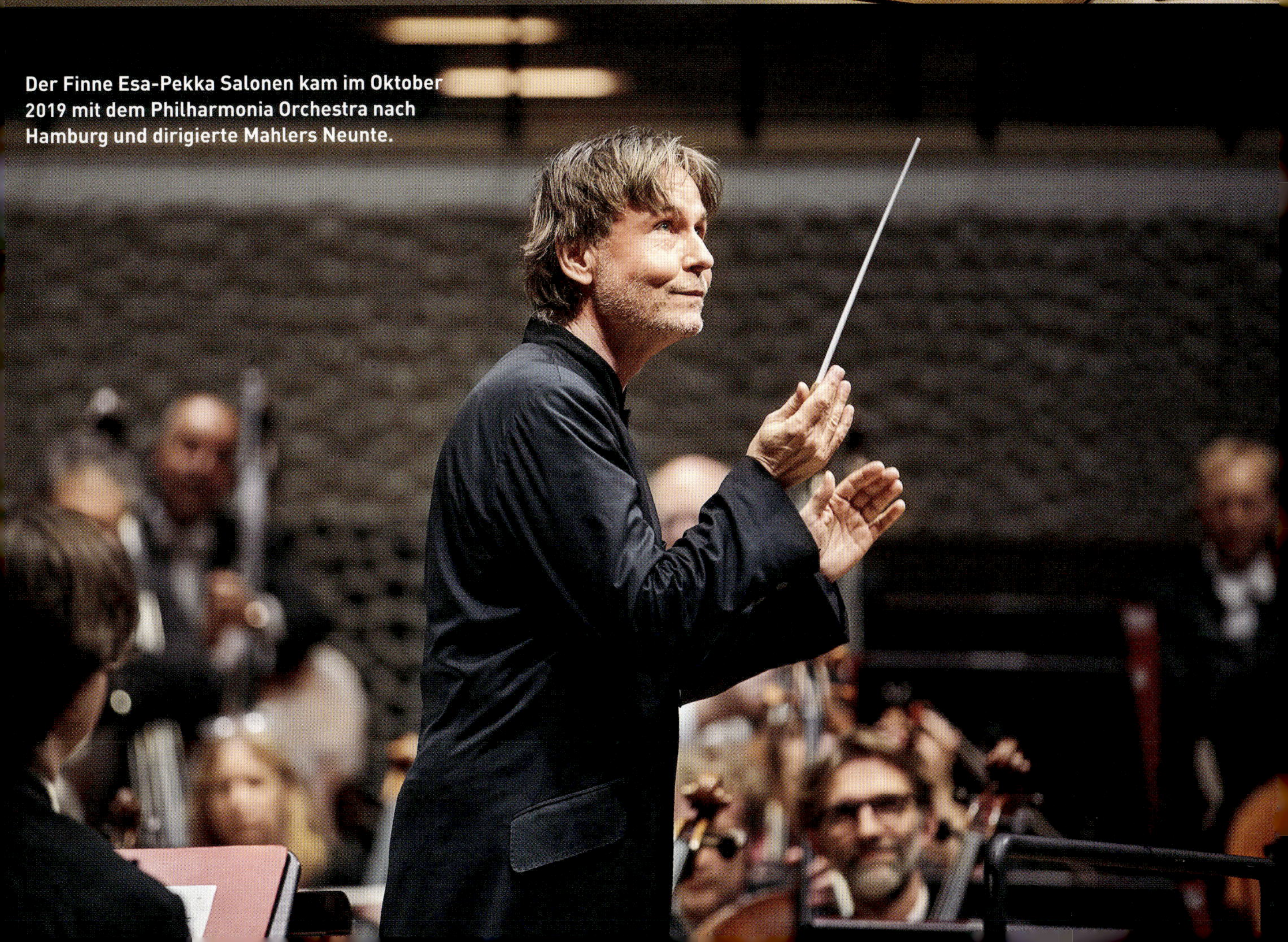

Der Finne Esa-Pekka Salonen kam im Oktober 2019 mit dem Philharmonia Orchestra nach Hamburg und dirigierte Mahlers Neunte.

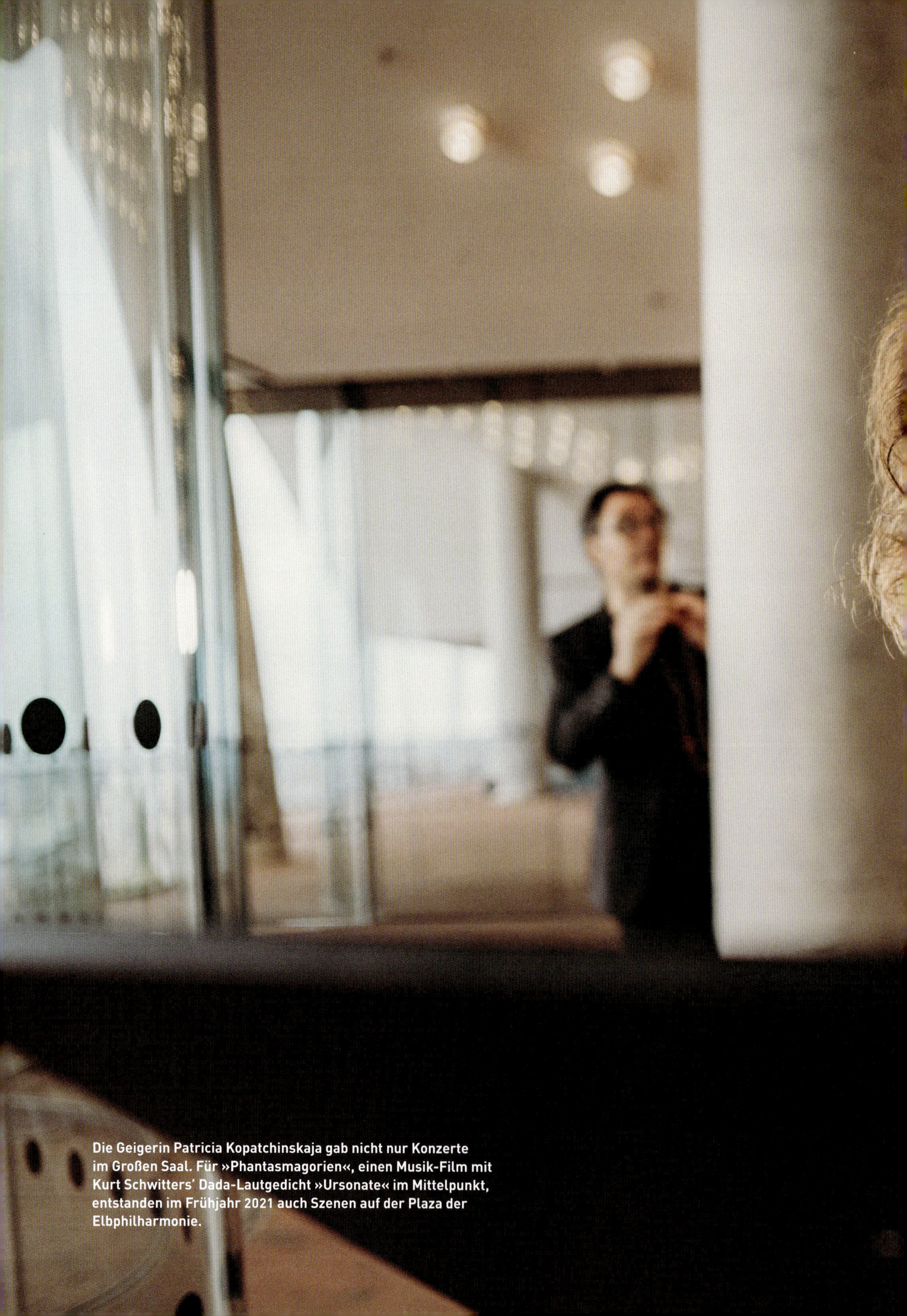

Die Geigerin Patricia Kopatchinskaja gab nicht nur Konzerte im Großen Saal. Für »Phantasmagorien«, einen Musik-Film mit Kurt Schwitters' Dada-Lautgedicht »Ursonate« im Mittelpunkt, entstanden im Frühjahr 2021 auch Szenen auf der Plaza der Elbphilharmonie.

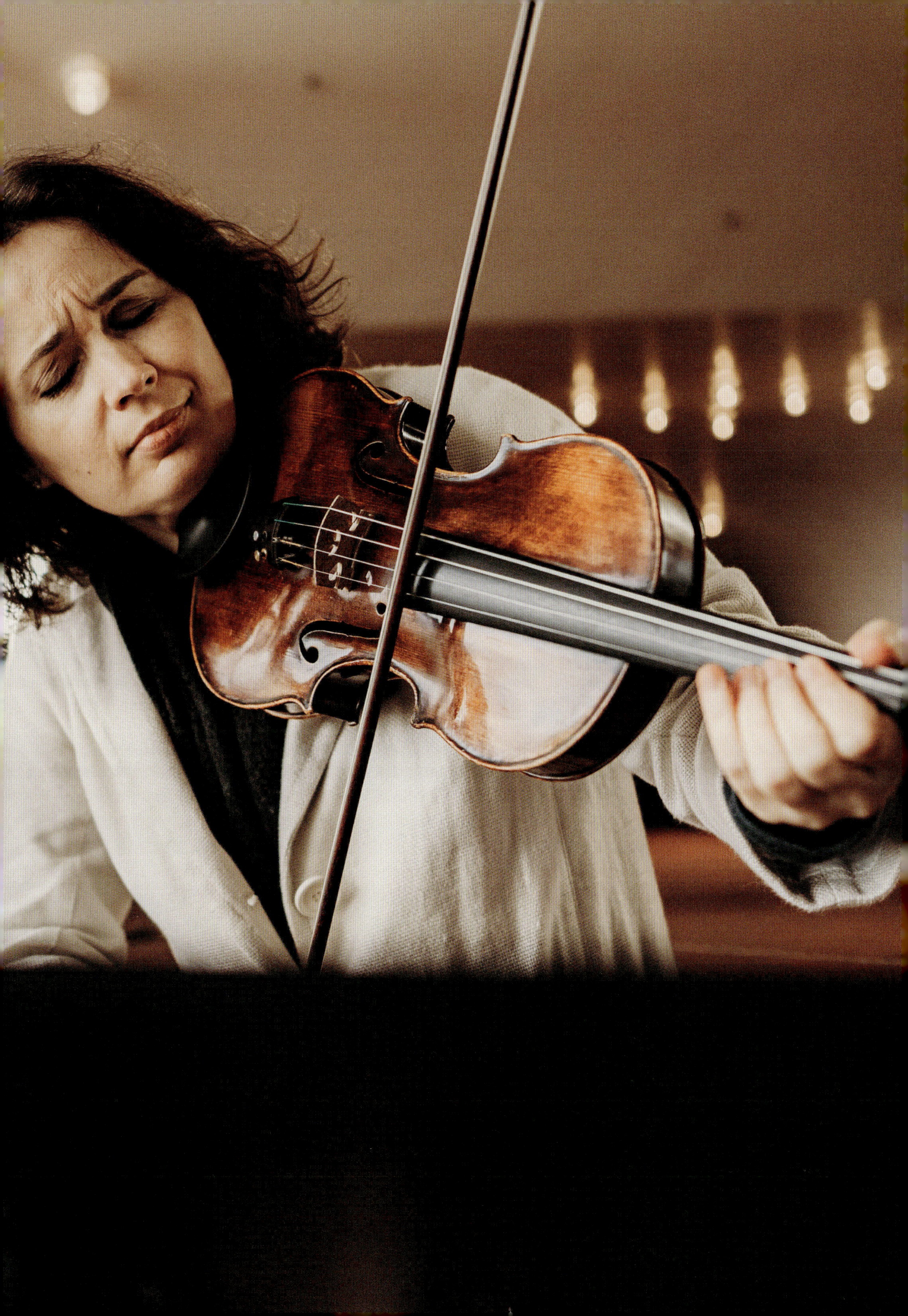

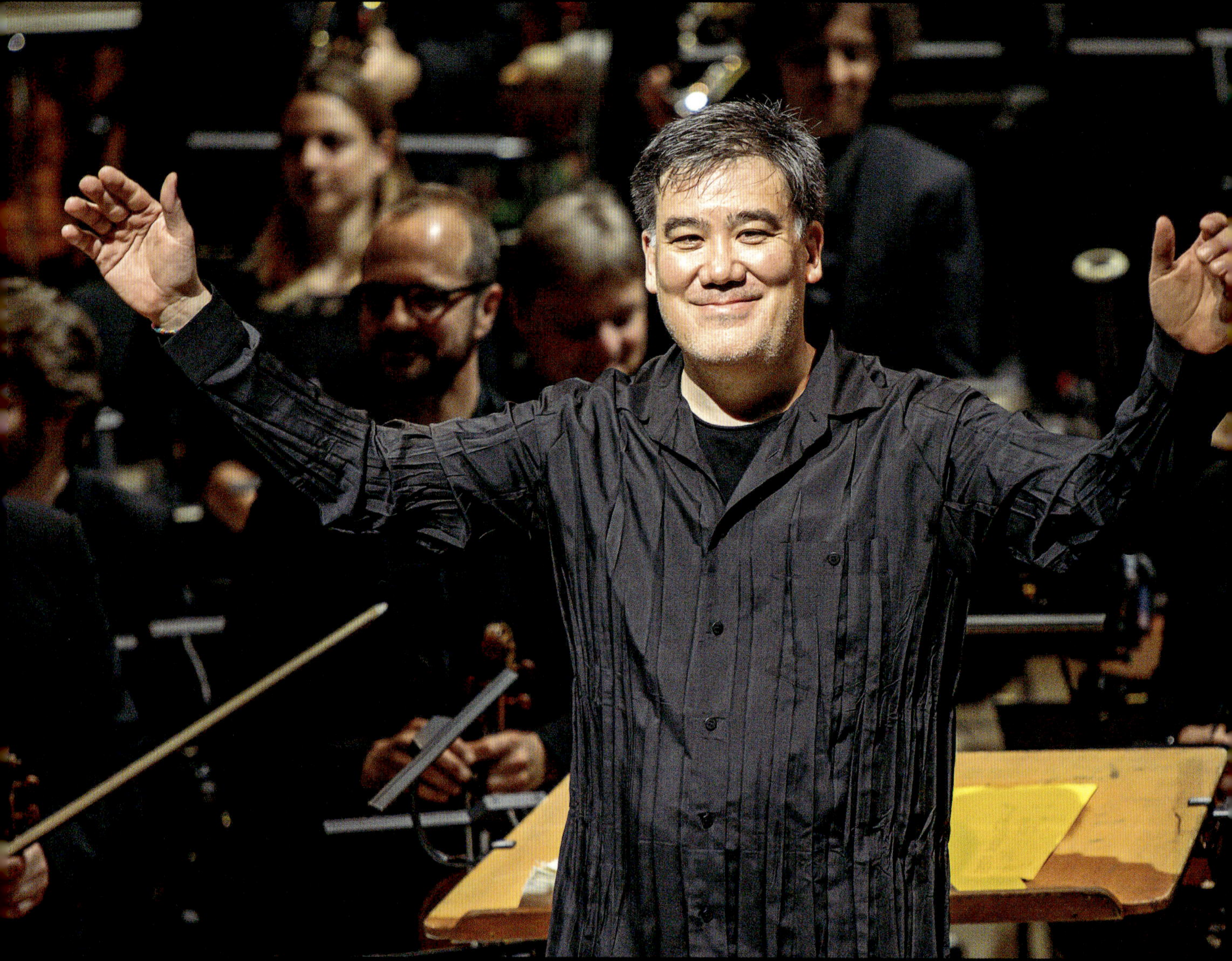

Alan Gilbert übernahm 2019 den Chefdirigenten-Posten beim NDR Elbphilharmonie Orchester. Der gebürtige New Yorker war von 2004 bis 2014 schon Erster Gastdirigent und vor dem Wechsel nach Hamburg Chefdirigent des New York Philharmonic.

Part of me is shocked that five years have already gone by since the Elbe philharmonie opened its doors. It is incredible how quickly the physical space of the building has melded with the identity, and even the soul of my orchestra.

Great architecture is alive, and to me, the Elbphilharmonie has a living soul that has become inextricably intertwined with the identity of the NDR Elbphilharmonieorchester. When I think of projects and musical events I hope to realise in the hall, I am invariably inspired by the sense of adventure, risk-taking, and EVENT that the Elbphilharmonie embodies. One enters the building with a sense of optimism and anticipation that draws performer and listener to a shared, higher plane. This is why I feel lucky to be able to call the Elbphilharmonie my home.

Alan Gilbert

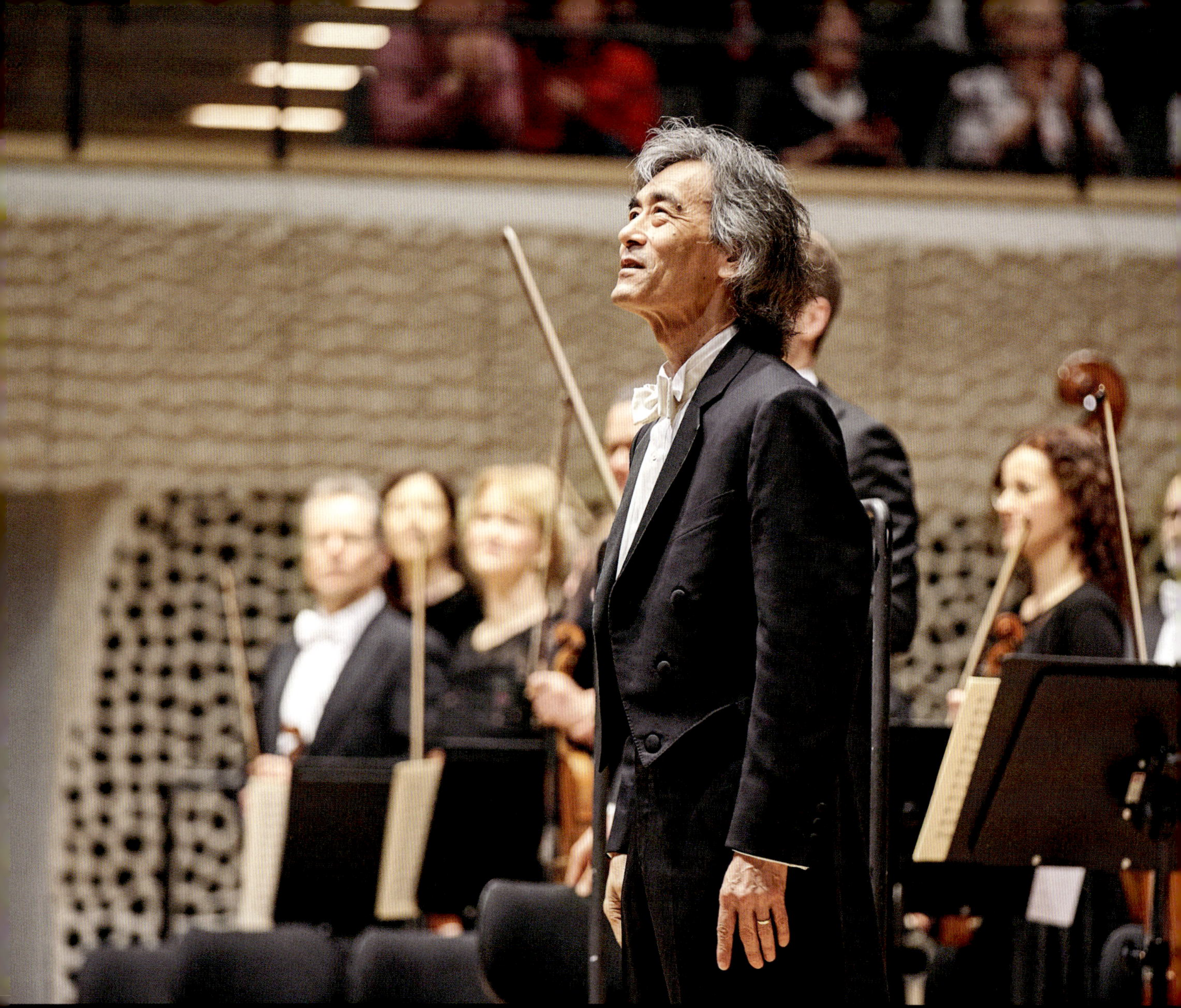

Herzlichen Glückwunsch,
liebe Elbphilharmonie!
Kent Nagano

Kent Nagano ist seit 2015 Generalmusikdirektor der Hamburgischen Staatsoper und Chefdirigent des Philharmonischen Staatsorchesters Hamburg. Bis 2013 war er Generalmusikdirektor an der Bayerischen Staatsoper, dazu kam u. a. ein langjähriger Chefposten beim Orchestre symphonique de Montréal

Was war das schönste Erlebnis bisher?

Unser erstes Konzert bleibt mir besonders in Erinnerung: Die Uraufführung von ARCHE zur Eröffnung; aber auch das Hamburger Publikum, die Akustik, die Architektur und das Ambiente.

Was wünschen Sie der Elbphilharmonie in der Zukunft?

Ein langes und erfolgreiches Leben als Hamburgs Tor zur Welt.

Was möchten Sie nie wieder in der Elbphilharmonie erleben?

Das Corona-bedingte Abstand halten. Die Elbphilharmonie ist eine metapher für das gesellschaftliche Zusammenkommen, nicht für Distanz.

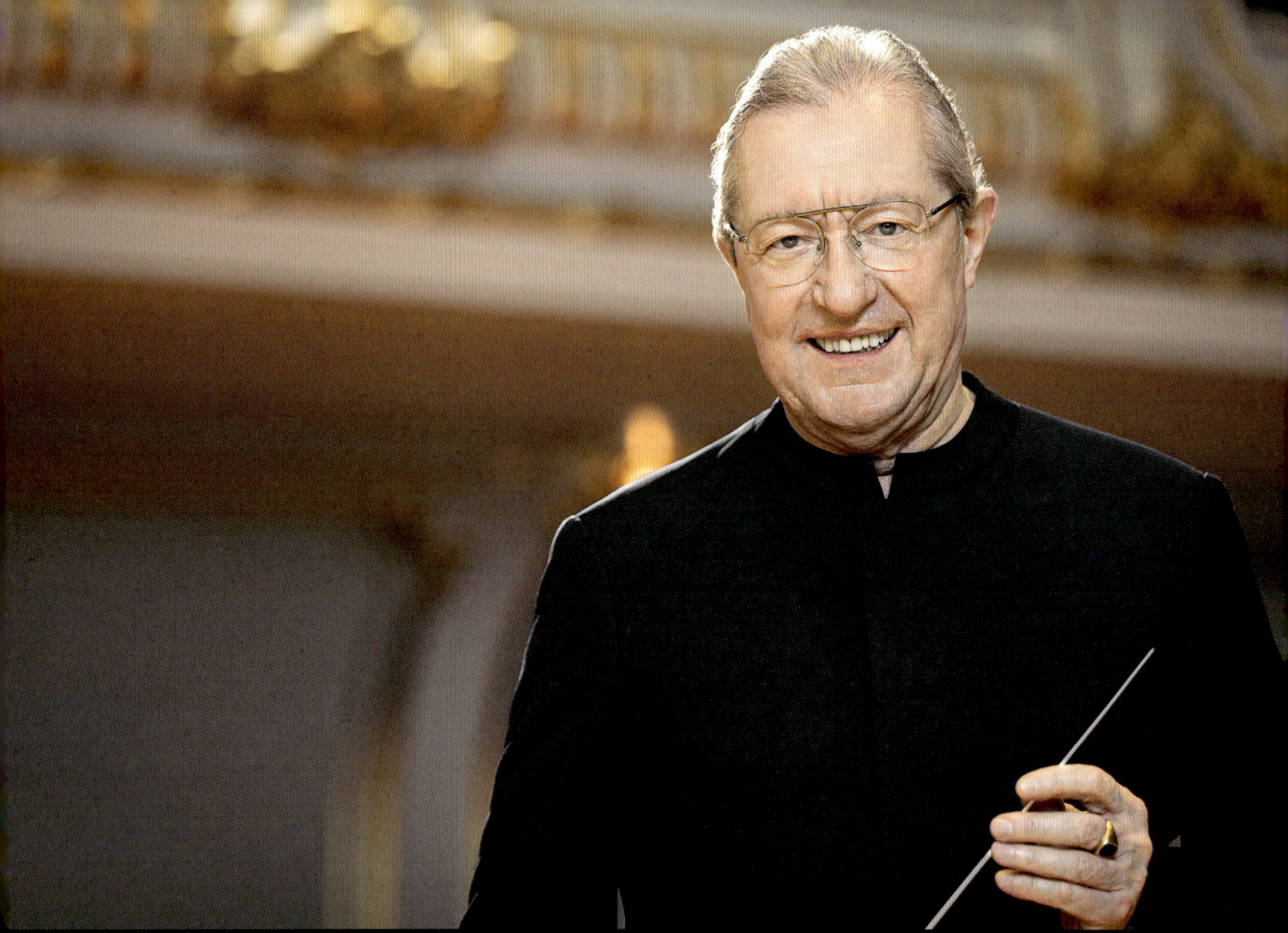

Chère amie Elbphilharmonie,

Félicitations pour ton cinquième anniversaire et mes plus heureux vœux de bonheur et de reussite pour le futur –

Amicalement Sylvain Cambreling.

Sylvain Cambreling kam 2018 als Chefdirigent zu den Symphonikern Hamburg. Zuvor war er Generalmusikdirektor der Staatsoper Stuttgart und leitete bis 2019 das Yomiuri Nippon Symphony Orchestra in Tokio.

Was war das schönste Erlebnis bisher?

Die Produktion "Le Martyre de Saint Sébastien"
von Claude Debussy
mit den Symphonikern Hamburg
der Europa Chor Akademie
und Dörte Lyssewski

Was wünschen Sie der Elbphilharmonie in der Zukunft?

Mehr Probenzeit in der
Elbphilharmonie

Was möchten Sie nie wieder in der Elbphilharmonie erleben?

Geschlossen!

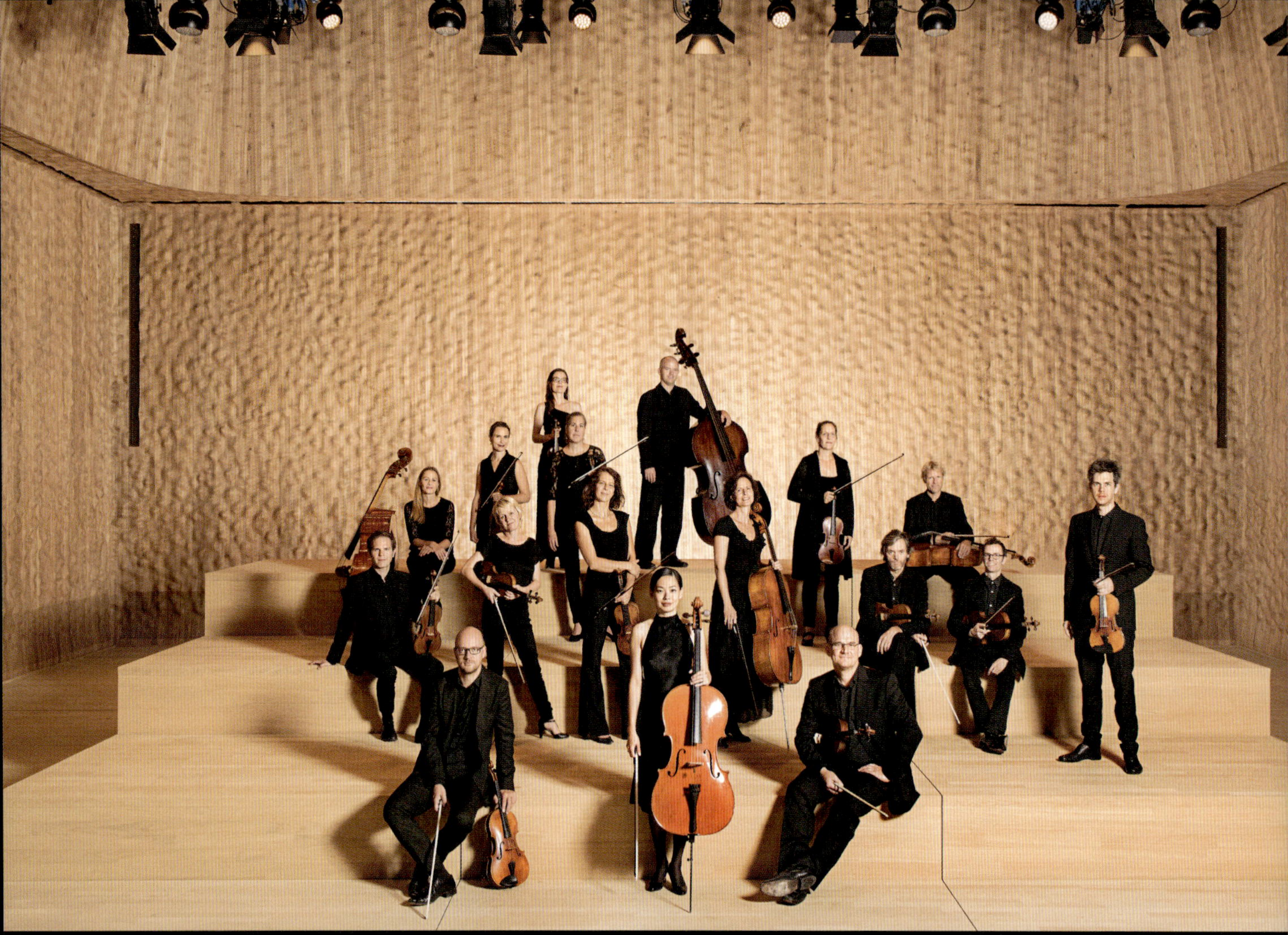

Herzlichen Glückwunsch, Elbphilharmonie!
Wir stoßen an auf fünf Jahre großartiges Programm, auf den alles verändernden Push für Hamburg als Musikstadt und auf die vielen beglückenden Momente, die wir als Residenzensemble mit Dir erlebt haben.
Mach so weiter!

Dein Ensemble Resonanz

Als das demokratisch organisierte Streicherensemble 2002 nach Hamburg kam, zog es zunächst ins Souterrain der Laeiszhalle. Inzwischen hat es mit dem Resonanzraum im Hochbunker auf St. Pauli eine eigene Spielstätte und ist als Residenzensemble der Elbphilharmonie dort regelmäßig zu Gast.

Was war das schönste Erlebnis bisher?

Neben ganz vielen anderen und dem Eröffnungskonzert: Die drei letzten Mozart-Sinfonien mit Riccardo Minasi im Februar 2020 im ausverkauften Großen Saal bleiben unvergessen. Eine rauschende Feier mit unserem Publikum, unser letztes Elbphilharmonie-Konzert vor der Pandemie und die vorerst letzten Huster im Saal …

Was wünschen Sie der Elbphilharmonie in der Zukunft?

Sie soll weiter für das Beste und Interessanteste stehen, dabei ein Haus für alle sein, immer offen für das Neue und auf der Suche nach Veränderung. Weil sie das Zeug dazu hat!

Was möchten Sie nie wieder in der Elbphilharmonie erleben?

Der G20-Gipfel in Hamburg im Sommer 2017 war ein symbolisch unglücklicher Moment für die Elbphilharmonie, als die Staatschef:innen hier Beethoven hörten, während in der Stadt die Gewalt eskalierte.

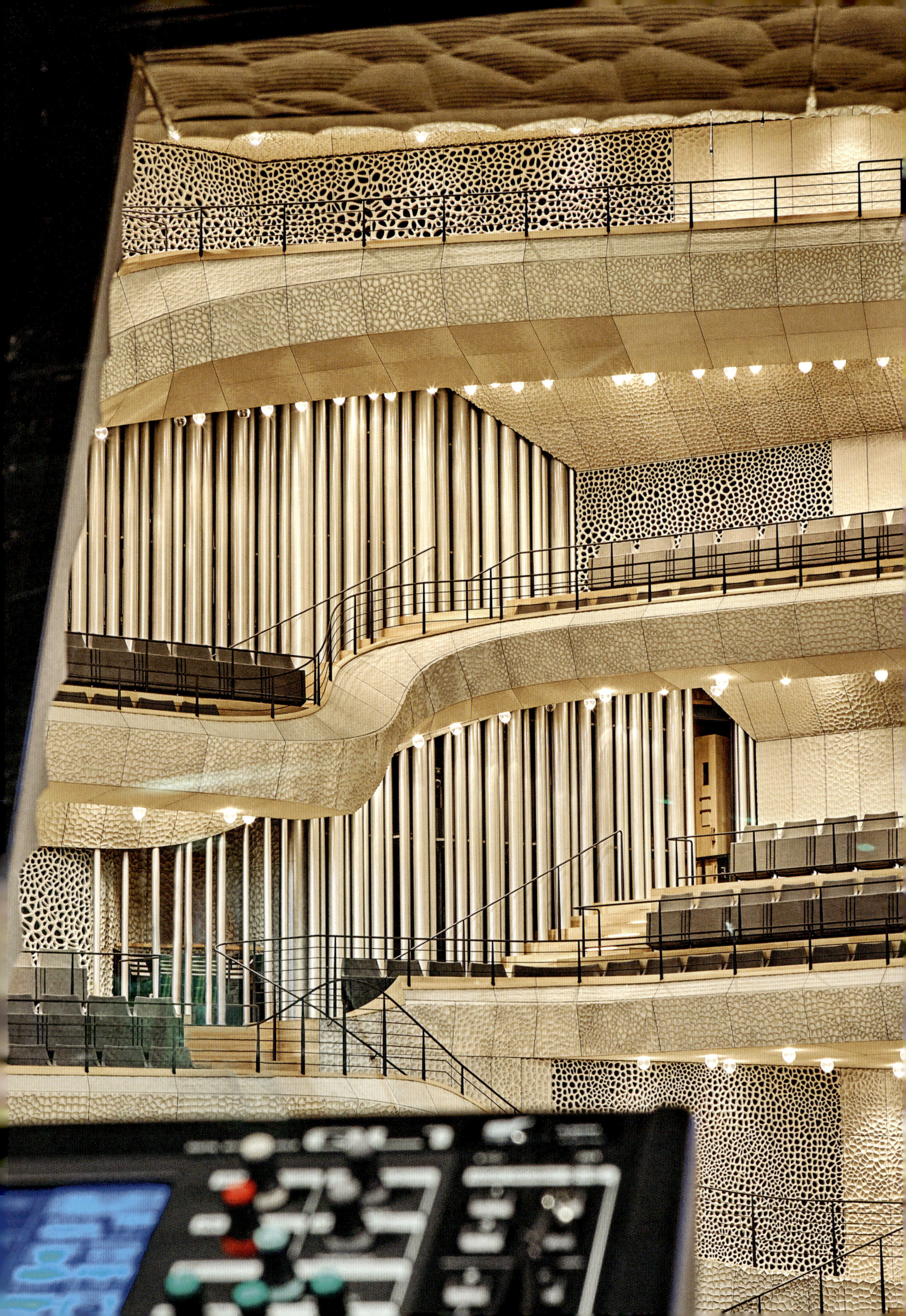

13

WIND OF CHANGE: DIE ORGEL

Als die Elbphilharmonie kurz vor ihrer Eröffnung hinter den noch verschlossenen Türen vorglühte, ging der damalige Erste Bürgermeister Olaf Scholz bei einem Foto-Termin im Großen Saal plötzlich verschollen. Als hätte ihn jemand mit einigen Photoshop-Mausklicks von der Bildfläche verschwinden lassen. Doch Scholz, stolz auf die gelungene politische Weichenstellung für das Happy End der jahrelangen Baukrise, war nicht spurlos verschwunden oder für dringendere Regierungsgeschäfte zurückgeeilt ins Rathaus – er war nur mal eben weg, in die Orgel hinein, auf den schmalen Treppchen unterwegs, um sich aus nächster Nähe, mittendrin in den verwinkelten Innereien, ein Bild von dieser mehrstöckigen Kompliziertheit zu machen. Es gibt nämlich eine Geheimtür in der 14. Etage, verborgen hinter einigen stummen Pfeifen. Doch auch von außen ist dieser Teil des Saals, mit der Orgel als Einlieger-Instrument, eine Sensation.

Dass die Elbphilharmonie als Konzertsaal für das 21. Jahrhundert eine vielseitig verwendbare Orgel benötigt und verdient, um diesen Teil des Konzertrepertoires anbieten zu können, war immer klar. Was aber nicht heißt, dass es deswegen auch sicher war, dass sie eine erhält. Erst eine Zwei-Millionen-Euro-Spende des Hamburger Unternehmers Peter Möhrle sorgte schließlich dafür, dass die dafür vorgesehene Lücke hinter der Saalwand tatsächlich mit einem 25 Tonnen schweren Einzelstück aus Bonn gefüllt werden konnte. Gäbe es ein Konzertorgel-Quartett, bei dem man alle Mitspieler mit einem Trumpf kalt lächelnd ausstechen könnte, hätte dieses Instrument aus der Firma der Orgelbau-Legende Philipp Klais mit seinen Maßen ziemlich gute Karten: 15 mal 15 Meter groß, 69 Register, 4765 Pfeifen, die größte aus Holz und gut 10 Meter lang. Wenn aus ihr ein Ton mit 16 Hertz herausplumpst, ist diese Schallwelle beinahe sicht- und fühlbar. Die kürzeste Pfeife wiederum ist niedliche 11 Millimeter klitzekurz und aus einer Zinnlegierung gefertigt, dieses Tönchen schrammt mit 15 600 Hertz nah an der Hörgrenze vieler Menschen entlang. Vier Manuale, ein mechanischer Spieltisch direkt vor dem Instrument. Ein zweiter, elektronisch, kann für Konzertaufgaben oder Solo-Konzerte einige Etagen tiefer auf der Bühne installiert werden, mit etwa so vielen Schaltern und Reglern neben den Manualen wie im Cockpit eines Großraum-Passagierflugzeugs. Besonderer Kundendienst: Wer dort einmal spielen darf und irgendwann wieder spielen möchte, kann seine persönlichen Einstellungen speichern und per PIN wieder abrufen: Die seit Jahrhunderten verfeinerte Kulturtechnik des Orgelbaus, übrigens seit 2018 neben Geigenbau und Yoga, Pizzabacken und Falknerei auf der UNESCO-Liste des immateriellen Kulturerbes, durch Digitalisierung in die Gegenwart geholt und zukunftsfähig gemacht.

Maximaler Windverbrauch, wenn das gute Stück mit voller Fahrt voraus unterwegs ist und aus allen Rohren dröhnt: rund 180 Kubikmeter pro Minute, das entspricht der Leistung von etwa drei Dutzend Profi-Hundeföhnen. Ein Riese, der sich gegebenenfalls auch gegen ein komplettes Sinfonieorchester vor seiner Nase spielerisch durchsetzen kann. Als putzigen Special Effect und kleinen Gruß an die Elb-Waterkant vor der Glasfassade des Gebäudes hat der Rheinländer Klais satt tutende Schiffshörner im Klang-Sortiment versteckt. Vier Register schweben oberhalb der Bühne als Fernwerk und Orgel-Filiale im Reflektor. Es fehlt eigentlich nur noch eine selbstreinigende Espresso-Maschine im Spieltisch zum All-inclusive-Glück.

Wenn das Opernhaus in Oman unbedingt eine riesige, komplett fahrbare Orgel entwickelt haben möchte oder eine philippinische Bambusorgel von 1824 zu restaurieren ist – dann ist Orgelbau Klais in Beethovens Geburtsstadt Bonn seit vier Generationen die richtige Adresse. Geht nicht gibt's dort nicht, ansonsten aber so ziemlich alles, was man mit einer Orgel bewerkstelligen kann. Wunder brauchen dort nur etwas länger, der Auftrag für die Elbphilharmonie dauerte rund 25 000 Arbeitsstunden. Der größte Teil dieser Klais-Orgel ist unsichtbar. Obwohl: Das Design ist darauf ausgelegt, dennoch so viel wie möglich sichtbar zu machen. Hamburg ist damit das Gegenstück zu der auf gänzlich andere Art spektakulären Orgel in der Walt Disney Concert Hall in Los Angeles (der Akustiker dort wie in Hamburg: Yasuhisa Toyota), deren Orgel den Spitznamen »French Fries« (Pommes frites) erhielt, weil die riesigen Holzpfeifen an der Bühnenrückwand saalhoch kreuz und quer stehen, als hätte King Kong mit ihnen eine Runde Mikado gespielt und sie danach gelangweilt beiseitegeworfen.

Durch die Zwischenräume der Wandverkleidung hindurch lässt sich das Innenleben der Hamburg-Orgel anschaulich besichtigen. Sie wird dadurch einerseits leicht entzaubert, andererseits schaffen diese Einblicke eine große Nähe in die Feinmechanik von Musik, und die Wirkung der Faszination wird verstärkt. Es ist, als dürfte man einer Geigenvirtuosin beim Beethoven-Konzert direkt auf die Schwerstarbeit leistende Griffhand schauen. Ein Speziallack auf der extrem emp-

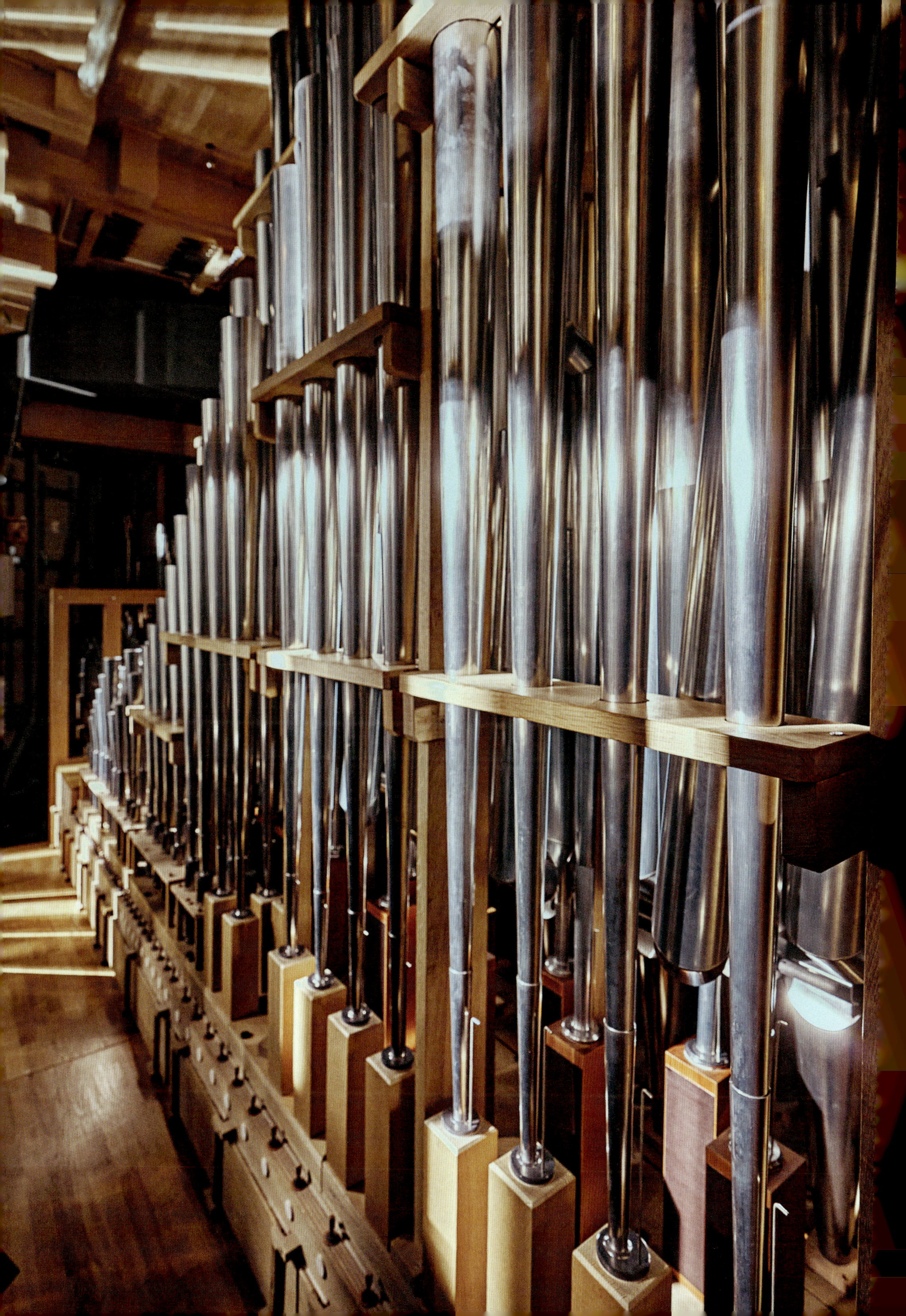

findlichen Oberfläche verhindert, dass das Metall der Prospekt-Pfeifen durch die Berührung vieler, sehr vieler Publikumshände leidet. Diese Orgel ist nicht nur ein Premium-Instrument für die Musik des 19. bis 21. Jahrhunderts, sie ist auch ein Designer-Möbel, mühelos vorzeigbar auf Instagram- und Facebook-Selfies, weil so schnell niemand glauben würde, dass die gute alte Tante Orgel so schnittig daherkommen kann. Ein dazu passender O-Ton ihres Schöpfers Klais: »Ein aufregender Saal braucht eben auch eine aufregende Orgel.« Als Titularorganistin ist die lettische Virtuosin Iveta Apkalna regelmäßig in Hamburg zu Gast, um die Stärken des guten Stücks vorzuführen.

Gerade in Hamburg ist diese Klais-Orgel in bester Gesellschaft. Die Orgellandschaft der Hansestadt ist reich an tollen Antiquitäten, von denen manche noch bestens in Schuss sind. Der legendäre Geigenbauer Antonio Stradivari schuf seine Meisterwerke in Norditalien; der ebenso legendäre Orgelbauer Arp Schnitger – wie Stradivari anno 1648 geboren – baute, einige Nummern größer, in Norddeutschland ähnlich einzigartige Instrumente für seine Kundschaft. Eines seiner Prachtexemplare lieferte Schnitger für die Hamburger Hauptkirche St. Jacobi, nur knapp zwei Kilometer Luftlinie von der Elbphilharmonie entfernt. Musiktradition, die seit dem Barock verpflichtet, über die kann man nicht einfach hinwegplanen bei einem Jahrhundert-Neubau, der das Selbstverständnis als Musikstadt neu definierte. Weniger bekannt, aber nicht weniger interessant in diesem Zusammenhang: Auch die erste große Konzertorgel in einem deutschen Konzerthaus kam in Hamburg zum Einsatz, in der längst verjährten Tonhalle auf dem Grundstück Neuer Wall 50, heute allerbeste City-Lage.

In vielen anderen Konzertsälen sind die Orgelprospekte auf Distanz angebracht, in diesem Saal steht das Instrument mitten im Leben. Es orgelt in unmittelbarer Nähe zum Publikum, das sich auf drei Zuschauerränge vor ihm verteilt und von hinten beschallt wird. Je nach Stück kann diese Klangwelle schon mal sehr fühlbar sein. Wird die Orgel nicht gebraucht, verschwindet der Spieltisch hinter einem Vorhang aus Orgelpfeifen, geparkt und gut getarnt. Freundliches Understatement, sehr hanseatisch: Man zeigt nicht jedem sofort direkt und aufdringlich, was man Besonderes hat. Kenner erkennen und anerkennen das trotzdem. Wie die aufknöpfbaren Sakko-Ärmel, wenn sie vom Maßschneider kommen statt von der Stange.

Dem Wirkungsgrad dieses Instruments kommt die tiefenscharfe Akustik des Großen Saals zugute: Während der Nachhall in großen Kirchen noch durch den Raum wabert und wabert und noch ein wenig weiterwabert, obwohl die ersten Zuhörer fast schon wieder unter freiem Himmel sind, stehen hier die Details direkt und unverfälscht im Raum. Ein Orgelton nimmt dort keinen Anlauf und verabschiedet sich auch nicht gemächlich; der kommt und ist da, genauso scharf präsent im Klang-Panorama eines Orchesters wie jedes andere Instrument, obwohl eine Orgel so ganz anders ist als alles andere.

Seit der Saal-Premiere hatte diese Orgel auch solistisch immer wieder zu tun im Spielplan, mal nur kurz, hin und wieder mit Solo-Konzerten in üblicher Länge – am 15. September 2019 allerdings wurde sie einem achteinhalbstündigen Belastungstest unterzogen, mit der 2. Orgelsinfonie des selbst nach britischen Maßstäben exzentrischen Komponisten Kaikhosru Shapurji Sorabji (1892–1988). Aus naheliegenden Gründen wird das 1932 komponierte Werk weltweit so gut wie nie gespielt, und von praktisch niemandem, außer dem Organisten Kevin Bowyer (»Einer muss es tun, und ich bin der Verrückte«). Bowyer kam schon zwölf Tage vor dem eigentlichen Konzerttermin nach Hamburg, um stundenlang alle Register-Kombinationen ins Instrument einzuprogrammieren. Etwa 860 Menschen hatten sich vorgenommen, Bowyer an diesem Sonntagmorgen ab 11.17 Uhr auf seiner Langstrecke zu begleiten. Rund ein Drittel hielt bis zum Ende um 23.07 Uhr durch. Bleibende Schäden sind nicht überliefert.

Nach nur vier Jahren Betrieb wurde die Orgel Anfang 2021 erstmals wochenlang grundgereinigt, die Corona-Zwangspause des Konzertlebens bot die Gelegenheit, das für die Sommerpause geplante Pfeifenreinigen vorzuziehen. Stück für Stück, Pfeife für Pfeife. In einer Ecke wurde noch gesäubert und wiedereingebaut, in einer anderen bereits nachgestimmt. Obwohl Orgeln für mindestens eine halbe Ewigkeit gebaut werden, war dieser Hausputz schon sehr früh fällig, weil sich in der Schlussphase vor der Eröffnung Einbaustaub im Inneren abgesetzt hatte. Während dieses Großreinemachens beschrieb Organist Thomas Cornelius liebevoll den Klang-Charakter des Klais-Instruments: »Die Orgel nimmt dich in den Schwitzkasten. Der Klang kommt um dich herum, schaut dich von vorn an und raunt: ›Na, du?‹«

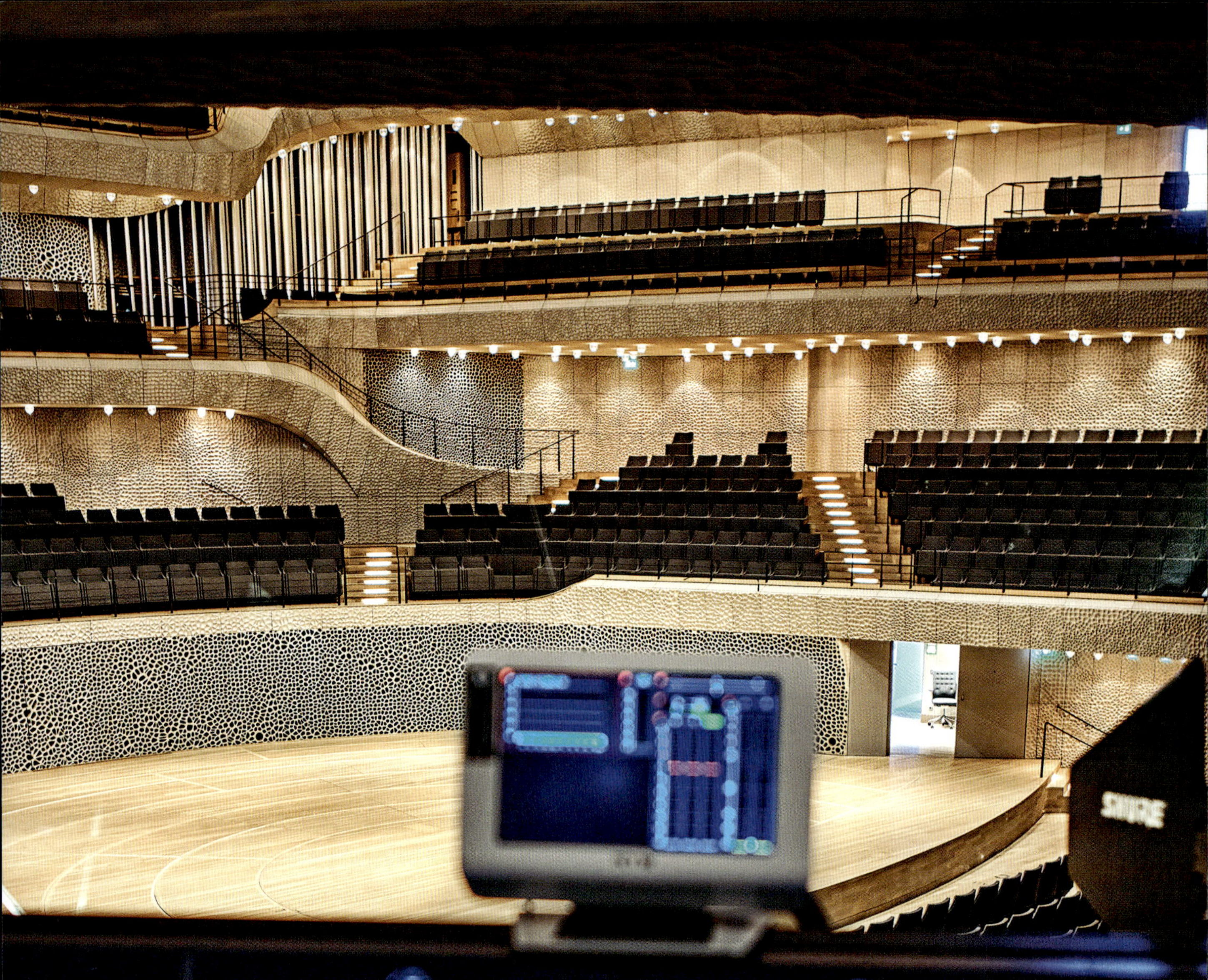
SHURE

14

DER TON MACHT DIE MUSIK: DIE VERANSTALTUNGSTECHNIK

Jetzt wird es kurz ein ganz kleines bisschen technisch, tontechnisch vor allem. Denn so herausragend und herausfordernd die Akustik in den Sälen der Elbphilharmonie auch ist – für Übertragungen und Aufzeichnungen ist es allein damit noch nicht getan. Um dort zu glänzen, braucht es riesige Mischpulte und Spezial-Mikrophone, etliche Kameras, eine Mittelgebirgskette aus Kabeln und mehrere Modalräume, Knotenpunkte also, Schaltzentralen voller rätselhafter Apparaturen, die sich im Gebäude verteilt hinter neutralen Türen verbergen: kleiderschrankgroß, mit eifrig blinkenden Innereien. Und natürlich benötigt man kompetente, nervenstarke Expertinnen und Experten im Team, die dieses Durcheinander verstehen und entwirren können.

Einer von ihnen, Tobias Giese, hat sich als Liebesbeweis zur Musik »Rock'n' Roll« auf die linke und rechte Halsseite tätowieren lassen, auf dem Kopf trägt der Meister für Veranstaltungstechnik eine Baseballcap mit dem kleinen Maulwurf aus dem tschechischen Zeichentrick-Klassiker. Bevor er in die Elbphilharmonie wechselte, hat er in der Markthalle gearbeitet, in einer der großen alten Hamburger Live-Adressen. Punk-Rabatz mit Bierdusche, Stage Diving und Rock-Gitarren, die der begeisterten Kundschaft das Trommelfell zersägen, stehen in der Elbphilharmonie eher nicht auf dem Programm. Aber: »Tschaikowsky ist schon auch angenehm.«

Die USS Enterprise hat für die Kontrolle und Steuerung ihre Brücke. Der Große Saal hat im 12. Stockwerk einen Kontrollraum am linken Parkettrand, hinter dem großen Fenster mit bestem Blick auf die Bühne zwar gut einsehbar, doch für die bis zu 2091 zuhörenden Ton-Abnehmer im Saal so unerreichbar fern wie der letzte menschenleere Zipfel der Mongolei. Auf der anderen Seite dieser Glasscheibe ist eines der zentralen Stellwerke des Konzerthauses für Bild, Licht und Ton installiert. Dort laufen alle wichtigen Informationen zusammen. Welches Mikro hängt wie hoch über der Bühne und wie klingt das Ergebnis, wie ist die Lichtstimmung und soll das wirklich so? Welche Tonmischung erhält der Saal, wenn Konzerte nicht klassisch und unplugged, sondern mit Verstärkung gespielt werden? Für solche Abende wird in der Mitte des höheren Parketts ein mobiles Mischpult aufgestellt. Welche davon abweichende Tonmischung wird bei Konzertstreams auf den Übertragungsweg geschickt? Einfach irgendwie einpegeln und der Rest versendet sich? Diese Methode hilft bei haarfein empfindlichen Aufgabenstellungen kein bisschen weiter. Von Herbst 2016 bis Januar 2017, während der monatelangen Einspielphase des Hauses und der Säle, knobelte nicht nur das NDR-Orchester aus, wie wo wer am besten steht oder spielt. Auch die Technikabteilung erarbeitete die ersten Grundlagen fürs zukünftige Tagesgeschäft im Spielbetrieb, die sich in der Praxis ergeben und nicht vorher bis ins letzte Detail durchplanen lassen.

Ein Beispiel: In der Laeiszhalle hängt das Hauptmikro traditionell in 3,5 Metern Höhe über der Bühne genau richtig – in der Elbphilharmonie klingt es so gehängt aber bescheiden, dort stellte sich die Idealposition bei gut 5,5 Meter ein. Inzwischen, einige anfängliche Verzweiflungsschübe und Hunderte Konzerte später, liegen reichlich Erfahrungswerte vor, um auf Standardsituationen vorbereitet zu sein, als Presets abgespeichert, schnell abrufbar. Danach folgt stets der individuelle Feinschliff. Wenn allerdings im letzten Moment vor Konzertbeginn der Dirigent des Amsterdamer Concertgebouw-Orchesters das punktgenau platzierte Mikrophon vor seinem Pult ein Stück zur Seite stellt, ist im Kontrollraum kurz Holland in Not.

Weil dieses Konzerthaus deutlich größer und komplexer ist als ein handelsübliches Aufnahmestudio auf einer Etage, wurde bei Planung und Bau für so ziemlich alle Veranstaltungstechnik-Eventualitäten vorgesorgt, auf allen Ebenen und mit viel Weitblick. Denn nachträglich, auf die vielen Höhenmeter des Konzertbereichs verteilt, noch den einen oder anderen Kabelstrang mal eben unter Putz zu legen, wäre ein Ding der Unmöglichkeit. Im Hinblick auf die Steuerung von Klang, Bild und Licht kann man sich die Elbphilharmonie mit ihren subkutanen Datenautobahnen unter Böden, hinter Wänden und in Decken wie einen Waldboden vorstellen, der von smartem Pilzgeflecht durchzogen ist.

Überall, wo es vielleicht notwendig sein könnte, wurden vorsorglich Anschlusskästen installiert; einige für Audio- und Video-Signale, andere für szenisches Licht. Fast alles kann prinzipiell über das digitale Netzwerk aus jedem der Kontrollräume gesteuert und justiert werden, entweder direkt oder über angenehm handliche Hightech-Umwege. Soll also beispielsweise ein Musiker im Foyer unter einem Scheinwerfer vor einer Kamera in ein Mikro spielen oder Interview-Fragen beantworten, ginge das ohne nervenaufreibendes, stundenlanges Strippenverlegen, womöglich über mehrere Etagen, von A über B oder C bis nach D.

Der Kontrollraum im Kleinen Saal ist ähnlich multitaskingfähig wie sein frontverglastes Gegenstück. Von dort aus ließe sich auch regeln, was im Großen Saal passieren oder tunlichst vermieden werden soll. Unmittelbar links und rechts neben den Bühnentüren des Großen Saals stehen Inspizientenpulte mit etlichen Möglichkeiten für den Spielbetrieb.

Während an diesem Pult die technischen Zügel des jeweiligen Konzerts straff gehalten werden, wartet wenige Schritte weiter ein Blumenstrauß für den Star des Abends auf seinen Einsatz. Wer durch diese schmale Gasse, vom Publikum aus gesehen rechts, ins Licht und zum Applaus möchte, schwebt dort schon ein Stück über dem Holzfußboden. Ein Hochempfindlichkeitstrakt ist dieser Teil des Backstage-Korridors, wenige Quadratmeter klein. Nach einer konzertanten Aufführung von Strawinskys Oper »The Rake's Progress« im Mai 2019 fiel die Sopranistin und Dirigentin Barbara Hannigan dort ihrem jungen Ensemble um den Hals, als wäre sie Ehren-Mutti einer Schwimmklasse, die sich gerade ausnahmslos ihr Seepferdchen-Abzeichen verdient hat. Im April 2018, unmittelbar vor dem Auftritt mit dem Tonhalle-Orchester Zürich und Brahms' 1. Klavierkonzert in d-Moll witzelte der Pianist Igor Levit »Nur ein B ... nur ein Vorzeichen ...« Als ob es nur dadurch schon leichter würde. Tür auf und hinein in die Arena, hinein ins anstrengende Vergnügen. Und als er, verschwitzt und glücksglühend, wieder von der Bühne zurückkehrte, sagt er erst »Moin!« und fragte den Stage Manager, als gäbe es auf der Tournee einen internen Bestzeit-Wettbewerb: »Wie war die Zeit?« 46 Minuten, war die Antwort, okay für ihn offenbar. Danach ging es ohne Zwischenstopp zurück in die Garderobe.

Eine Spezial-Filiale der Technikabteilung hat ihren Platz im zweiten Stock gefunden, auf einer der Kaistudio-Etagen. In Raum 2.1 ist die Bildregie für Streams und Konzertaufzeichnungen eingezogen, das Hirn hinter den bis zu zwölf Kameras, die an variablen Positionen im Großen Saal zum Einsatz kommen. Extragroße Bildschirme, Steuereinheiten, schalldämpfende Elemente an den Wänden. Hier findet die Bildregie statt, die den Ablauf von Aufzeichnungen choreographiert. Hier werden auch die jeweiligen Kamera-Lieferungen kontrolliert, um optische Unebenheiten zu vermeiden. Vor Corona hatten dort auch die Kamera-Fernsteuerungsexperten ihre Arbeitsplätze. Sie wurden umgezogen, ihre vier Arbeitstische mit Joystick und Zubehör stehen nun im Kaistudio 2, direkt neben den Parkplätzen für diverse Schlaginstrumente und Celli, die auf die nächste Education-Lektion warten.

Im Backstage-Bereich auf der 11. Etage, in der Nähe der Musiker-Aufenthaltsräume und kurz vor einer Tür, die geradewegs zu einer Foyer-Garderobe führt, hat der NDR sein Studio installiert. Drei Arbeitsplätze, auch hier ein großflächiges Mischpult. An der Wand davor hängen zwei Monitore für Video-Signale aus den Sälen. Spezial-Steuermonitore, mit denen die Tontechniker, falls vonnöten, unter anderem jedes Mikro einzeln kontrollieren könnten. Für Live-Moderationen im Radio wird eine der Solisten-Garderoben hinter der Bühne umfunktioniert. Und für

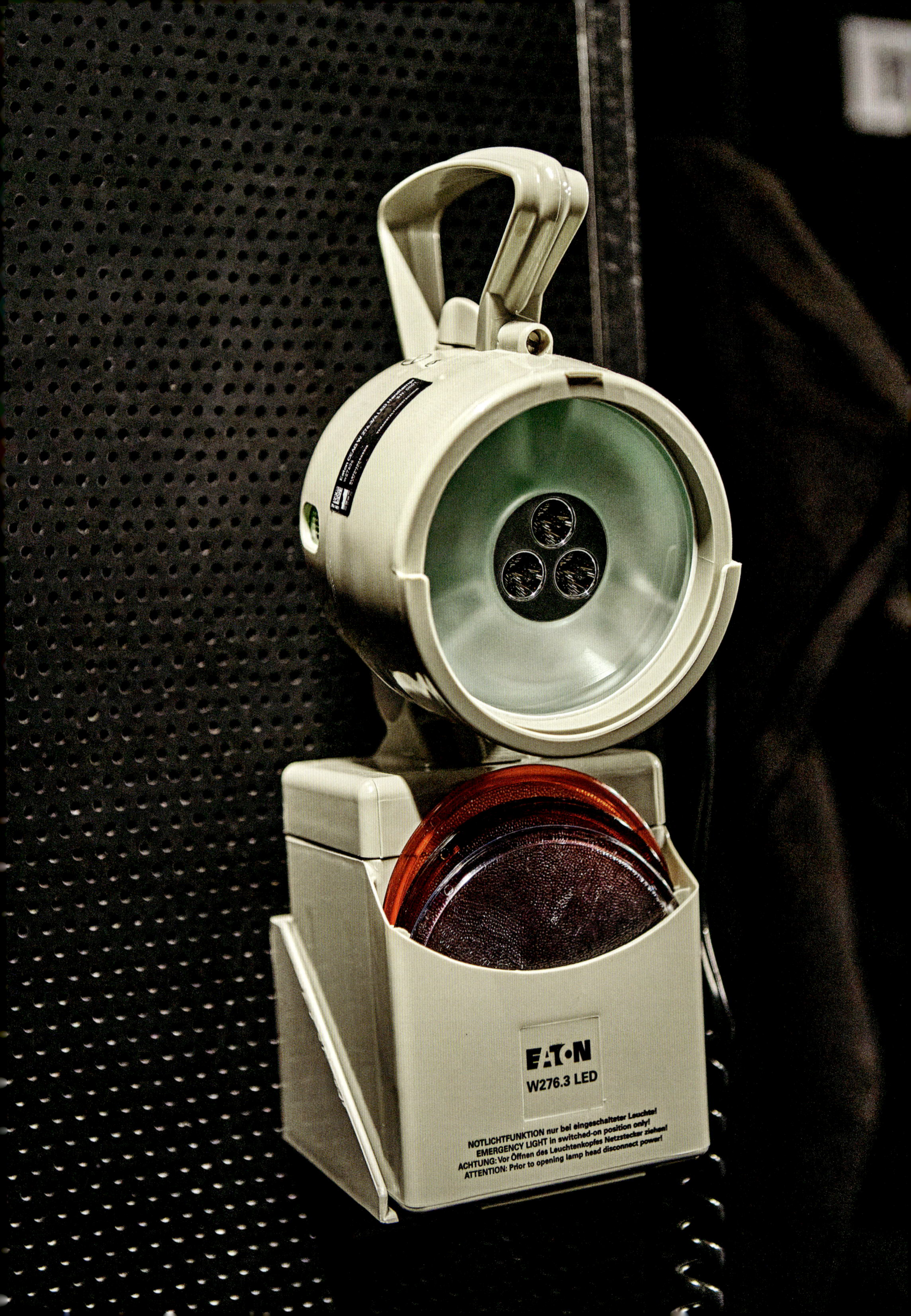
EATON
W276.3 LED
NOTLICHTFUNKTION nur bei eingeschalteter Leuchte!
EMERGENCY LIGHT in switched-on position only!
ACHTUNG: Vor Öffnen des Leuchtenkopfes Netzstecker ziehen!
ATTENTION: Prior to opening lamp head disconnect power!

CD-Produktionen, von denen schon mehrere in der Elbphilharmonie entstanden, müsste das Team der jeweiligen Plattenfirma prinzipiell nicht viel mehr mitbringen als genügend Zeit, Stifte und die Noten des Programms. Alles andere ist vorhanden, bis hin zur Kaffeemaschinen-Wasserkocher-Kombination in einer Studioecke.

Die Distanz von diesem Kontrollraum zum Kontrollraum des Großen Saals ist kurz, aber die Route ist spektakulär: gleich nebenan, über eine sonderbar verwinkelte Treppe, die sich zwischen der äußeren Unterseite des Saals und der inneren Saalschale nach oben windet. Vorbei an einigen der legendären 362 Federpakete, auf denen der Konzertsaal liegt beziehungsweise an denen er hängt, um akustisch vom Rest des Gebäudes entkoppelt zu sein. Alles ist dort noch in sehr rohem Zustand. Der kurze Schleichweg mit seinem Blick ins Innerste des Gebäudes hat etwas von einer Darmspiegelung. Er ist aber auch eine kleine Zeitreise, zurück in die Jahre, in denen man als Baustellen-Besucher etliche Meter weiter unten am Nordgang, dem Weg zur Kartenkasse, in einem Container Gummistiefel und Helm abholte. Denn von dort aus ging es, über grob gezimmerte Aufgänge und Durcheinander hinwegstapfend, zum jeweils akuten Fortschritt oder Krisenherd. Stolz und Zerknirschung der Verantwortlichen lagen dabei mitunter nah beieinander. Jetzt wirkt diese kleine Portion des Gebäudes historisch, wie ein zufällig entdeckter Saurier-Fußabdruck in einer Kiesgrube im Sauerland. Wie die originale erste Farbschicht eines Gemäldes, doch ganz ohne mühsames Freilegen oder Restaurieren. Diese Lücke ist da einfach noch. Bestens versteckt, aber leise mitklingend im Lebenslauf. Genau an dieser Stelle verläuft eine zentrale Nervenbahn des gesamten Projekts Elbphilharmonie. Eigentlich gehört sie eingerahmt.

Eine Notfall-Lampe im Kontrollraum am Rand des Großen Saals.

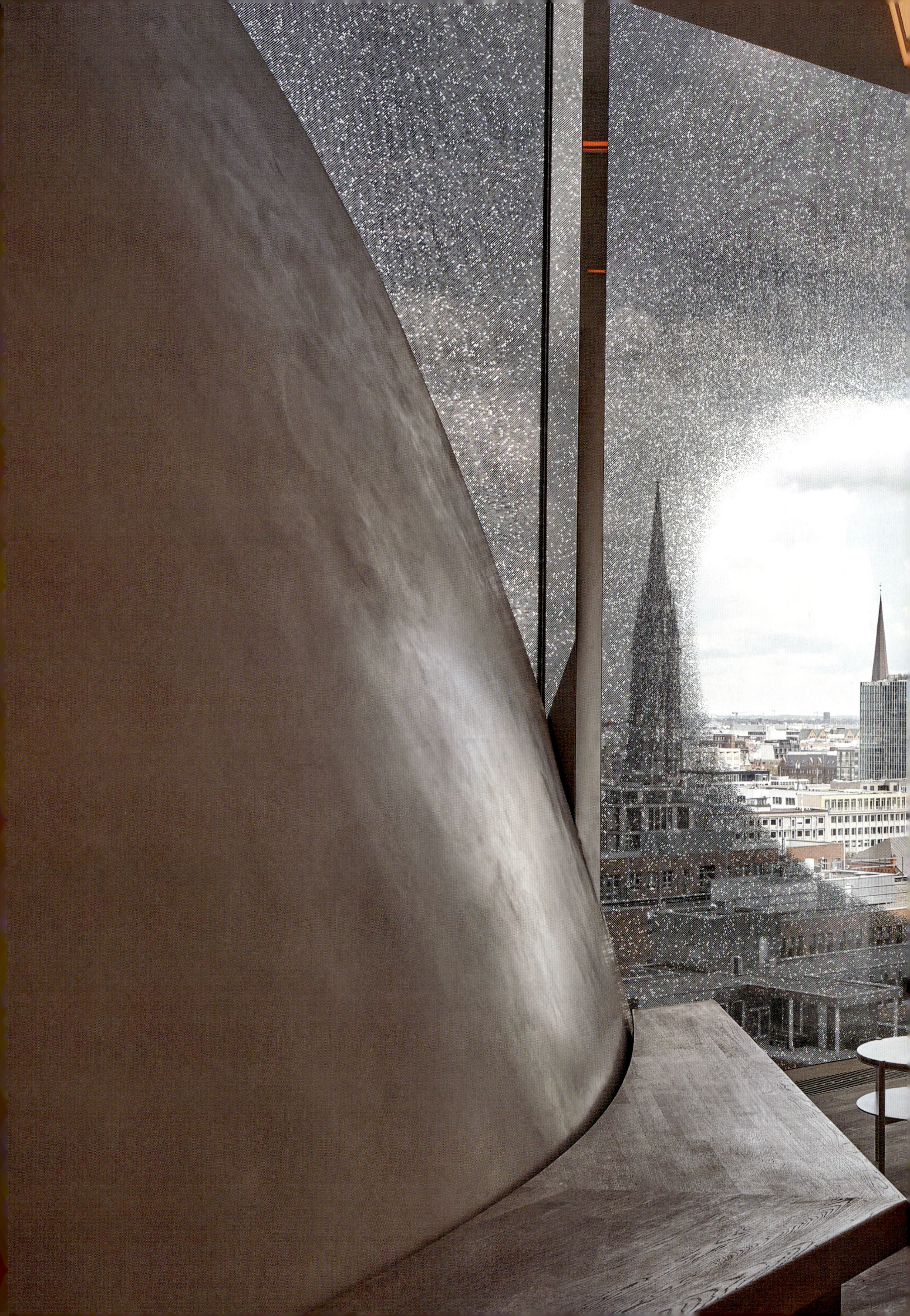

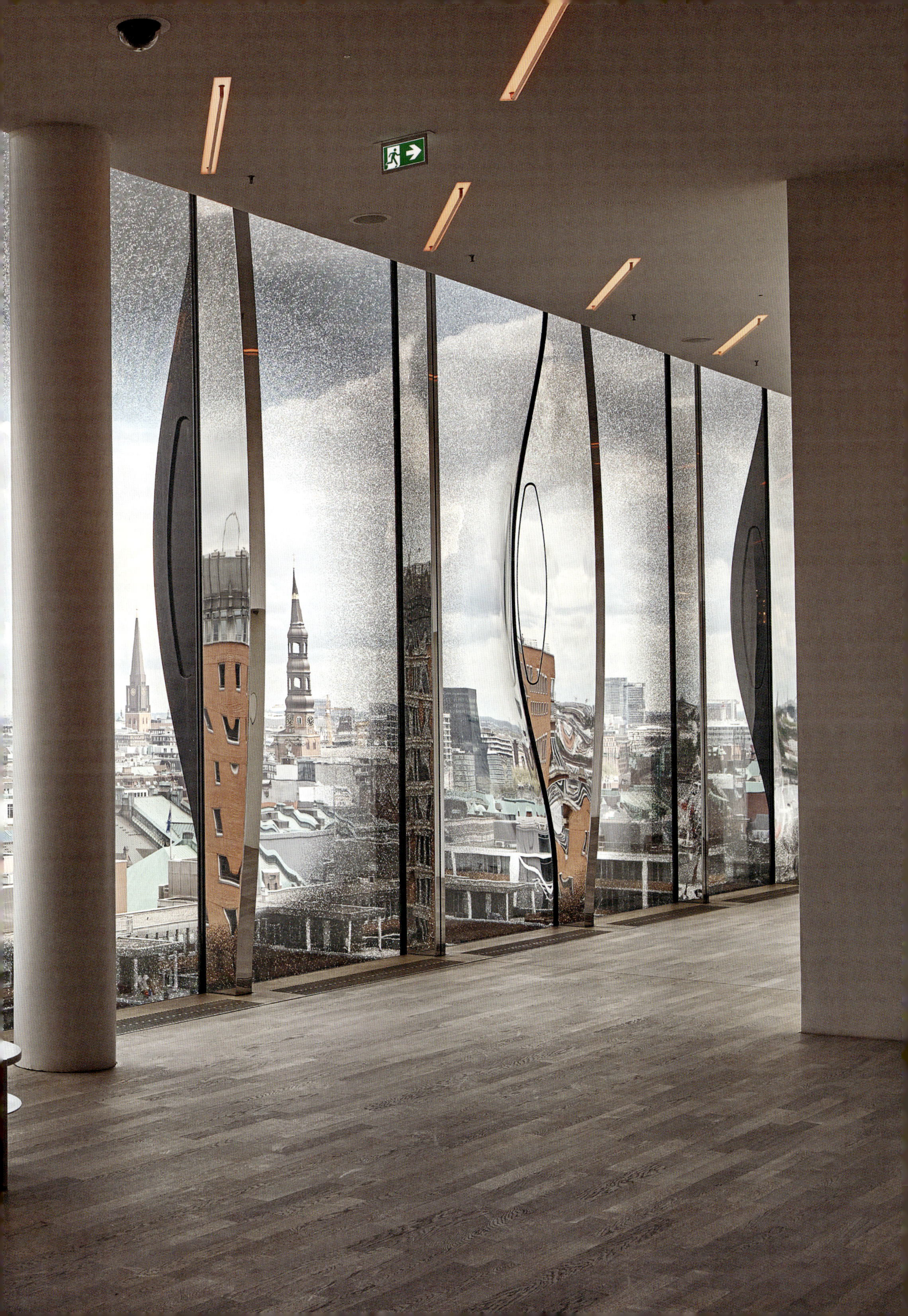

15

DAS RUNDE IM ECKIGEN: DAS FOYER DES GROSSEN SAALS

Für das Foyer eines Konzertsaals lassen sich mehrere schöne Umschreibungen heranziehen, die seine Aufgaben und Möglichkeiten präzisieren und andererseits seine Pflichten einkreisen: Vorraum, Wandelhalle, Treffpunkt, Vestibül sogar, aber auch, besonders passend, weil es ja um das individuelle innere Vorglühen und das kollektive Seelenwärmen geht: Feuerstelle. Wenn der Saal selbst die große Oper ist, das jeweilige Konzertprogramm noch nicht mitgedacht, ist das Foyer eine Ouvertüre. Der aus Vorfreude gewobene Vorhang ist da, nur wenige Schritte weiter, aber noch unten. Im Foyer wird man eingestimmt, atmosphärisch, aber auch architektonisch. Es ist der Bereich fürs Sehen und, wichtiger noch, fürs Gesehenwerden, fürs Plaudern und Angeplaudertwerden, fürs fröhliche, unverkrampfte Drauflosreden, von leisem Flüstern unter vier Augen bis zum dröhnenden Schau-Schwafeln. Das kann man leugnen und vernachlässigen, so viel man möchte, geht deswegen aber nicht weg, ist so gewollt und notwendig. Diese Nutzfläche ist ein wichtiges soziales Element auf der Aufgabenliste einer Kulturstätte. »Die schöne Natur kann man für sich genießen«, schrieb Johannes Brahms 1861 an Clara Schumann, »aber wenn man Musik im Saal und vor Leuten macht, so will man auch nicht allein sein.« Und es ist eine schöne Pointe der Musikgeschichte, dass die Idee des Collegium musicum, das Organisieren und öffentliche Aufführen von Musik, anno 1660 in Hamburg ihren Anfang hatte. Tradition, die verpflichtet.

Sind einige Verweilmöbel vorhanden, für das Vorab- oder das Pausengetränk, bilden sich dort schnell Stammplätze, die man als Mehrfachbesucher entschieden anstrebt – mit dem kleinen Unterschied allerdings, dass man sie beim Kauf der Karten nicht schon mitbuchen kann und sie deswegen immer wieder neu als Pausier-Revier erobern und verteidigen muss. »Vestibül« wäre als Zweitname für ein Saalfoyer alter Schule eine fingerdick zugestaubte Bildungsbürger-Vokabel, mit dem Aroma eines Erbstücks aus Thomas Manns *Buddenbrooks*. Historische Konzerthäuser bieten so etwas reichlich: viel Stuck, viele Schnörkel und noch mehr

Patina, repräsentative Vorgestrigkeiten, Hochkultur-Antiquitäten, die manchen eher Respekt einflößen, statt auf Augenhöhe einladend zu wirken.

Später ging es auch ganz anders. Die von Hans Scharoun entworfene Berliner Philharmonie zitiert in ihrem toll unübersichtlichen Foyer den Sechziger-Jahre-Charme eines James-Bond-Klassikers mit Sean Connery. Hinter jeder Ecke, neben fast jedem Treppenaufgang könnte sich fies zischend die Geheimtür zur Kommandozentrale des Oberschurken Blofeld öffnen. Jean Nouvels KKL in Luzern, postkartenschmuck ans Ufer des Vierwaldstättersees gebaut, bringt den See als Attraktion ins Foyer, mit Wasserkanälen als kostspielige Inneneinrichtung. Frank Gehrys Walt Disney Concert Hall in Los Angeles, von außen ein luftig dahingeworfenes Ensemble aus riesigen Stahl-Segeln, empfängt sein Publikum mit einer hollywoodkompatiblen Kulisse wie aus einem Science-Fiction-Film. Fast nirgendwo klare Kanten, ein augenschmeichelnder Material-Mix aus Holz und weißer Wand, der sich im Saalinneren wiederholen wird, mit fast schon überrumpelnden Event-Erkern hier, da oder dort. Das Konzerthaus Harpa in Reykjavík zieht seinen Foyer-Charme aus der Waben-Verglasung der Fassade, die von dem Künstler Ólafur Elíasson entworfen wurde. Je nach Witterung und Blickwinkel changieren die Farben des Spezialglases und verwandeln den Gebäudeklotz am Hafen in einen riesigen Rohdiamanten.

Das Elbphilharmonie-Foyer für den Großen Saal ist bei dieser Aufgabenstellung noch einen Schritt weiter gegangen. Es ist nicht nur der Kultur-Wartesaal für maximal 2091 Menschen, er ist – und das offen und bewusst sichtbar gemacht – ein tragendes Element der gesamten Konstruktion, ohne deswegen massiv zu wirken. In ihm hängt der Saal selbst, eingelassen wie der Saphir in die Brosche, die Ebenen umlagern und stützen ihn, Etage für Etage. Die Garderobenbereiche wurden so dicht an den Außenseiten platziert, dass sie kaum noch sichtbar sind und weil sie keine größere Rolle in der Choreographie eines Konzerts spielen sollen. Der Weg zum Saal, hin zum Ereignis ist wichtiger als die erste Begegnungsmöglichkeit in einer Warteschlange vor dem meterlangen Haupt-Bartresen in der 13. Etage. Hier trifft sich die Stadtgesellschaft mit sich selbst und ihren Gästen von auswärts. Was heute hier gesehen und gehört wird, kann morgen ein Gesprächsthema im Rest der Stadt sein. Man besichtigt das eine oder andere Distinktionsmerkmal und verteilt sich über die verschiedenen Schichten, ohne sich deswegen in gesellschaftliche Schichten zu differenzieren. Obwohl es unterschiedliche Preiskategorien gibt, wird deswegen vor dem eigentlichen Konzertraum kein Unterschied gemacht; es wird nichts Trennendes in die Architektur hineininszeniert, weil es keine eindeutig besseren oder schlechteren Plätze gibt. Eher gute und anders gute, je nach Klangangebot und Platzverfügbarkeit, auch die Frage, welche Perspektive man am liebsten mag, spielt eine Rolle.

Die Foyers für die Plätze im Hochgebirge direkt unter der Saaldecke haben keine andere Anmutung als die Vorräume der Parkett-Ebene. Alles wirkt basisdemokratisch. Schön auch, dass es keine separaten Einflugschneisen gibt. Die Besuchergruppen auf ihrem Weg zu den jeweiligen Plätzen voneinander trennt. Das Foyer ist damit auch eine Kommunikationsschnittstelle, die Stimmung ist eine Mischung aus Vorfreude und Gelassenheit – trotz oder vielleicht doch auch wegen der enormen Proportionen. Weil es so großartig ist, bringt es seine Nutzer ungezwungen dazu, sich einander zu nähern. Man kann sich als ungeübter Besucher zwar verlaufen, da in den Foyer-Abschnitten um die vier kleinen Bars herum viel mehr Ecken, Winkel und Nischen verbaut sind als große, gut einsehbare Promenade-Flächen. Doch dauerhaft verlieren kann man sich nur schwer, dafür ist das alles viel zu nah ans Epizentrum Saal gebaut. Zum Durchlüften befinden sich auf der Süd- und der Nordseite des Foyers jeweils drei Loggien, Open-Air-Balkone mit Stimmgabel-Vorbau, die sich harmonisch in den Gesamteindruck der Fassade einfügen.

Ein ebenso wunderbarer wie unnötiger Aufreger in der Anfangsphase des Spielbetriebs war die angeblich geradezu kriminell niedrige Zahl der Damen-WCs. Eine statistisch einfach widerlegbare Behauptung, die durch ständige Wiederholung amüsanter, aber nicht belastbarer wurde. Es gibt durchaus viele Damen-WCs, sie sind eben nur über die Etagen verteilt, das musste erst erkannt werden. Und einige von ihnen bieten, ganz ohne Nutzungsaufschlag, durch die bodentiefe Glasfassade besonders spektakuläre Stadtansichten.

Der offizielle Weg vom Großen zum Kleinen Saal ist nicht direkt eine Kurzstrecke: den nächstbesten Saalausgang nehmen, die eine oder andere Treppe abwärts, je nach Start-Etage kann das schon mal dauern. Danach die große, geschwungene Freitreppe hinunter, quer über die Plaza und die kleine, ebenfalls geschwungene Freitreppe hinauf, scharf links halten, schon steht man vor dem einzigen Eingang, oder besser: Übergang in den Kleinen Saal. Backstage ginge das natürlich schneller, doch dafür müsste man entweder zum Team der Elbphilharmonie gehören oder jahrelang viel und erfolgreich geübt haben. Abhilfe schafft ein Trick. Wer genau hinsieht, entdeckt eine clever versteckte Tapetentür. Was nur konsequent ist, denn die eine, andere Welt dahinter ist unsichtbar und soll es tunlichst auch bleiben. Dieses Schlupfloch in der Foyer-Wand, noch in der Transferzone zwischen Treppenaufgang und Anfang des Foyers verborgen, ist die Schnittstelle zwischen den beiden sehr unterschiedlichen Welten, die das Foyer des einen mit dem des anderen verbindet: Eben noch steht man voll und ganz in der weiß-schwarz-hellbraun gehaltenen, luftigen Sphäre, zwei Schritte weiter ist es der fast schon rustikal wirkende Gegenschnitt, mit klar erkennbarer Decke und viel, ganz viel Holz. Hier bildet das Design die große Sinfonie ab, dort die Unmittelbarkeit der Kammermusik. Zwei Klima-Zonen, und es ist fast erstaunlich, dass beim Öffnen dieser Tür kein sanft zischender Druckausgleich stattfindet, derart anders empfangen die beiden Bühnen und ihre Vor-Bühnen ihr Publikum.

Das Wow-Raumvolumen holen sich die Foyer-Schichten um den Großen Saal herum statt in der Breite in der Höhe, weil die Etagen nicht blickdicht abgeschlossen sind und kathedralig nach oben mäandern. Man kann auf einem der Raumteiler stehen, wo immer man möchte, nur wenige Schritte nach links oder rechts, sofort ändern sich die Sichtachsen und Perspektiven beachtlich. Stellenweise wirkt dieses Kreuz und Quer und Drunter und Drüber dermaßen unbelastbar, als wäre alles nur ein überdrehter Entwurf aus einen Architekten-Computer, der im wirklichen Leben sofort in sich zusammenfällt, sobald mehr als zwei Erwachsene gleichzeitig an einer entscheidenden Stelle dreimal hüpfen. Bislang hat jedoch alles tadellos gehalten.

Musik befeuert die Imagination, baut Welten auf, hinterfragt oder vergöttert sie vielleicht sogar, sie gibt ihre womöglich besten Antworten auf noch ungefragte Fragen. All das funktioniert auch im Foyer des Großen Saals. Auch dort kann man über sie nachdenken und sich ihre Wirkung vorstellen. Nichts anderes tun die Akteure auf der Bühne im Saal. Die Präsenz dieser Kunst durchdringt spielend die Wände eines Konzertsaals, selbst wenn sie so undurchlässig dick sind wie in diesem Gebäude. Diese Aura wirkt, auch ohne Ton.

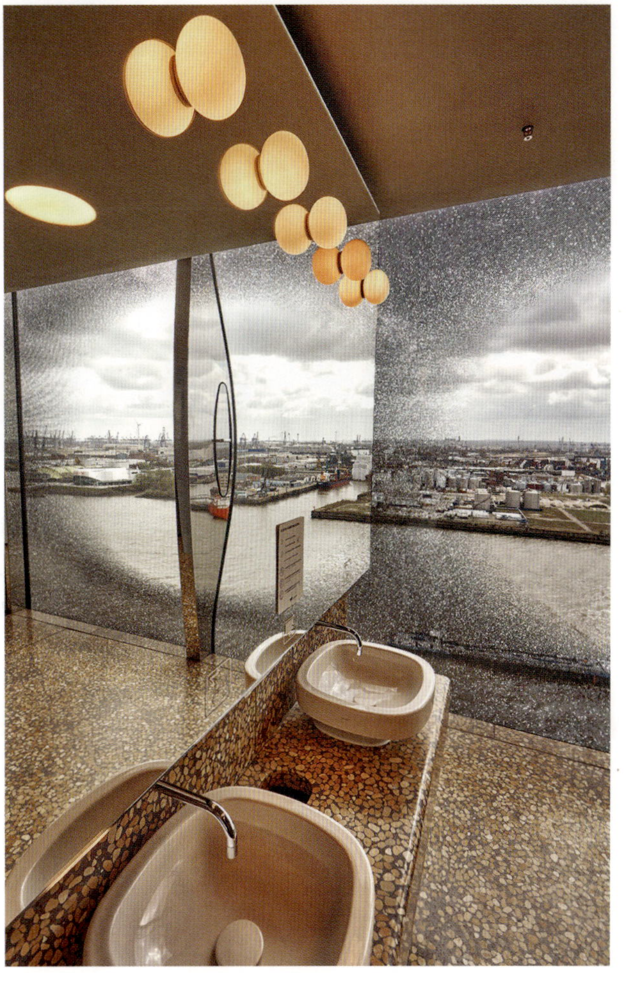

Schönes Örtchen: In diesem Damen-WC ist das Hafen-Panorama Teil der Inneneinrichtung.

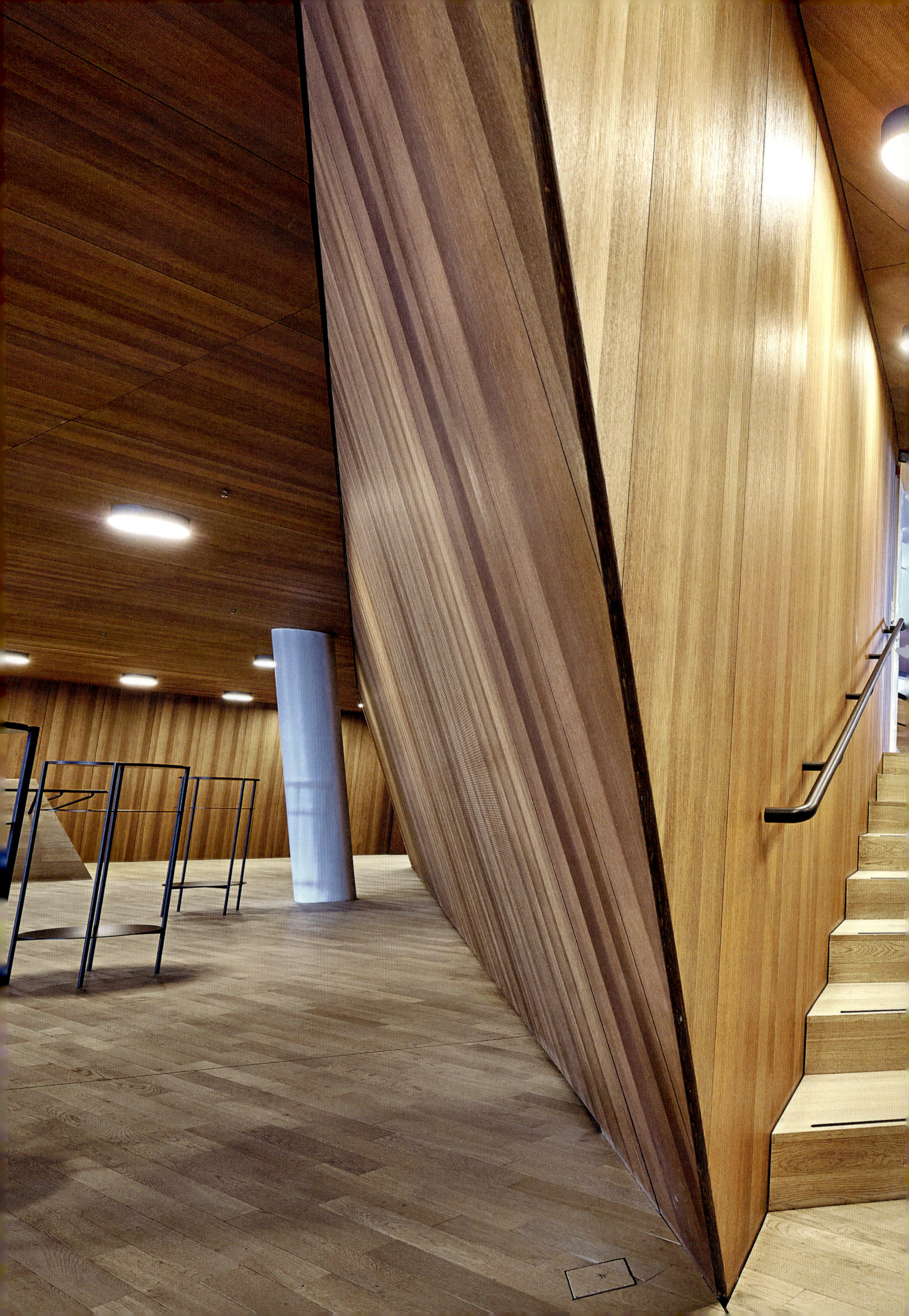

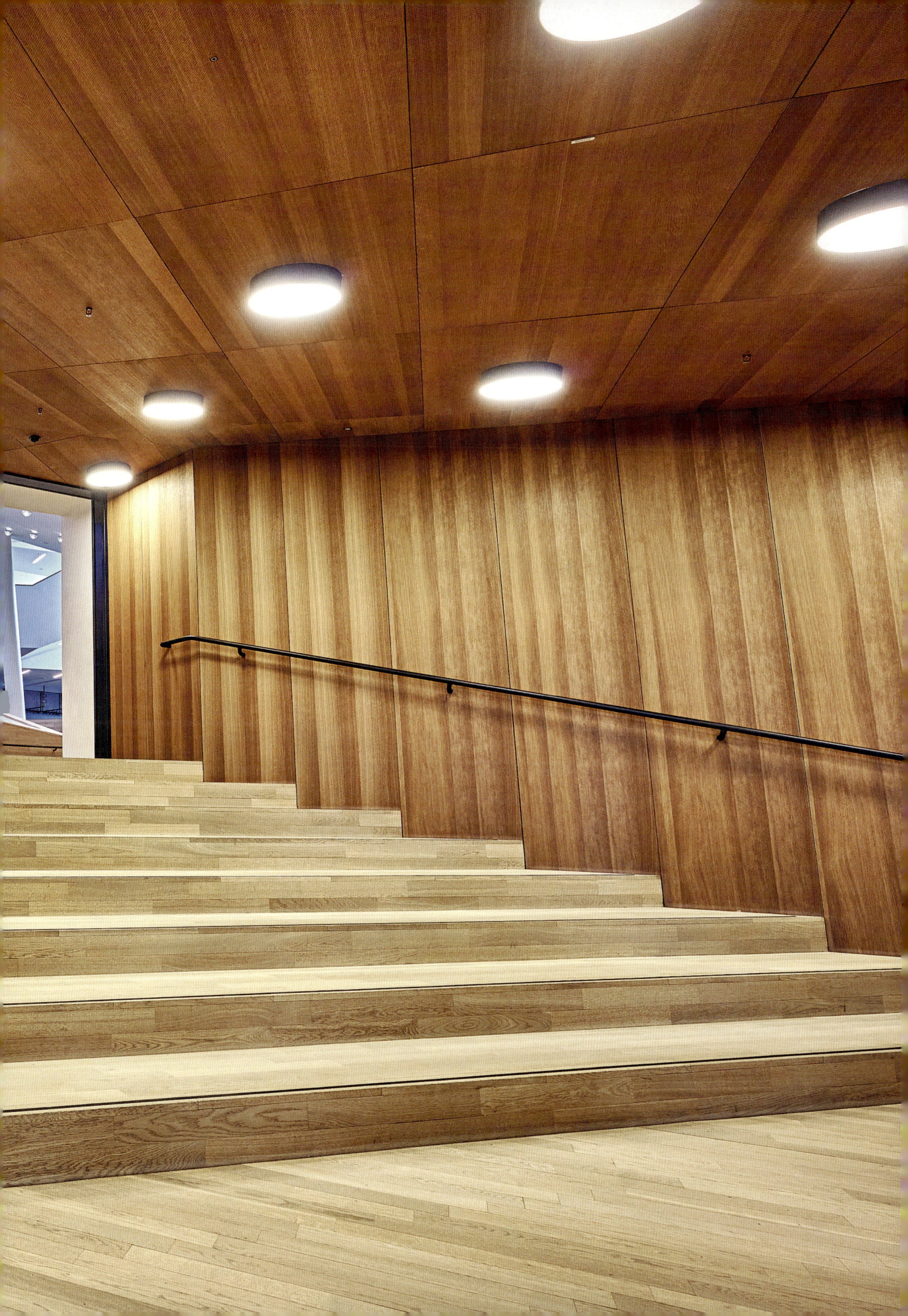

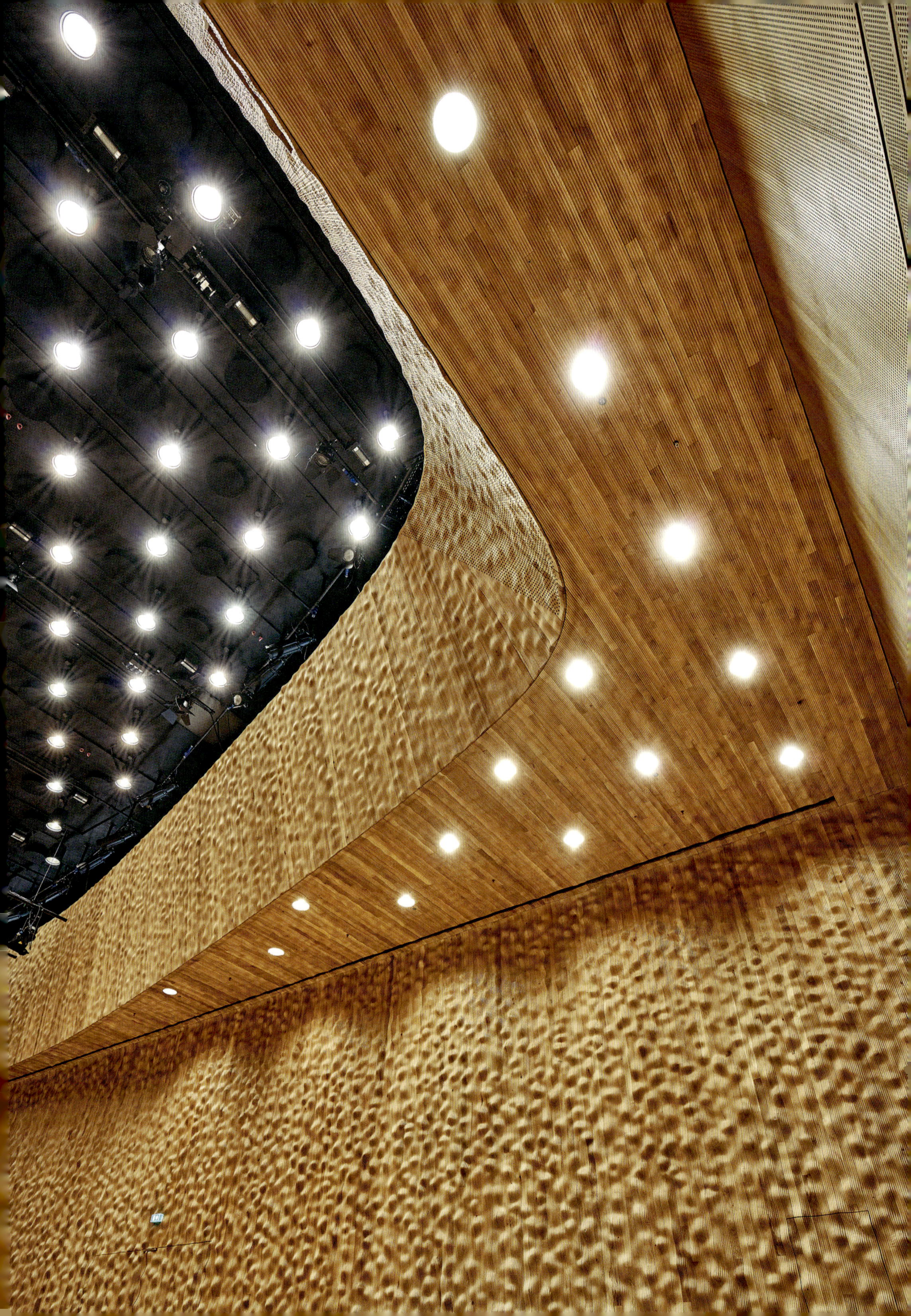

16

AUS TOLLEM HOLZ GESCHNITZT: DER KLEINE SAAL

Rechteckig? Wie langweilig. Bühne an einer Seite, Publikum davor, fertig ist die klassische Frontalbespielung? Wie einfallslos. Doch so sehr Konfektionsware und sichere Nummer, wie die allererste Kurzbeschreibung des Kleinen Saals klingt, ist dieser Raum natürlich nicht.

Im Großen Saal werden die Schallwellen von der »Weißen Haut« reflektiert – im Kleinen manifestieren sie sich als feinmodellierte Klangtapete. Sie werden, aus Holz geformt, als ihr eigenes Spiegelbild sichtbar, als honigfarbene Verpackung des Raums, auf rund 900 Quadratmetern eingepasst, fugenlos, als hätte sie ein Eigenleben, wie ein Korallenriff, das nur steht wie festgemauert und dennoch aus sich heraus lebt. »Man will die unbedingt berühren«, hatte wenige Tage vor der feierlichen Eröffnung eine Geigerin vom Ensemble Resonanz gestaunt, jenem Streicher-Kammerorchester, das seit der Einweihung als Residenzensemble eine programmatische Hauptlinie des Konzertprogramms ist. »Die«, das sind die vielen unterschiedlich kleinen Klang-Dünen, die sich gegen alle Gesetze der Schwerkraft über die Wände erstrecken, bis an die Kante des Saalhimmels, wo eine Empore für Technik den gestalterischen Zwischenstopp bildet, vor der Decke mitsamt den etwa 200 Lampen.

250 Kubikmeter Holz geben dem Raum seinen Charakter und sein Profil, französische Eiche aus dem Loire-Tal. Von einer hessischen Spezial-Firma wurden die Paneele auf eigens entwickelten Maschinen zu dreidimensionalen Handschmeichlern gefräst. Kein Einzelteil ist wie sein Nachbar, ein Kollektiv aus unnachgiebigen Individuen. Wer es weniger akustisch bevorzugt: Die Holzwellen sind ebenso ein dezentes Zitat der Elbe, die etliche Meter tiefer als Lebensader der Hansestadt Richtung Nordwest schwappt und gurgelt. Ein Vorhang aus Gourmet-Eiche, aber nicht rustikal, als Inneneinrichtung standesgemäß unaufdringlich für diese Schuhschachtel, die 30 Meter lang ist, 10 Meter hoch und knapp 15 Meter breit.

Obwohl in diesem Saal keine Lautstärkewerte wie in seinem größeren Verwandten zu erreichen sind, ist auch dieser Raum akustisch vom Rest der Gebäudewelt entkoppelt. Hier allerdings auf nur 56 schalldämpfenden Federelementen, denn auch dieser Saal ist nicht allzu weit entfernt vom Hotelbereich, der einen großen Teil der Ummantelung hinter der Glasfassade bildet. Das Foyer-Styling bietet eine Zwischenstufe an: Die Wände sind noch ähnlich glatt wie die Oberflächen im Nachbar-Foyer, doch schon deutlich dunkler holzgetäfelt. Mutig schräge Säulen wie drüben, dazu der hineinverwinkelte Treppenaufgang von der Plaza. All das hat noch eine gewisse Ähnlichkeit, doch schon eine andere ästhetische Raumtemperatur. Es ist kein Raum, der überwältigt, eher ein solide bemöbeltes »Mach's dir bequem, wir sind hier unter uns«. Kein Spektakel mit Bluthochdruck-Gefahr, eher Feierabend. Auch hier, wie im Großen Foyer, ist der Parkettboden offenporig, nicht versiegelt, ein Material-Charakterzug, dem die Elbphilharmonie-Architekten Herzog & de Meuron bereits zwei Jahrzehnte früher beim Feinschliff für Fußbodenflächen im Tate Modern in London ihr Vertrauen ausgesprochen hatten. Sollten sich auf diesen Böden Alterungs- und Gebrauchsspuren zeigen, dann ist das eben so. Bloß kein steriles Museum werden, wenn man Abenteuerspielplatz sein kann.

Wie es sich für ein derartig sensibles Einzelstück gehört, blieben Probleme nicht aus, weder auf den letzten Metern vor dem Eröffnungskonzert noch danach. Im Herbst 2016 ließ der Akustiker noch einige Wellen-Abschnitte der linken Seitenwand neu justieren, weil seine Arbeit seinen Maßstäben noch nicht entsprach: Einzelne Paneele ließ er um jeweils zehn Grad nach innen versetzen, die Keilspalten mit Holz neu verkleiden. Der Rest kam im Sommer 2017 dran. Unangenehm, aber kein Vergleich zu dem Wasserschaden, der Ende April 2017 etwa 30 Quadratmeter geflutet hatte. Ein Heizkörper im Hinterbühnen-Bereich hatte nach Wartungsarbeiten nicht ordnungsgemäß dichtgehalten. Während im Großen Saal Mahlers monumentale Achte erklang, nahm das dort besungene Schicksal einige Etagen tiefer seinen unerwünschten Lauf. Leichter Schimmelbefall, Holzboden musste ausgetauscht werden, die ebenfalls lädierten Wandpartien wurden gereinigt. Sechswöchige Trockenphase, neuer Estrich, neues Parkett. Das volle Programm einer Zwangspause durch Baustelle, während im Kleinen Saal selbst auch die zweite Wandfront feinkorrigiert wurde.

Ähnlich viel Mühe hatte man sich mit der Raumverplanung gegeben. Die Bestuhlungsmöglichkeiten des Raums sind variabel, Platz finden können bis zu etwa 550 Stühle, auf einer ausfahrbaren Teleskoptribüne gestaffelt oder ebenerdig aufgestellt. Auch die Bühne ist vielschichtiger und durch 24 höhenverstellbare Podeste verwandelbarer, als sie in ihrem Einfachzustand aussieht. Und da sich an allen Ecken, Wänden und Enden des Saals so einiges anpassen lässt, wurde dieser Raum – praktischerweise nur ein regulärer Eingang, abgesehen von der Tür zum

Backstage-Bereich – auch das schnell erreichbare Speisezimmer für das Dinner der Staatsoberhäupter und Regierungschefs nach dem Beethoven-Konzert beim G-20-Gipfel.

Aber: genug mit Statistik und Werkunterricht. Wie ist er denn nun, dieser Raum, wie wirkt er, wie klingt er? Toll, klein und dennoch groß genug, authentisch. Während der Begriff »Kammermusik« etwas biedermeierlich daherkommt – die wenigsten Menschen wohnen noch in Kammern und noch weniger möblieren diesen Raum dann mit einem Streichquartett oder einem Liederabend – und aus der Mode scheint, kann ein zeitgemäßer Raum wie dieser Saal dafür sorgen, dass auch jahrhundertealte Musik nicht den Anschluss ans Jetzt verliert. Zeitgenössische Musik ergreift einen in diesem Raum noch intensiver als von größeren, distanzierteren Podien herab. Seine Präsenzpflicht stellt das Programm eines Klavierabends mit glasklarer Detailtreue zur Debatte. Bei Liederabenden hört man jedem gesungenen Ton an, dass er menschengemacht ist und nicht das Ergebnis hochgezüchteten, perfektionierten Instrumentenbaus. Kleine Orchester-Formate fokussieren die Aufmerksamkeit auf jede einzelne Stimme und das Miteinander, es gibt kein Verstecken, kein Verunklaren, keine Ausredemöglichkeit oder Entschuldigungslücke.

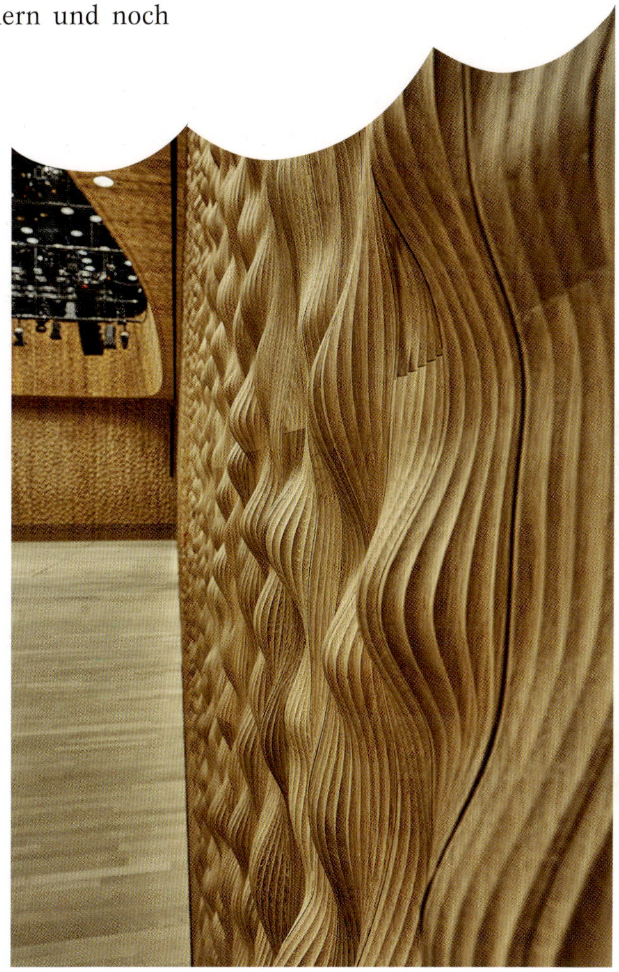

Künstlerinnen und Künstler, die sich hier diesem selig machenden Risiko des Scheiterns aussetzen, benötigen noch stärkere Nerven als jene, die sich auf die Bühne im Großen Saal wagen. Hier sind die Wege über den Rand des drohenden Abgrunds hinaus kürzer. Ein wohnzimmernd intimer Konzertraum wie dieser macht demütig, aber wohl auch süchtig, nach der Unmittelbarkeit der Begegnung mit dem Publikum, das hier zum Greifen – und mitunter wohl auch zum Fürchten – nah ist. Geben und Nehmen. Genau das formt den Kleinen Saal aber auch zu einer immens wichtigen pädagogischen Maßnahme, die in beide Richtungen funktioniert.

Musikinteressierte mit unverstelltem Blick aufs Geschehen können hier nach wenigen Takten zu Musikbegeisterten werden, anders und eher noch als im Großen Saal. Der Dialog mit dem Bühnengeschehen hat eine ganz andere Erlebnisdichte, der Magnetismus ist stärker, wenn eine erste kleine Tür in ein einzelnes Stück oder eine ganze Musikrichtung sich öffnet und das riesige Dahinter erkennbar wird.

Natürlich konnte und kann man dort dramatisch feinziselierte Beethoven-Klaviersonaten hören, perlenden Chopin, himmlische Schuberts oder Göttliches von Mozart oder Bach. Zwei der vielen Abende dort, beide mit markantem Abstand zum Kernrepertoire, haben sich besonders bleibend in den Erinnerungen festgesetzt: zunächst das erste Streichquartett-Konzert mit den vier Alleskönnern vom Arditti Quartett im Januar 2017, wenige Tage nach Beginn des Spielbetriebs. Auf deren Pulten lag ausschließlich Musik aus dem 21. Jahrhundert; das älteste, von Brian Ferneyhough komponiert, war damals lediglich sechs Jahre jung. Die Ardittis imprägnierten den Klang-Raum mit der Einstellung, dass man zwischen diesen vier Wänden keine Berührungsängste haben muss. Zehn Monate später gastiert der für seine konsequente Sperrigkeit bekannte Geiger Gidon Kremer mit einem für ihn sehr typischen Solo-Programm, mit Außenseiter-Statements von Luigi Nono und Mieczysław Weinberg. »Als Künstler bin ich verpflichtet, Fragen zu stellen, nicht Antworten zu geben«, hatte Kremer zuvor bei einem Gespräch erklärt.

Der Venezianer Nono hatte »La lontananza nostalgica utopica futura« 1988 für Kremer komponiert; der muss live diese nach Halt suchende Musik spielen, während sie gleichzeitig elektronisch verfremdet wird und zusätzlich eine Ton-Aufnahme den schon gewesenen Musiker Gidon Kremer als dritten Kremer mit auf die Bühne bringt, während der erste eine Reihe Notenpulte abgeht, auf der vergeblichen Suche nach der Wahrheit des musikalischen Moments. Als Kommentar zu Weinbergs 24 Präludien op. 109 wurden Bilder eines litauischen Fotografen auf die Bühnen-Rückwand projiziert, die historisch passgenau die realsozialistische Tristesse der sechziger Jahre dokumentierten. Klingt komplex und anstrengend und spröde, und das war es auch. Doch vor allem war es aufrichtig. »Es ist eine Aufgabe des Künstlers, mit der Zeit zu gehen und sich nicht hinter Großwerken der Vergangenheit zu verstecken«, so Kremers rigide Haltung. »Man ist verantwortlich für seine Musik. Man muss Berührungsgratwanderungen unternehmen, damit Kunst lebendig wird.« Der Kleine Saal ist dafür ein idealer Brutkasten.

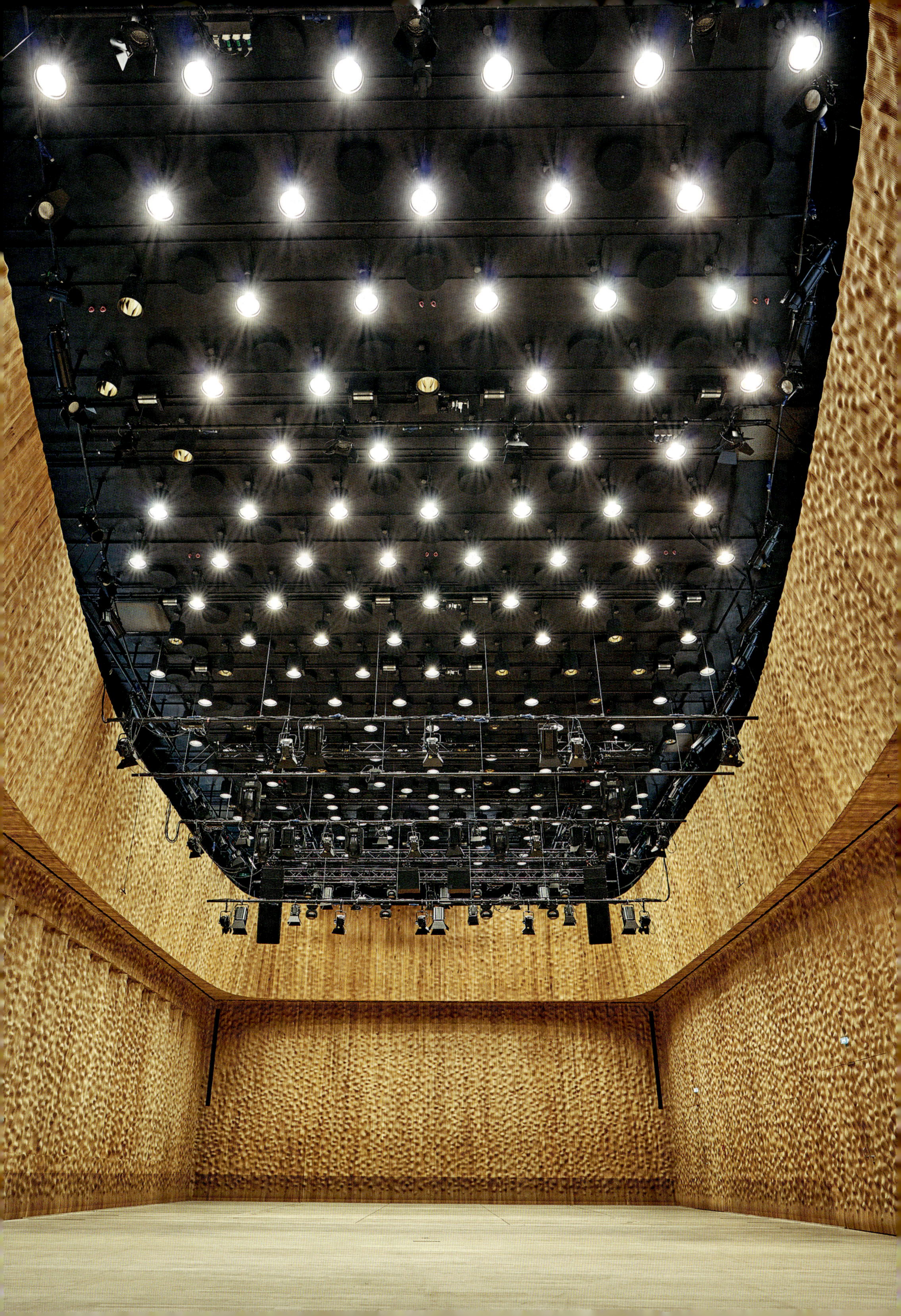

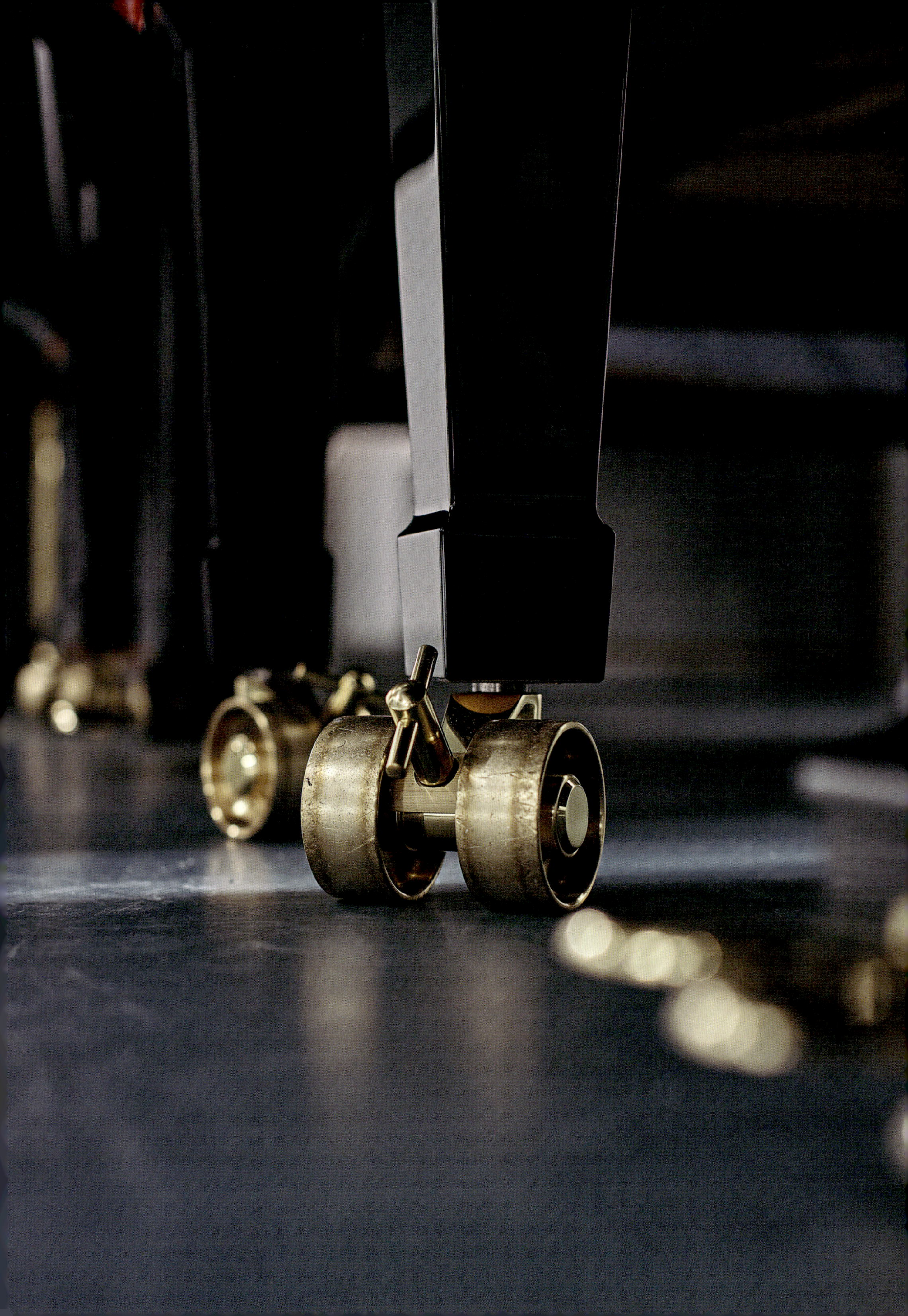

17

DER HANGAR: DAS FLÜGEL-LAGER

Dickerchen« steht gut eingepackt gleich links neben der Tür. Seinen knuffigen Namen verdankt dieser Flügel der Pianistin Mitsuko Uchida. Diese hatte, als es ernst wurde mit der Eröffnung, für die Elbphilharmonie die Auswahl der hauseigenen Steinway-Flügel übernommen. Solche Verzückungsmöbel kauft man nicht als Großpackung aus dem Katalog, bei solchen Entscheidungen sind selbst die scharfohrigsten Intendanten überfordert. Das sind Anschaffungen, die nicht nur wegen der direkten Kosten gut überlegt sein müssen, sondern auch, um für alle Fälle und viele Vorlieben mehr als nur ein eventuell passendes Instrument vorhalten zu können. Welcher Flügel hat wie viel PS unter der Haube? Welches Einzelstück hat den interessantesten Diven-Charakter, auf den man sich selbstbewusst einlassen muss? Ist einer dabei, der besonders vielseitig und handzahm zu werden verspricht, wenn man ihm etwas Zeit lässt? Gibt es womöglich auch Liebe erst auf den zweiten Blick? Am Ende, nach einem sehr, sehr gründlichen Flügel-Casting in der Hamburger Manufaktur, hatten sich einige Kandidaten für das neue Konzerthaus herausgemendelt: »Dickerchen« und die anderen.

Um zu ermessen, wie wichtig ein Flügel für das Gelingen eines Konzerts ist, muss man nur kurz daran denken, wie innig und persönlich die Beziehung eines Geigers oder einer Cellistin zum jeweiligen Instrument ist. Das ist kein beliebiger Arbeitsgegenstand wie der nächstbeste praktische Aktenlocher, den man nachkaufen kann, wenn er klemmt. Das ist die holzgewordene Verlängerung der eigenen Seele. Liebesheirat, im Idealfall lebenslang. Singen, nur ohne Gesangsstimme. »Manchmal spielt der Flügel besser als ich«, beschrieb Martha Argerich einmal einen Aspekt dieser vielschichtigen Beziehung.

Ein Klavier-Virtuose spürt die Charakterzüge eines Flügels in seinen Fingerspitzen, das ist Teil seiner Berufung und Teil dieses Fluchs, den er so liebt. Manche schwören auf Steinway, andere auf Bösendorfer oder Yamaha, auf Kawai oder Fazioli. Die Begrüßungsfrage bei einem ersten Date lautet aber immer: Werden wir sofort Freunde oder kommen wir einfach nicht zusammen, egal, wie viel Mühe wir uns miteinander geben? Wer über die nötige Begabung verfügt, kann den Flügel lesen wie ein Buch und die subtilsten Feinheiten ertasten, er will ihm vertrauen können und sich mit ihm zu Hause fühlen in seiner Musik. Das Spielen der Noten ist schließlich schon schwer genug. Sich derart vorbelastet bei jedem neuen Konzert, in jeder neuen Stadt, auf ein neues, unbekanntes Instrument einzulassen, kann ein enormer Stressfaktor sein. Ein Klavier-Gott wie Grigory Sokolov fragt nicht ohne Grund Monate vor einem Auftritt an, welche Flügel ihm zur Auswahl hingestellt werden, um auf der sicheren Seite zu sein. Denn ein und derselbe Flügel kann für Pianist A die Erfüllung aller Träume sein, doch für Pianistin B unbrauchbar, ihrer Meinung nach höchstens als überdimensionierter Briefbeschwerer zu gebrauchen. Sie sehen alle gleich aus und können in ihrem Inneren, ihren Anlagen dennoch grundverschieden sein. Kein Wunder, bei 12 000 Einzelteilen und enorm viel Handarbeit. Unendlich viele Möglichkeiten, etwas so minimal zu verstellen, dass es störend auffällt.

Der Flügel-Hangar der Elbphilharmonie verbirgt sich, ganz unspektakulär, im 10. Stock, vis-à-vis einer Tür, die zur Intendanz führt. Direkt gegenüber vom Eingang, denn möglichst kurze Wege sind wichtig fürs Tagesgeschäft, befindet sich der Lastenaufzug, mit dem »Dickerchen« oder eine nahe Verwandte flott in der 12. Etage sein können, auf der Einstiegsebene in den Großen Saal. Daneben geht es durch eine Zwischentür in den Backstage-Bereich des Kleinen Saals. Ein weiterer Flügel, der Eigentum des NDR ist, steht in der 4. Etage.

Das Raum-Etikett »Lager Klavier« an der Tür stapelt allerdings etwas zu tief. Lager klingt so endgültig, nach finaler Ablage und gemächlich wachsender Staubschicht. Auch »Klavier« ist als Kategorie nicht ganz verkehrt und doch viel zu wenig. Doch der ruhige Eindruck täuscht. Das Lager ist vor allem Feinmechanik-Werkstatt und Behandlungszimmer, auch ohne Therapie-Sofa ein Ort, an dem Künstlerneurosen unter Stress prächtig aufblühen könnten. Obwohl so ein D-Flügel 274 Zentimeter lang ist und 500 Kilogramm schwer (auch »Dickerchen« brächte wohl nicht wesentlich mehr auf die Waage), passen die Werkzeuge der Klaviertechniker für die Feinabstimmung in ein handliches Köfferchen: Stimmhammer, Intonationsnadeln, kleine Gewichte zur Justierung der Mechanik, Ersatzteilchen und die eine oder andere unverzichtbare Tinktur für Problemzonen. Das Basisprogramm benötigt etwa eine Stunde. Der Klang-Feinschliff für die Stimmung je nach Krisenstufe. Am liebsten ist es den Spezialisten, wenn sie nicht in ihrer Praxis im 10. Stock tätig werden, sondern wenn diese Therapie direkt ambulant im Konzertsaal stattfinden kann, Tag oder Nacht, da sind sie notfalls flexibel. Es dauert eben, so lange es dauert. Sie müssen, wenn sie einbestellt werden, nicht nur am Konzerttag selbst ran, sondern gegebenenfalls auch vor oder nach jeder Probe.

Sollte der Solist einen Stand-by-Techniker wünschen, passiert auch das. Der Künstler ist König.

Das Flügel-Lager selbst sieht, abgesehen von den Instrumenten, die hier ihre Parkbucht haben, sehr nach Abstellkammer aus. Die Tür links gehört zu einem Technik-Lager. Fünf Flügel sind es inzwischen: vier D-Flügel, größer geht es nicht, dazu ein etwas kleinerer B-Flügel, der gern als Tutti-Instrument bei Orchester-Konzerten genommen wird oder bei Repertoires, die nicht das ganz große Besteck benötigen. Ohne einen einzigen Ton gehört zu haben, lassen sie sich an den letzten drei Ziffern ihrer Produktionsnummern unterscheiden, die Schwarz auf Gold auf dem Metallrahmen ablesbar sind. »Dickerchens« Personalnummer ist die »164«. Gäbe es ein von Mitsuko Uchida ausgestelltes Führungszeugnis für ihn, stünde dort, dass er einen »warmen, breiten Klang« habe. Daher auch sein Kosename. Neuzugang in der Kleinfamilie ist ein auf Jazz-Gigs spezialisierter Flügel, auf 440 statt 442 Hertz gestimmt. Ausgesucht wurde er von Brad Mehldau, jenem Pianisten, der hier fast schon Stammgast ist und im März 2020 das letzte Konzert vor Publikum im Großen Saal spielte, bevor dort erstmals die Lichter wegen Corona ausgehen mussten. Zur Auswahl stehen außerdem einige Klavierbänke, das einfachere Modell, bei dem man die Sitzfläche per Hand höher oder tiefer schrauben kann, und die komfortablere Version mit wunschhöhenerfüllender Federmechanik.

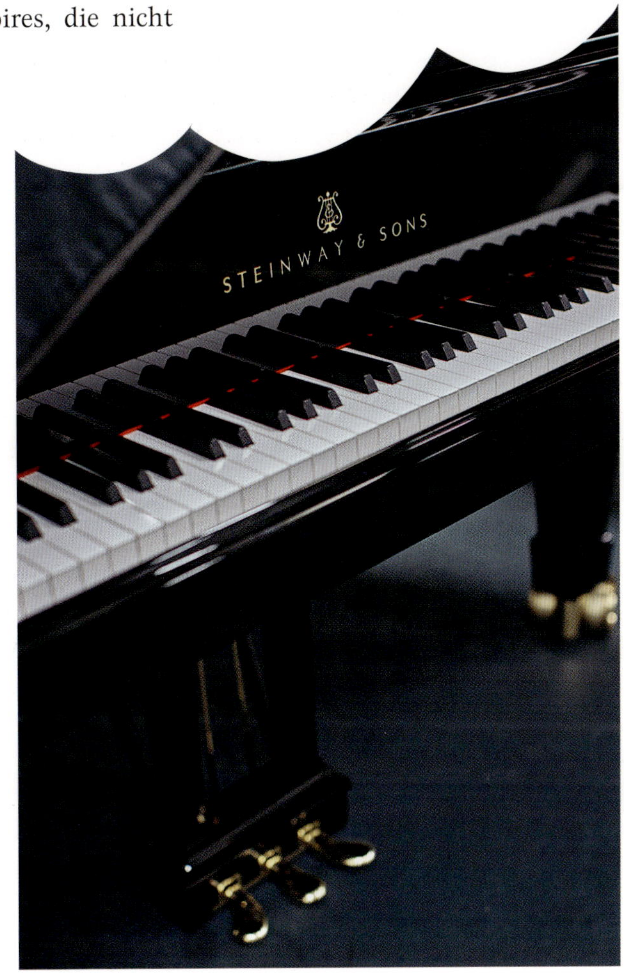

Bis unter die Klavierlager-Decke stapelt sich Reservemobiliar. Kartons für Papierkörbe, dazwischen und daneben Leitern. Kaffee-Großpackungen für die Gastronomie, Wasserflaschen-Kisten, jede Menge Technik-Kram. Wie in der Küchenschublade, nur größer. Mittendrin allerdings auch ein viertastiges Vorführ-Örgelchen, Anschauungsmaterial für die Veranstaltungen, bei denen die Funktionsweise der Orgel im Großen Saal erklärt wird. An einer der Seitenwände ist neben einer Kontrollliste zum regelmäßigen

Abzeichnen ein kleines Messgerät angebracht: 23,8 Grad Raumtemperatur, 42 Prozent Luftfeuchtigkeit. Eine Spur zu warm vielleicht für die auch mal leicht launischen Sensibelchen unterhalb dieses Sensors. Doch wichtiger als ein Zehntelgrad mehr oder weniger ist, dass die Differenz zwischen dem Flügel-Lager und dem Konzertsaal möglichst gering ist. Deswegen ermahnt bereits hier ein Warnschild: »Türen bitte stets zügig schließen«, das »schließen« in unmissverständlichem Rot gedruckt.

»Dickerchen« und seine Kollegen mögen es nicht wechselhaft. Das verstimmt sie, da werden sie schnell zum Spielverderber, und dann muss einer der Steinway-Klaviertechniker es wieder richten. Saite für Saite, Taste für Taste, Ton für Ton, Nuance für Nuance. Aber sobald man erleichtert und geschafft oben ankommt, kann man unten fast schon wieder von Neuem beginnen. Diese geduldige und liebevolle Intensivpflege kommt der klassischen Sisyphos-Arbeit sehr nah, denn was gestern noch stimmig und erledigt gewesen war, kann sich heute schon wieder verzogen haben, in ganz leicht unrichtig klingende Luft aufgelöst. Je schöner jeder Ton, der einmal so entstand, desto wahrscheinlicher, dass er alle, die nach ihm kommen, genau dadurch trübt und in ihrer Substanz beeinträchtigt. Wenn ein frisch gestimmtes Instrument in einen Saal gebracht wird, den dann Tausende von Menschen betreten, jeder mit seiner Körperwärme, alle atmen ein und aus, und das ständig und immer genau in Richtung des Flügels, droht Ungemach. Auch allzu langes Nichtstun ist nicht direkt gesund für diese Hochleistungsmusikmaschinen. »Ein Flügel braucht Bewegung.« Er braucht den Kunstflug vor begeistertem Publikum und in der Bühnenluft, genau wie der Künstler, der dort mit ihm abhebt.

Hoch ist der Raum nicht. Noch niedriger und gedrungener wird er durch die massiven breiten Rohrschächte, die wie geschwollene Nervenbahnen des Gebäudes unter die Decke gehängt wurden. Diese Lüftungsrohre hängen dort nicht nur, sie rauschen auch. Leise zwar und gleichmäßig, aber ununterbrochen. Sagen wir es mal so: Es gibt idealere Arbeitsbedingungen für einen Klaviertechniker, der wahrscheinlich auch das Gras wachsen hören kann. Das Bodenpersonal dieses Flügel-Hangars hat sich damit arrangiert. Nützt ja nichts. Drum herumhören ist das einzige Gegenmittel, für den Rest der Arbeit gilt die bewundernswert gelassen ausgesprochene Devise eines langjährigen Technikers: »Mentale Ruhe ist wichtig beim Stimmen.« »Die sind Meister ihres Fachs im Handwerklichen und psychologische Coaches«, sagte Gerrit Glaner, seit 2002 als Leiter der Künstler- und Konzertabteilung bei Steinway so etwas wie der Chefdiplomat seiner Firma, über seine Kollegen. »Man muss Menschen lieben, wenn man Klaviertechniker auf der Bühne sein will, und man muss beleidigbar sein.«

Menschen mit Neigung zum leicht erregbaren Bluthochdruck wären also sehr falsch in diesem Beruf. Einen Konzerttermin vor sich und einen nervösen Virtuosen neben sich – so etwas muss man aushalten und zueinanderbringen können. Mehrere wichtige Spielregeln gilt es dabei zu beachten, eine der wichtigsten: tunlichst nicht erwähnen, wer diesen Flügel zuvor gespielt hat. Andere zu erwähnen, sollte man generell dringend vermeiden. Und dann wären da noch die kleinen, extrem wichtigen Vorlieben und Abneigungen: Es gibt Momente, in denen eine Martha Argerich allergisch darauf reagieren kann, dass Tasten abgewischt werden. Oder Abende wie jenen, an dem Daniil Trifonov in der Konzertpause den Wunsch äußerte, der Flügel möge für die zweite Halbzeit komplett umreguliert werden. Nichts, was mal eben so zu machen wäre, weil man mit dem ersten Schritt eine Lawine weiterer Justierungsdetails lostreten würde; und erst recht nicht dann, wenn ein ausverkaufter Saal gerade darauf wartet, dass es halbwegs zügig weitergeht im Programm. Man schlug Trifonov mit dem gebotenen Respekt andere Maßnahmen vor, er akzeptierte, und es geschah: allgemeine Zufriedenheit, Happy End. Am Ende ist diese unglaublich schwierige Arbeit eben doch auch ganz einfach, solange man sich nur, mit welchen kleinen Tricks und unter welchen Vorzeichen auch immer, an das allererste und allerwichtigste Gebot hält: »Der Pianist hat immer recht.«

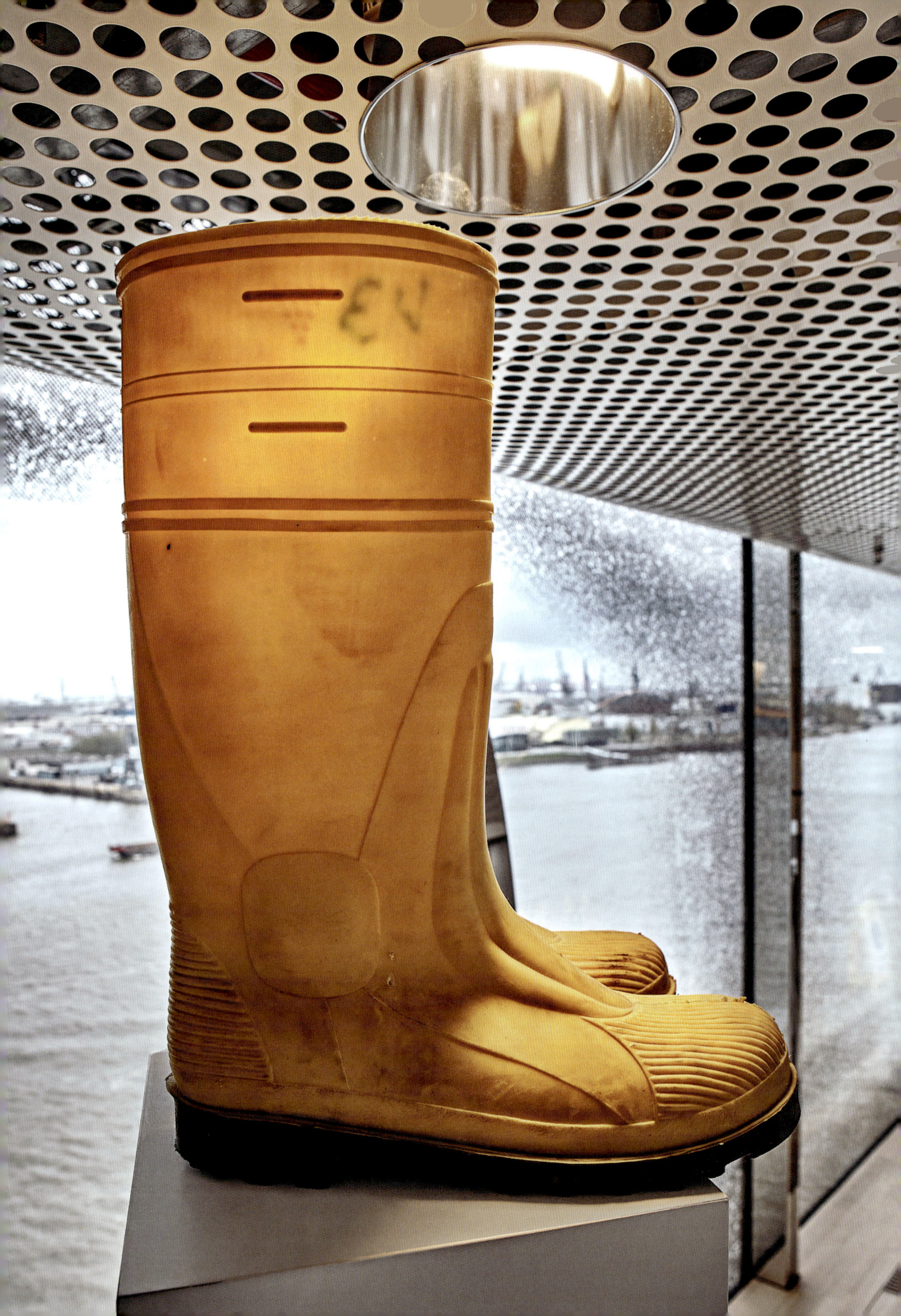

18

PLAN-WIRTSCHAFT: INTENDANZ UND VERWALTUNG

Die Gestaltung des Spielplans eines Konzerthauses ähnelt einem Puzzle mit einschüchternd vielen Teilen. Sie ist allerdings entschieden komplizierter, denn selbst bei einem 5000-Teile-Puzzle hat das dritte Teil von rechts in der vierten Reihe von unten nur diesen einen Platz und sonst keinen, an den es passt. Und am Ende kann sich auch nur ein einziges, bis ins Detail eindeutiges Gesamtmotiv ergeben. Mit der Unterbringung von Programm X mit Künstler Y an Tag Z in einer Konzertsaison sieht das deutlich anders aus. Dieses Konzert könnte auch von da nach dort wandern und womöglich neue Akzente setzen, würde aber vielleicht einen Konflikt mit wieder anderen Ideen auslösen – oder es könnte der Auslöser einer überraschend aufblühenden Schwerpunkt-Idee sein, die dem Gesamtplan ein markanteres Profil verleiht. Oder, auch schön, der Künstler sagt kurz vor knapp wieder ab, und der Intendant darf an dieser Stelle der Planung wieder zurück auf Los. Manche Orchester-Managements bieten ein oder zwei Tournee-Programme zur Auswahl an (gern mit Standardwerken, die gehen immer und benötigen vorab weniger Probenarbeit) und lassen sich, wenn überhaupt, nur durch größere Mengen guten Zuredens davon abbringen. Aufgeschlossenere Solisten und Solistinnen wiederum freuen sich, wenn man ihnen mehrere Tage lang freie Auswahl anbietet, um bei einer Residenz auf Zeit mit handverlesenen Konzertpartnern zu tun und zu lassen, wonach ihnen ist.

Schon weit vor dem Eröffnungs-Festival im Januar 2017 und bis zum Ausbruch der Corona-Pandemie im Frühjahr 2020 war dieser Teil des Jobs von Generalintendant Christoph Lieben-Seutter garantiert kein Spaß, weil er im Hinblick auf das Programm-Profil von Elbphilharmonie und Laeiszhalle mit etlichen Bällen und Befindlichkeiten gleichzeitig jonglieren musste. Auf Jahre im Voraus planend, verwerfend, abwartend, erneut und anders planend. Aber das war garantiert auch ein riesiges Vergnügen, weil er so sehr aus dem Vollen schöpfen konnte wie kaum jemand sonst an der Spitze eines international relevanten Konzerthauses. Tournee-Routen,

Ein Paar Gummistiefel erinnert im Empfangsbereich der Intendanz mit schön inszenierter Ironie an die Strapazen, Verzögerungen, Preissteigerungen und Skandale während der Bauphase.

die traditionell weite Bögen um Hamburg gemacht hatten, wurden nun um den Termin an der Elbe herum gestrickt. Davon profitieren auch Städte in der näheren und weiteren Umgebung, denn wenn ein prominenter Name schon mal in der Gegend ist, lassen sich weitere Konzerte eher realisieren. Repertoire, das früher – erst recht beim noch untrainierten Hamburger Publikum – als Kassengift galt, ging im Verkauf ebenso rasant weg wie die größten Klassik-Hits. Egal was, wann oder mit wem. Ausverkauft. Dauernd. Wenn nicht sofort, dann nur wenige Stunden oder höchstens Tage später. Riesige Neugierde, riesiges Angebot, riesige Nachfrage. Weihnachten, ganzjährig. Ein toller Nebeneffekt dieses chronischen Andrangs: Viele merkten erstaunt, dass zeitgenössische Musik keineswegs so unerträglich ist wie eine Wurzelkanalbehandlung mit stumpfem Werkzeug und ohne Betäubung. Sie entdeckten musikalische Vorlieben und Leidenschaften in sich, von deren Existenz sie vorher keinerlei Ahnung hatten. Und jenen Anbietern, die sich jahrelang Neuerungen und Anderem verweigert hatten, weil man das ja noch nie so gemacht hatte und wo kämen wir da hin, gingen die Ausreden aus. Mit einem Satz gesagt: Ein wichtiger Teil des Kulturauftrags wurde geschmeidig erfüllt.

Einen Konzerttermin in der Elbphilharmonie im Lebenslauf vorweisen zu können, das war seit Januar 2017 das große heiße Ding in der Branche. Die berühmtesten Orchester, weltbekannte Solistinnen und Solisten, imposante Dirigentinnen und Dirigenten, herausragende Streichquartette, Avantgarde-Komponisten und Spezialisten für historische Aufführungspraxis, grandiose Jazzer, Weltmusik-Ensembles und auch einige Pop-Acts. Dazu kamen szenische Musikproduktionen, die mit den räumlichen Möglichkeiten des Großen Saals spielten, und sogar Bestseller-Lesungen, bei denen nicht eine einzige Note erklang. In war, wer hineinkam. Nicht nur die Künstlerinnen und Künstler sahen das so, auch die Veranstalter und Agenturen hatten längst vor dem ersten realen Konzert in der neuen Spielstätte erkannt, dass jeder Auftritt dort eine Ausverkauft-Garantie beinhaltete. Für sie war jede bestätigte Terminbuchung eine Lizenz zum Gelddrucken. Große Scheine.

Einige Spielplan-Regeln sind bei der Entwicklung einer Saison immer zu beachten: Dazu zählt insbesondere das Vorbuchungsrecht des NDR Elbphilharmonie Orchesters als Stammgast-Residenzorchester und des Philharmonischen Staatsorchesters bei der Terminvergabe. Möchten mehrere lokale Chefdirigenten unbedingt ein bestimmtes Stück auf eines ihrer Programme setzen, wäre das ein Thema mit Abstimmungsbedarf, erst recht, wenn es parallel im Tournee-Angebot eines durchreisenden Gast-Orchesters auftaucht. Solche Überschneidungen können aber auch zu einem besonderen Angebot, zum extradicken roten Faden in der Dramaturgie umdeklariert werden. In der Saison 2019/20 stand – weltweit wohl einmalig – Mahlers 9. in gleich fünf unterschiedlichen Versionen in der Spielplan-Vorschau: zunächst mit Esa-Pekka Salonen und dem Philharmonia Orchestra aus London, danach mit Teodor Currentzis und dem SWR-Orchester und Myung-Whun Chung mit dem Amsterdamer Concertgebouw. Zu den Mahler-Konzerten von Michael Tilson Thomas mit dem San Francisco Symphony und Alan Gilbert mit dem NDR-Orchester im Frühjahr 2020 kam es wegen der Corona-Pandemie nicht mehr (einen Nachholtermin im Mai 2021 beim digitalen Musikfest musste Gilbert absagen, um sich von den Folgen einer Corona-Erkrankung zu erholen).

Aus heutiger Sicht muten die Jahrzehnte, in denen Hamburg mit der Laeiszhalle nur ein einziges großes Konzerthaus und keine visionären Pläne für mehr und vor allem Neues hatte, abenteuerlich unterattraktiv an. Eine Handvoll Mitarbeiter, lange Zeit praktisch kein eigener Programm-Ehrgeiz, bloß keine Experimente und erst recht kein Spiel-Geld zur Profilierung eines Konzepts, das entschieden über Abo-Konzerte der örtlichen Orchester und einige regelmäßig durchreisende Weltstars hinausging. Schon damals kamen rund 400 000 Menschen jährlich zu Konzerten in die Laeiszhalle, doch im Prinzip hätte dort auch ein Hausmeister genügt, der tagsüber aufschließt und abends das Licht ausmacht. Diese Zeiten sind längst vorbei. »Mit der Eröffnung der Elbphilharmonie haben wir in Hamburg das Publikum mal eben verdreifacht«, gab Lieben-Seutter im März 2021 zu Protokoll. Bereits in den Jahren vor der Eröffnung waren Spielpläne und Personalbestand für Spielbetrieb, Verwaltung und Vermarktung parallel und schnell gewachsen. Inzwischen sind es rund 210 feste Mitarbeiterinnen und Mitarbeiter, auf zwei Adressen verteilt: Künstlerische Planung, Produktion, Technik und Sponsoring wurden in der 10. Etage der Elbphilharmonie untergebracht. Verwaltung, Marketing und das restliche Drumherum arbeiten nur wenige Dutzend Meter Luftlinie entfernt im Vespuccihaus am Sandtorkai.

Der Empfangsbereich vor dem Eingang zur Intendanz an der Südseite der Glasfassade vermittelt einen ersten Eindruck vom Alltagsgeschäft. Frisch eingetroffene Gast-Künstler erhalten dort ihre elektronische Zugangskarte, ohne deren Sesam-öffne-dich-Funktion sie hinter der Bühne nicht allzu weit kämen. Monitore an der Wand dokumentieren den jeweiligen, meist dicht getakteten Tagesplan, darunter steht eine Sitzgruppe aus miteinander verwachsenen Stühlen. Direkt neben den Fahrstuhltüren erhielten zwei Antiquitäten aus der Bauphase einen Ehrenplatz auf einem Denkmalsockel: »Gelbe Gummistiefel 2007–2016« steht ganz im Ernst, aber ohne genauere Materialangaben, auf der Plakette. Ein selbstironisches Mahnmal, eine Erinnerung an die jahrelangen, immer wieder schmerzhaft und kostspielig verlängerten Geburtswehen der Elbphilharmonie, ehrfürchtig von oben angestrahlt, als wären diese Stiefel eine Reliquie. Öffentlich sichtbares, sachlicheres Gegenstück dazu ist die Inschrift im Nordgang neben der Auffahrt der Rolltreppe, der Verweis auf die Basler Architekten Herzog & de Meuron und die Hamburger Projekt-Initiatoren Alexander Gérard und Jana Marko.

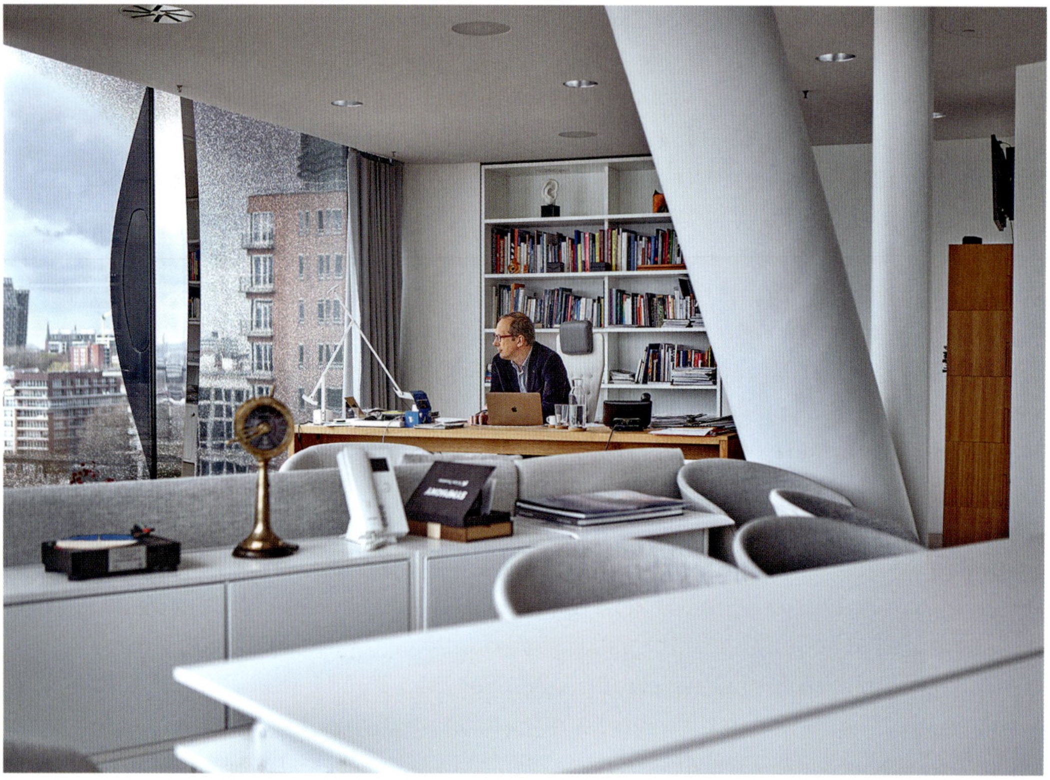

Der Intendanz-Bereich im zehnten Stock ist nicht besonders weiträumig. Hinter einer Tür neben dem Empfangstresen öffnet sich ein schmaler Flur. Links die Büros für die ersten Technik-Abteilungen, wenig später das Vorzimmer des Intendanten, zum Hafenpanorama hin voll verglast und damit eine Ouvertüre für das Chefbüro selbst, bei dessen spektakulärem Ausblick Gäste staunen, wie man bei so viel optischer Ablenkung überhaupt zum Arbeiten kommen kann.

Früher wurde jeder freie Zentimeter solcher Büros gern mit CD-Stapeln versiegelt, den akustischen Visitenkarten von Künstlern und ihren Agenturen, um sich einen schnellen oder gründlichen Eindruck zu verschaffen, wie sehr sie ins Sortiment passen könnten. Mittlerweile sind ein Internet-Zugang, handelsübliche Streaming-Dienste und gute Boxen genauso effektiv. Bei seinem vorigen Posten als Chef des Wiener Konzerthauses hatte Lieben-Seutter noch ein imposantes Saalbuch, in dem alle Termine und ihre Wanderungsströme händisch auf Papier festgehalten wurden. Aus, vorbei. Der Terminkalender wird elektronisch geführt, ein wichtiges Tool für diesen digitalen Rangierbahnhof sind virtuelle Notizzettel, ein dort ständig verwendeter Begriff ist »Option«. Könnteklappen, Schaunmermal und Wiewärsdamit gehören zum täglichen Geschäft. Für das möglichst reibungslose Ineinandergreifen der vielen Einzelteile dieser Maschinerie sorgt ein maßgeschneiderter Verwaltungssoftware-Koloss, der theoretisch jedem so ziemlich alles anzeigen könnte, was gerade im Haus passiert, wo, wieso, mit wem und warum. Alle Mitarbeiter erhalten genau jenen Einblick ins große Ganze, den sie benötigen. Der klassische große Besprechungstisch für die vielen wöchentlichen Jour-fixe-Runden wird dennoch so schnell nicht überholt sein.

Hinter den nächsten Türen werden unter anderem die Education-Programme erarbeitet. Die Leitung des Künstlerischen Betriebsbüros, das für das Anschieben, Einfädeln und Umsetzen von Planungen zuständig ist, hat ebenfalls ein Panorama-Eckbüro, für das man andernorts Eintritt nehmen könnte. Es folgen weitere Büros, für Presse, Technik, Produktion und die Vermietung der Säle an andere Veranstalter. Im Büro von Stiftung, Freundeskreis und Development werden Sponsoren, Gönner und Mäzene umworben und versorgt, die das eine oder andere Extra-Glanzlicht ins Programm bringen und besonders kostspielige oder spezielle Projekte ermöglichen können. Privates Engagement hat den Bau des Konzerthauses mit Millionenspenden vorangetrieben und unterstützt auch den Spielbetrieb, diese Art von Kulturförderung hat in Hamburg eine lange Tradition und gehört in den entsprechenden Gesellschaftsschichten zum guten Ton.

Während die Erinnerungen an die symbolische Grundsteinlegung im April 2007 mehr und mehr verblassen, hat der Intendanz-Flur auf seinen hinteren Metern noch ein farbenfrohes Stück Konzept-Kunst aus der Einweihungsphase 2016/17 zu bieten. Auf einem tischdeckengroßen Saalplan, der gerahmt und verglast an der Wand hängt, wurde mit bunten Fähnchen platzgenau markiert, wo am 11. Januar 2017 welche Ehrengäste sitzen sollten. Die Ähnlichkeit mit einem Nagelkunst-Bild von Günther Uecker ist frappierend. Wie viele Hin-und-Her-Durchgänge dieses heikle Verfahren brauchte, bis alle Besucherinnen und Besucher angemessen auf den 2091 Plätzen untergebracht waren, ist leider nicht überliefert. Apartestes Detail sind die Markierungen für die Premieren-Plätze der damaligen Bundeskanzlerin Angela Merkel und ihres Mannes in Block E, Reihe 1, Platz 7 und 8: zwei kleine Deutschland-Fähnchen.

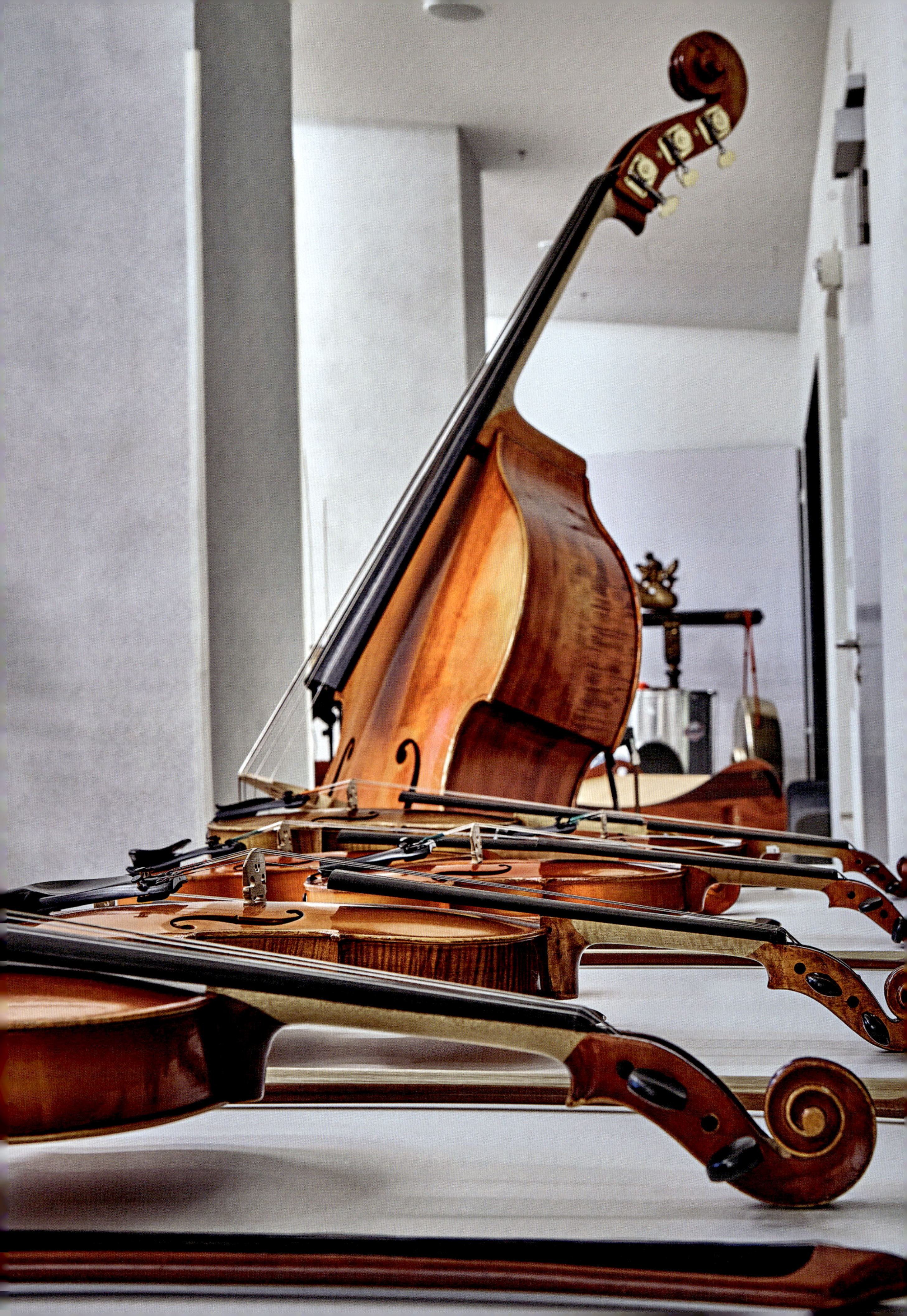

19

SPIEL-FILME UND SPIELWIESEN: DAS KONZERTKINO UND DIE KAISTUDIOS

Die Elbphilharmonie verfügt über zwei große Konzertbühnen.« Was ist falsch an diesem Satz? Genau genommen sind es vier, allerdings ist eine davon weder überdacht noch ständig in Betrieb. Die ist ein Saisonartikel, für die Wochen im Jahr, in denen der Regen in Hamburg warm ist. Auch aus der sehr angenehmen Not des chronischen Ausverkauftseins heraus verwandelt sich der Vorplatz in den Sommermonaten seit 2017 alle Jahre wieder zum Open-Air-Konzertkino, und damit zu einem enorm populären Treffpunkt für Einheimische und Touristen. Platz genug für Hunderte Menschen ist dort, vor dem Stellplatz für eine mehrstöckige Leinwand, die entsprechend aussagekräftigen Boxentürme sind ebenfalls kein Problem. Die große Treppe hinunter zur Elbe ist eine grandiose Kulisse und ohnehin amphitheatralisch ausufernd. Und da Hanseatinnen und Hanseaten bekanntlich nicht aus Zucker sind, stellen Wind und Wetter an dieser Adresse grundsätzlich keine unüberwindbaren Probleme dar: Profis kommen nie ohne genügend Proviant und Regenschutz, eigene Zusatz-Sitzkissen und genügend Extra-Kleidungsschichten. Schiebt sich hinter der Leinwand und den Lautsprechern auch noch ein voll beladenes Containerschiff in Zeitlupe durchs Hafenpanorama, ist das Ganze als lokalpatriotische Feierstunde eh nicht mehr zu toppen.

Die Angebotspalette: bunt bestückt und beileibe nicht nur Klassik. Mal Live-Übertragungen wie eine »Opening Night« mit Überlänge und dem NDR Elbphilharmonie Orchester zum Saisonstart, mal aufgezeichnete Mitschnitte aus dem eigenen Bestand. Im Sommer 2021 wurde der Vorplatz im Rahmen des Hamburger Kultursommers von etlichen lokalen Acts und Bands beim »Hope 'n' Air«-Festival bespielt. Die akustischen Nuancen des Großen Saals erwartet hier niemand; ob im langsamen Satz einer Sinfonie das zweite Thema vielleicht einen Hauch zu uninspiriert vorgetragen wurde, versendet sich in diesem Format flott. Das Gemeinschaftserlebnis Musik zählt. Man kann reden, schunkeln, trinken und in der Musik versinken, die Chipstüte kreisen und knistern lassen, ohne dass es dafür sofort Kopfnüsse aus der Hinterreihe setzt. Es gibt keine Einstiegshürden, keine Schwellen- oder Berührungsängste – alles ist eindeutig ebenerdig. Jeder kann, wie er mag, nichts muss. Im August 2017 staunte das Freiluft-Publikum jedenfalls nicht schlecht, als das Baltic Sea Philharmonic und sein Chefdirigent Kristjan Järvi nach dem Hauptprogramm im Großen Saal am Elbufer auftauchten und dort die Zugaben persönlich ablieferten.

Wie nicht anders zu erwarten, waren diese Termine jedes Mal Publikumsrenner und Dauerwerbesendung zugleich. Interessierte, die in den ersten, geradezu hysterisch überbuchten Jahren des Spielbetriebs keine Karten für Saal-Konzerte ergattern konnten, bekamen so zumindest einen optischen Vorgeschmack darauf, wie das Erlebnis 50 Meter höher wäre – käme man dort hinein. Und auch als Spielpausenfüller in den Sommermonaten boten diese Film-Musik-Konzerte an der frischen Luft Gelegenheiten zum Kunstgenuss bei steifer Brise, denn der Wind pfeift auch im Sommer mitunter mächtig um die Ecken des Konzerthauses und durch die Stützbeine der historischen Hafenkräne an der Südflanke. Im Corona-Sommer 2021 gab es hier statt des Konzertkinos vier Wochen lang Live-Musik von lokalen Bands.

Neu ist diese Idee beileibe nicht, viele andere Säle und Festivals öffnen sich regelmäßig nach außen. Bei den Salzburger Festspielen erfreuen sich die Leinwand-Abende unter freiem Himmel größter Beliebtheit. Und wer wie das Boston Symphony Orchestra in der Sommerfrische von Tanglewood über genügend grüne Wiesen weitab vom Schuss verfügt, kann dort entspannt idyllische Konzerte geben. Mitten in der HafenCity, in der die kostbaren Freiflächen immer seltener werden, ist das jedoch eine echte Herausforderung, nicht nur klimatisch, sondern auch logistisch. Wohl auch deswegen blieb es beim einmaligen Event des NDR Elbphilharmonie Orchesters, das im Juli 2016 als Vorglühen für die Konzerthaus-Eröffnung stattfand. Auf einer großen Open-Air-Bühne im Baakenhafen, mit der östlichen Gebäudesilhouette als postkartigem Hintergrund, spielte das Noch-nicht-drin-Residenzorchester für rund 2000 Menschen, bei regnerischem Wetter, 16 Grad und einer steifen Brise. Dennoch ein großartiger, erwärmender Abend für alle, die Karten bekommen hatten. Aber genauso eine symbolische Geste, wie so vieles in den ersten Jahren. Die Philharmoniker hielten später mit Open-Air-Konzerten auf dem Rathausmarkt und im Stadtpark dagegen. Die Symphoniker geben ihre Sommerkonzerte traditionell und nach wie vor bei gutem Wetter im Innenhof des Rathauses. Für jede hiesige Orchester-Fangemeinde ist also etwas Passendes dabei.

Dass die Freie und Hansestadt Hamburg durch den Bau eines Konzerthauses eine fundamental andere Außenwahrnehmung im Rest der Musikwelt erleben würde, hatte sich bereits im September 2012 angedeutet: Als Werbeblock für das eigene Musikmetropolen-Sortiment hatte sich Wien Tourismus zwei Live-Übertragungen von Aufführungen aus der Wiener Staatsoper ausgedacht, für rund 4000 Gäste umsonst und draußen vor der Elbphilharmonie. Früher ließen sich die Wiener Philharmoniker etwa so oft wie der Halleysche Komet für Gastspiele in Hamburg blicken. Das hat sich durch die schöne neue Adresse und das damit verbundene Prestige sehr geändert – Anfang März 2020, ganz knapp vor der Saalschließung durch das Corona-Virus, präsentierten die Wiener unter der musikalischen Leitung von Andris Nelsons zum (damals noch intakten) Jubiläums-Jahr sogar ihren Beethoven-Sinfonie-Zyklus im Großen Saal. Alle neune in fünf Tagen. Früher komplett undenkbar.

Die Kundenbindung durch zwanglose Freiluft-Bespielung ist eine Möglichkeit, eine andere, enorm wichtig genommene: Vorsorgebehandlung. Musikalische Herzmassage gewissermaßen, je früher und direkter, desto wirksamer. Vorbild und Messlatte für diese Aktivitäten ist vor allem die 2015 eröffnete Philharmonie de Paris, die sich auch als Bildungsanstalt versteht – mit Noten, aber ohne Schulnoten. Education und Musikvermittlung, dort großzügig ins Gebäudekonzept integriert, sind auch zentrale Themen des Projekts Elbphilharmonie, auf denen die Konzertsäle buchstäblich aufgebaut sind. Denn dieser Bereich befindet sich im Backsteinfundament der gläsernen Welle, im Westen der 2. und 3. Etage: Das Kaistudio 1, mit 170 Quadratmetern das größte der sieben Klang-Labore, mit spektakulärem Ausblick nach Süden, böte mit seiner Bühnenanmutung bei Konzerten Platz für etwa 150 Gäste. Verrätselte Klang-Installationen von Brian Eno oder ein Treffen geladener Gäste mit Lang Lang nach seinem Konzert mit Schnittchen und Small Talk – auf dieser Bühne des Hauses geht so etwas.

Der Normalbetrieb der unterschiedlich geräumigen Kaistudios sieht allerdings anders aus. Sie sind zwanglose Unterrichtsräume für Kita-Gruppen und Schulklassen, Spielwiesen in verschiedenen Größen hinter Backsteinmauern. Ähnlichkeiten mit den ausgewachsenen Sälen im Neubau sind weder zufällig noch unbeabsichtigt. Die kindgerecht niedriger angebrachten Sitzbänke sind mit dem gleichen Stoff bezogen wie die Stühle im Großen Saal, die Kugellampen und Leuchtröhren an den Decken sind nahe Verwandte der Gestaltungselemente einige Etagen weiter oben. Ein hübsches, sinniges Detail: leicht angeschrägte Decken, damit der Schall nicht mehr direkt reflektiert wird, was den Geräuschpegel der Gäste fürs Team zumindest etwas verträglicher machen soll.

Bis das Corona-Virus den dicht getakteten Stundenplan lahmlegte, wurde hier unentwegt gestrichen, getrommelt, getrötet, gesungen, zugehört, mitgemacht, gestaunt und gelernt. Der Instrumenten-Fundus des »Klingenden Museums« ist dafür aus der Laeiszhalle in die Elbphilharmonie umgezogen. Etliche Musikvermittlerinnen und -vermittler halten diesen Teil des Ladens hochtourig in Gang, mit etlichen Formaten für viele Altersklassen, nicht nur in der Elbphilharmonie, auch in der Laeiszhalle und etlichen Stadtteilkulturzentren. Das Sortiment beginnt mit den »Elfi-Babykonzerten« und endet mit dem Format »Ferne Klänge«, den Konzerten für Demenzerkrankte und ihre Angehörigen, die das Ensemble Resonanz gibt. Dazu kommen diverse Erklär- und Erlebnis-Workshops, die nach Altersklassen gestaffelten »Funkelkonzerte« für Kinder von 0 bis 10 Jahren, Künstlergespräche, die »Klingende Kiste« zum Ausleihen an Kitas, Proben- und Konzertbesuche, Ferienprogramme und Schulkonzerte, digitale Angebote sowie Unterrichtsmaterial für Schulen und Kitas. Diverse Förderer, darunter neben der Stiftung Elbphilharmonie auch die Haspa Musik Stiftung, die Hubertus Wald Stiftung oder der Fonds »ZukunftsMusik« der Körber-Stiftung, engagieren sich dauerhaft. Ein besonders schönes Projekt ist der »Chor zur Welt«, der 2016 im Rahmen des »Salām Syria«-Festivals gegründet wurde. Dort singen Menschen aus allen Himmels- und Glaubensrichtungen miteinander, vielsprachig und selbstverständlich. Kurz vor Saisonende öffnet sich das Konzerthaus regelmäßig für Familientage, neben dem Familienorchester probt auch ein Publikumsorchester leidenschaftlich auf seinen Auftrittstermin im Großen Saal hin.

HITLISTE DER MEISTGESPIELTEN STÜCKE …

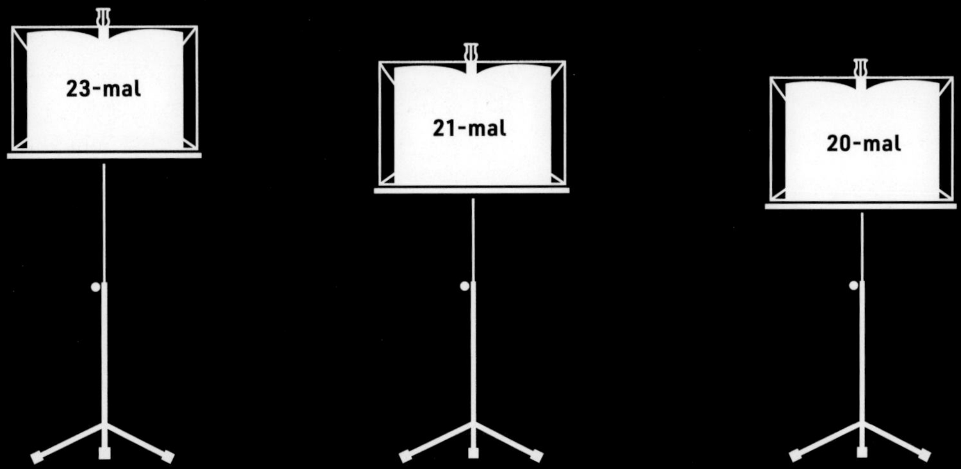

1. Ludwig van Beethoven
SINFONIE NR. 7
A-DUR OP. 92

2. Antonín Dvořák
SINFONIE NR. 9
E-MOLL OP. 95
»AUS DER NEUEN WELT«

3. Johannes Brahms
SINFONIE NR. 1
C-MOLL OP. 68

… UND KOMPONISTEN

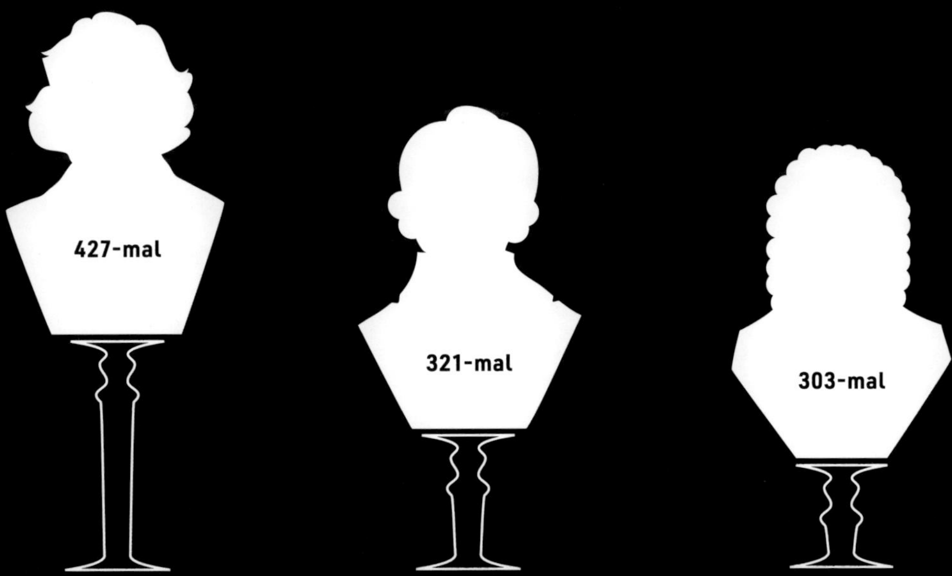

1. LUDWIG VAN BEETHOVEN

2. WOLFGANG AMADEUS MOZART

3. JOHANN SEBASTIAN BACH

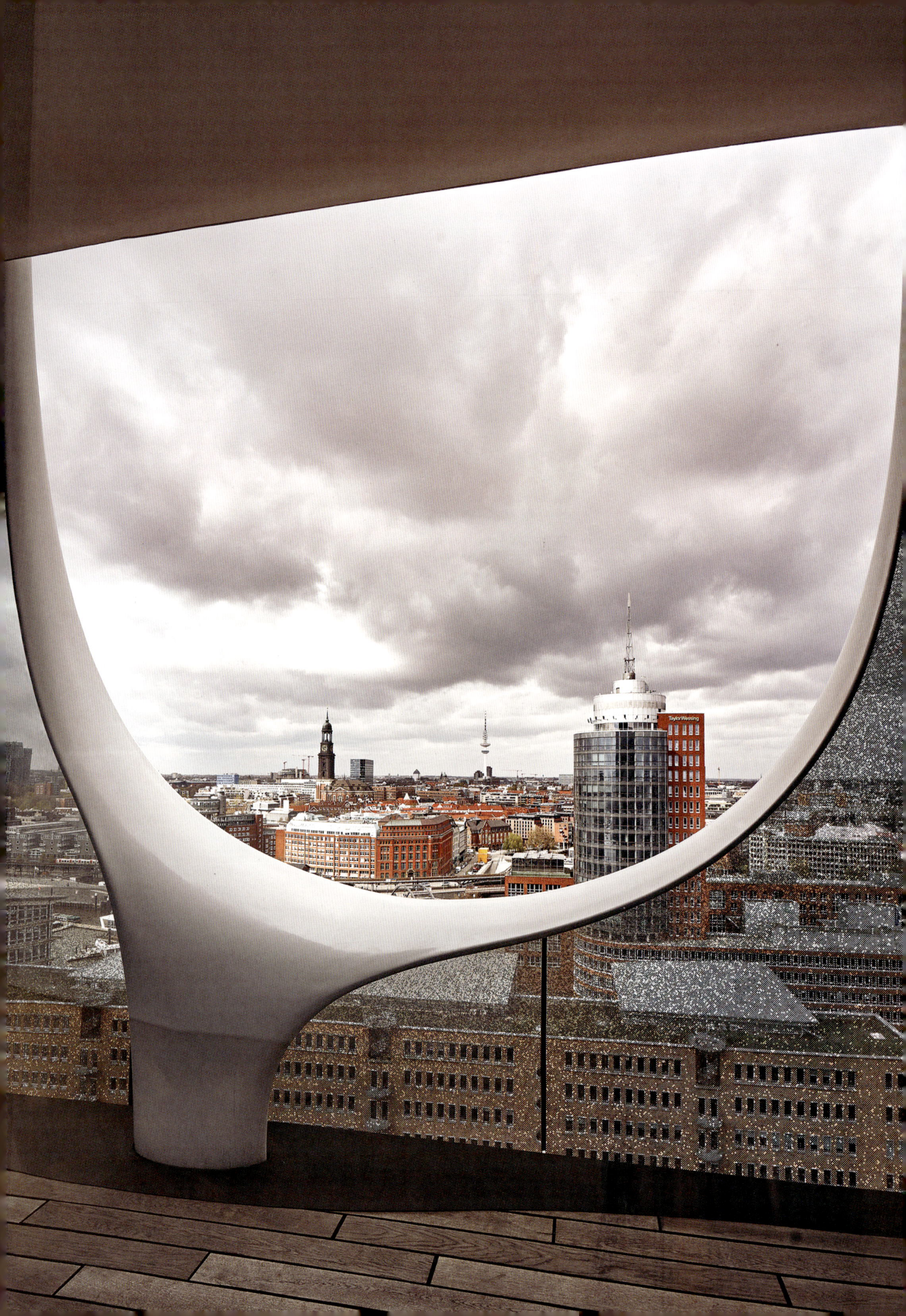
Taylor Wessing

20

SPIEGEL DER STADT: DIE GLASFASSADE

Innen hui, außen aber auch. Das Gestaltungsprinzip der Elbphilharmonie lässt sich mit diesen fünf Worten in einem Satz bündeln. Eines der wichtigsten Trägermedien dieser Imponier-Strategie ist die gläserne Fassade. Durch ihre Gesamtfläche von etwa 16000 Quadratmetern – etwa zwei Fußballfelder – ist sie das mit Abstand größte Unikat im nicht gerade kleinen Spezialitäten-Sortiment dieses Gebäudes. Während der Bauphase wuchs diese aus etwa 1100 Elementen bestehende Hautschicht des Konzerthauses in Zeitlupe um die Strukturen herum. Inzwischen ist sie ein selbstverständlicher Teil des Hamburger Hafenpanoramas, wie die Docks, die Kräne, die Anleger und die Touristenbarkassen. Kein Blau- oder Grauton des Hamburger Himmels bleibt ihr verborgen. Niedrig hängende Wolken sind ideale Sparringspartner beim Ringen um die Momente der Aufmerksamkeit, die das Allerlei des Alltags kurz aus seinem Takt bringen können.

Sobald man sich der Elbphilharmonie auf Sichtweite nähert, ist es ziemlich schwer, sie nicht als einzigartige Leinwand der Stadt wahrzunehmen. Man sieht diese Glasfassade oft, hoch genug ist sie ja, doch meist versäumt man es dennoch, sie einmal wirklich gründlich anzusehen und als das wahrzunehmen, was sie ist: spektakulär. Je nach Wetterlage, Lichteinfall, Sonnenlichtmenge, Standort und Uhrzeit changiert sie in ihrer spiegelnden Transparenz und Stimmungs-Tonart. Das hat etwas Chamäleonartiges. Mal einladend, mal cool, dann wieder kühl, dramatisch funkelnd wie ein unbezahlbar wertvoller Diamant oder stoisch stumpf wie Oma Hildes ungenutztes Silberbesteck ganz hinten im Schrank. Der Michel spiegelt sich in dieser Spezial-Strukturtapete. Sie reagiert auf den Hafen, auf den Fluss der Handelsströme, auf den Puls der Stadt. Die Welle ragt über die historische Dachlandschaft der Speicherstadt hinaus. Von Osten betrachtet, wirkt sie wie ein moderner Kommentar zu dieser historischen Bauleistung, wie Schlussstein und Startrampe zugleich.

An diesen Flächen sind Jahres- und Tageszeit bestens ablesbar, das Gebäude reagiert auf diese Außenreize, als wäre es lebendig. In der Idee seiner Fassade kann sich ganz Hamburg spiegeln, sich erkennen und wiederfinden, buchstäblich wie sprichwörtlich. Der Blick von innen nach außen zeigt gleichzeitig, dass es keine Sichtbarriere zum Gemeinwesen geben soll. Dieser Konzertsaal ist eben nicht als abgeschlossene Gesellschaft gedacht. »Haus für alle«, das war der Plan, also auch: offen zu allen öffentlich nutzbaren Seiten. Keine Geheimnisse, einladend soll sie sein. Anziehend. Magnetisch geradezu, auf einem rustikalen Präsentier-Sockel aus Backstein als Gegenentwurf. Die Fassade spiegelt die Seele der Stadt und ist damit ein deutlich größeres Stimmungsbarometer als der »Public Face«-Smiley auf der Kibbelsteg-Brücke am Rand der Speicherstadt. Das sieben Meter hohe Pfannkuchengesicht wurde dort im Herbst 2018 als Kunstinstallation im öffentlichen Raum angebracht. Er ist mit mehreren Überwachungskameras im Quartier verbunden, die per Gesichtserkennung die Gefühlslage der Passanten registrieren. Daraus ergibt sich ein trauriges oder ein fröhliches Emoji. Am Elbphilharmonie-Eingangsbereich bräuchte man nur eines von beiden, jede Wette.

Für die ikonischen Kulturbauten der letzten Jahrzehnte ist ihr Äußeres wie eine unverzichtbare Dauerwerbesendung. Ihre zentralen Inhalte und Kernaufgaben müssen überdacht bleiben, für alles andere wären sie zu wertvoll und zu speziell. Die PR dafür jedoch übernehmen die Form und die Farben unter freiem Himmel. Je freistehender – umgeben nur von gebauter Konfektionsware –, desto besser, denn umso stärker ist der Kontrast. Für den Wolkenkratzer-Wahnsinn in Reißbrett-Metropolen wie Dubai hatte sich der *Guardian* einmal die ebenso schöne wie kaum übersetzbare Vokabel »Ohmygoddery« ausgedacht. Das wäre am ehesten wohl noch mit dem Geräusch vergleichbar, das beim verdutzten Ausatmen vor einem dieser Gebäude entsteht, bevor Instagram oder Facebook mit einer großen Portion Souvenir-Fotos gefüttert werden.

Dass die Elbphilharmonie-Fassade in ihrer Frühphase auf dem Weg zum Einzelstück einen Verwandlungsprozess durchlief, ist nur konsequent. Sie war noch zu normal gewesen. Auf den ersten Computergraphiken, mit denen die Öffentlichkeit auf das Projekt eingestimmt wurde, waren die Spiegelseiten der Glaswelle noch spiegelglatt – und der Himmel über Hamburg war übrigens eher stahlgrau statt himmelblau, um einen realitätsnaheren Eindruck des Gesamtpakets zu vermitteln. Als aber 2006 ein Design-Update des Projekts veröffentlicht wurde, hatte der Große Saal seine anfangs organisch runden Formen eingebüßt. Die Rang-Ebenen waren kantiger geworden, neu war neben dem riesigen Reflektor über der Bühne zur besseren Beherrschung der Akustik aber auch die nun viel eigenwilligere Fassaden-Anmutung: rund 600 sphärisch gebogene Scheiben-Portionen, manche bis zu fünf Meter hoch, dazu etwa 100 »Stimmgabel«-Elemente aus Glasfaserkunststoff, die den Charakter dieser Oberfläche grundsätzlich veränderten. Show-Scheiben.

»Nur« Glas sind diese Scheiben natürlich nicht. Manche wurden konvex oder konkav gebogen, das allein war schon eine erste Meisterleistung. Die Oberflächen wurden mit basaltgrauen und Chrom-Punkten bedruckt, die sich wie Mini-Spiegel verhalten und das Konzerthaus auch zum Lichtspielhaus werden lassen. Sie sind Sonnenschutz und sorgen außerdem dafür, dass Schiffsradare das Gebäude erkennen. Orkanböen, Windgeschwindigkeiten bis 150 km/h, waagerecht kommende Wassermassen bei Sturmregen? Alles kein Problem. Während der Testphase hatte man Lkw-Reifen an Seilen gegen die Scheiben geschmettert, um die Haltbarkeit des Materials auf die Probe zu stellen. Dreimal im Jahr rücken einige schwindelfreie Industriekletterer dieser Welle auf die Pelle: Großreinemachen, drei Wochen lang. Das Putzmittel ihrer Wahl: demineralisiertes Wasser, das rückstandslos auf dem Glas trocknet. Um dabei nicht vom Winde verweht zu werden, kleben sich die Fensterputz-Stuntmen bei starken Böen mit Saugnäpfen an die Scheiben.

Unerhört anders gestaltete Fassaden wie dieses Einzelstück sind erst recht für Kulturbauten eine Investition ins Image, für das einzelne Gebäude, als symbolischer Gegenwert für den zur Kasse gebetenen Auftraggeber, für die jeweilige Stadt oder gleich das jeweilige Land. Seit ihrer Eröffnung dürfte die Elbphilharmonie als zeitgenössisches, visionäres Symbol für die Kulturnation Deutschland eine echte Konkurrenz für Antiquitäten wie Schloss Neuschwanstein geworden sein. So nobel und historisch wertvoll die Formsprachen des Brandenburger Tors in Berlin oder des Kölner Doms auch sein mögen – das ist Augenpulver von vorgestern bis gestern. Wahrzeichen des 20. und erst recht des 21. Jahrhunderts sehen anders aus: Die Elbphilharmonie-Architekten Jacques Herzog und Pierre de Meuron haben die Fußballbühne der Münchner Allianz-Arena in ein gigantisches Reifenprofil verpackt, das je nach Anlass seine Farbe ändern kann. Ein Blick auf den Streben-Salat ihres Olympiastadions für Peking genügt, um zu erkennen, warum es den Spitznamen »Vogelnest« erhielt. Frank Gehrys Walt Disney Concert Hall, eine sehr nahe Verwandte seines Guggenheim-Museums für Bilbao, umwehen riesige, federleicht wirkende Stahl-Segel.

Zwei Gestaltungselemente für einen Gesamtpreis bietet die Philharmonie de Paris von Jean Nouvel: Das Profil ist von Vogelsilhouetten bedeckt, die im Zusammenspiel auch an Fischschuppen erinnern. Zwischen den klaren Kanten der Betonplatten inszenierte Jean Nouvel riesige Aluminiumausbuchtungen, die er »komponierte Reflexionen« nannte und die das Ensemble wie ein am Pariser Stadtrand gestrandetes UFO wirken lassen. Noch komplizierter: das New Yorker Kulturzentrum The Shed (»Der Schuppen«), das die US-amerikanische Architektin Liz Diller mit einer silbrig glänzenden Membranhülle aus luftgefüllten Folienkissen ummantelte. Diese Stahldachkonstruktion an einer der feinsten Adressen im Westen von Manhattan lässt sich in wenigen Minuten auf Rollen und Schienen über eine

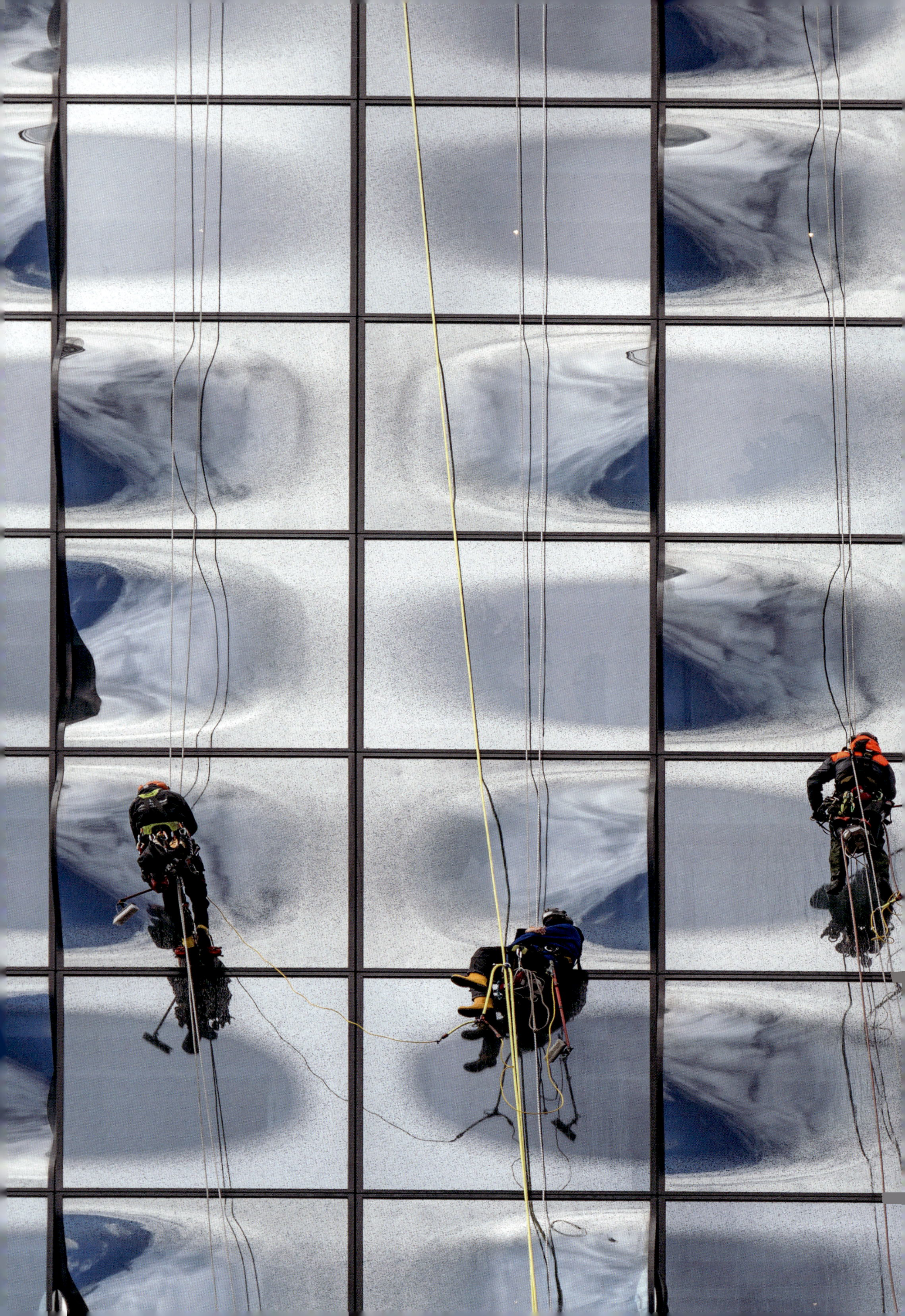

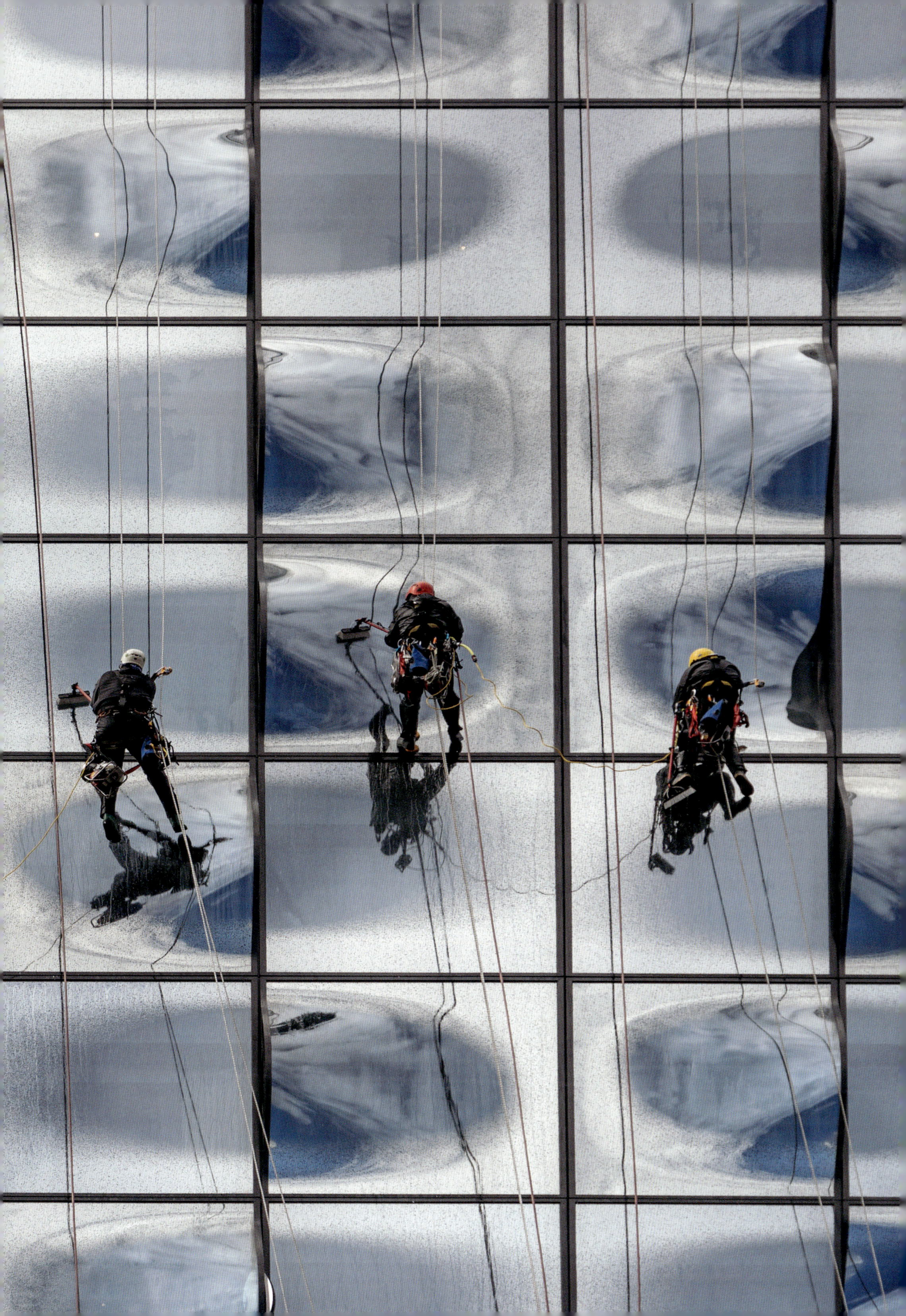

Freifläche neben dem achtstöckigen Gebäude fahren und verwandelt sie in eine Extra-Bühne für Ausstellungen, Konzerte oder Performances.

Ohne die vereinten wirtschaftlichen Folgen von Brexit und Corona wäre Diller womöglich auch in London mit einem aufsehenerregenden Entwurf zum Zuge gekommen, dem London Centre for Music, unter anderem als neue Heimat für das London Symphony Orchestra gedacht, als Schmuckstück einer »Culture Mile«. Nicht weit entfernt von Herzog & de Meurons Tate Modern und seinem Erweiterungsturm Switch House sollte auf der anderen Seite der Themse ein ebenfalls pyramidonaler Konzertsaal-Bau entstehen, mit dem Elbphilharmonie-Akustiker Yasuhisa Toyota als Erfolgsgaranten im Team. Die öffentliche Plaza hätte Diller unter das Gebäude implantiert, das sich wie auf Stelzen darüber erheben sollte. Eine Schichttorte aus Ebenen legt sich, von allen Seiten frei einsehbar, um den Konzertsaal. Ein weiteres Wow-Werk. Doch es sollte, nach langem Hin und Her, nicht sein: Im Januar 2021 gab der Dirigent Sir Simon Rattle bekannt, dass er, der größte Hoffnungsträger für dieses Prestige-Projekt, vom LSO-Chefposten zum Sinfonieorchester des BR nach München wechseln würde – in eine Stadt, die ebenfalls seit Jahren über ehrgeizigen Konzerthaus-Neubauplänen gebrütet hatte. Diese Personalie war der letzte Sargnagel. Wenige Wochen später wurden Dillers Pläne in London endgültig begraben. Was beweist: Genügend Geld und vernünftige Konzepte sind durchaus wichtig. Doch richtiges Timing ist letztlich alles. Die Geburtswehen der Elbphilharmonie und ihr Happy End waren von dramatischen Stimmungsumschwüngen geprägt – mal war alles bestens, dann gab es Abstürze, finstere Tiefen und am Ende die finalen Höhen. Die Glasfassade ist für diese Achterbahnfahrt ein ideales Symbol: unfassbar kompliziert in der Herstellung, doch jede dieser Mühen wert. Wegen nichts kommt niemand.

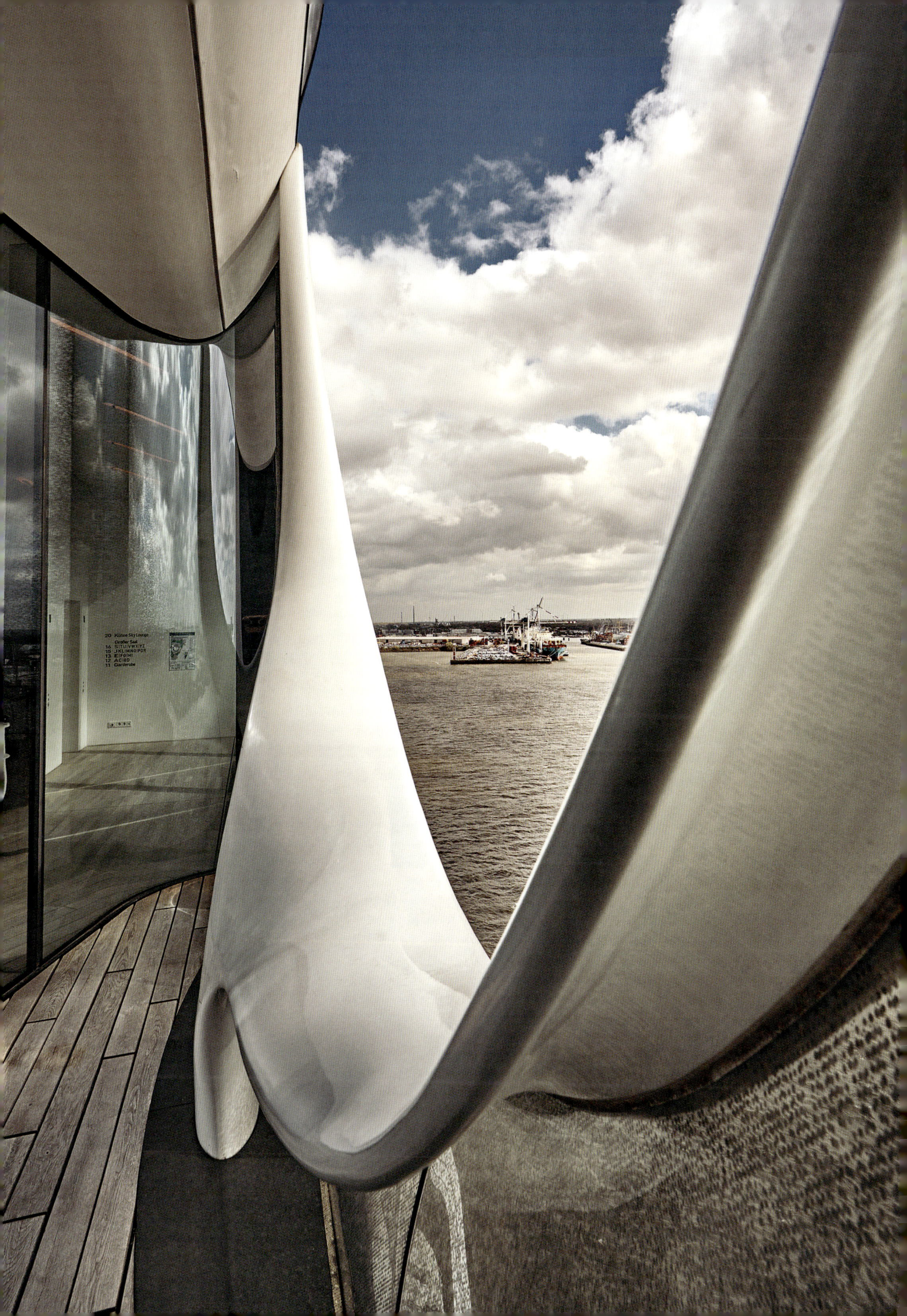
20 Kühne Sky Lounge
Großer Saal
16 S|TU|VWX|YZ
15 JKL|MNO|PQR
13 E|FG|H
12 AC|BD
11 Garderobe

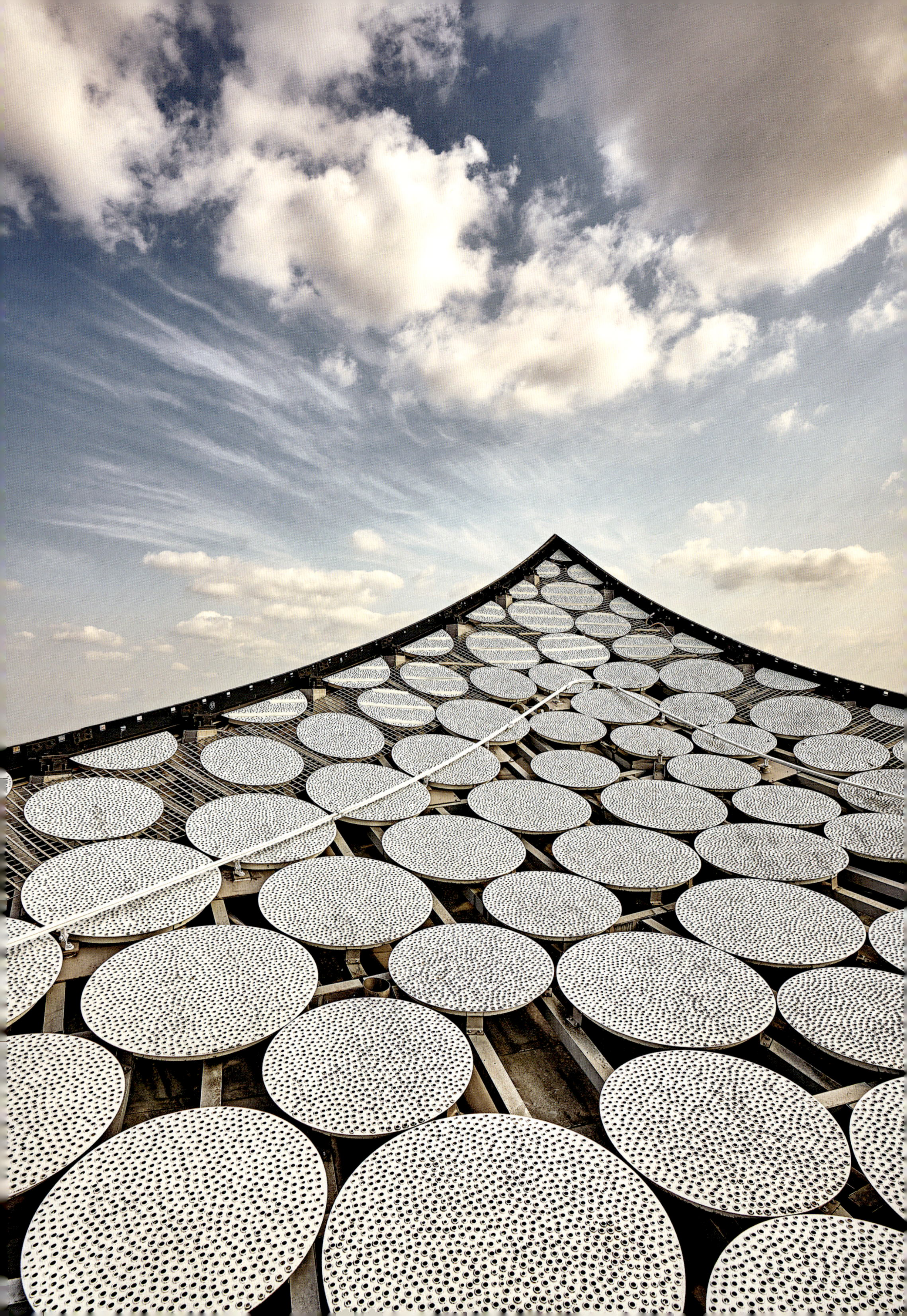

21

EIN HAUS WILL NACH OBEN: DIE DACHTERRASSE

Im Anflug auf den Hamburger Flughafen stechen einem die zehn Zacken der Dachkrone der Elbphilharmonie einige Momente lang ins Auge, wenn man sich in der richtigen Einflugschneise befindet. Wahrzeichen eben, ein großartiger Anblick, auch in Spielzeuggröße noch. Diese Spitzen erheben sich aber auch ebenerdig über die Innenstadt-Silhouette, weithin sichtbar, wie die historischen Kirchtürme. Sie sind mittlerweile historisch ebenbürtig und mindestens so bekannt, obwohl sie erst wenige Jahre jung sind. Sie ergänzen das Profil der Stadtgeschichte um den unangepassten, ambitionierten Blick nach vorn.

Moderne Konzerthäuser sollen inzwischen Eyecatcher sein, schillernde Unikate von mondänen Architekturbüros, die global wie Popstars von ihren Auftraggebern gebucht werden und entsprechende Gagen aufrufen können. Facebook-tauglich, instagrammable und unverwechselbar wünscht man sich die Entwürfe, nicht nur von innen, vor allem von außen, ein Aktivposten im Stadtmarketing. Je eigenwilliger und unkonzerthausiger, desto besser, wohl auch, um Schwellenangst vor der vermeintlich sperrigen und überfordernden Hochkultur zu verringern. Das verbindet diese Spezialbauten mit den ikonischen Museen der letzten Jahrzehnte, die sich aufstrebende Städte oder Nationen gönnen, um beim Rennen um Aufmerksamkeit und Wirtschaftskraft-Lieferanten voranzukommen. Die chinesische 15-Millionen-Metropole Guangzhou hat sich bereits ein futuristisches Opernhaus von Zaha Hadid ins Portfolio bauen lassen. Ein Theater-Neubau dort wurde von einem Londoner Architekturbüro mit einer flammend roten Fassade umschmeichelt, das riesige Seidenknäuel mit Kranichen und Ornamenten verziert, die auf die historische Bedeutung der Hafenstadt für die »Seidenstraße am Meer« hinweisen. Ein weiteres Prestigeprojekt dort ist das dann weltgrößte Fußballstadion, geformt wie eine Lotusblüte und mit genügend Platz für 100 000 Menschen. Bestaunbarkeit ist eine enorm wichtige Währung in diesem weltweiten Wahrzeichenlieferdienst-Business, das in den letzten Jahren einen enormen Boom verzeichnete. Vor der Entscheidung für die Elbphilharmonie war in dieser Hinsicht für Hamburg, bei aller Liebe, nur wenig zu holen. Die Speicherstadt und das Kontorhausviertel sind als prächtige Erbstücke auf der Weltkulturerbe-Liste der UNESCO verzeichnet. Mit einigen altehrwürdigen Sakralgebäuden und dem Rathaus als Stadtschloss-Attrappe bewegt man sich ansonsten im oberen, noch gediegenen Mittelfeld der Attraktionen.

Die Elbphilharmonie spielt da in einer ganz anderen Liga.

Sie ist zwar nicht das höchste Gebäude der Stadt, denn sie ragt unter den Hauptkirchen und dem gut zwei Meter höheren Rathaus in den Himmel. Doch auch die 110 Meter bis in die oberste Südwestecke des Konzerthauses sind selbstbewusst und beeindruckend in Szene gesetzt, weil: Lage, Lage, Lage. Erlebnis-Immobilie.

Als die Architekten Jacques Herzog und Pierre de Meuron, zwei ziemlich ortsfremde Schweizer, kurz vor der Jahrtausendwende eine gedankliche Akupunkturnadel in den Hamburger Stadtplan gesetzt hatten, um den Dreh- und Angelpunkt ihres Projekts zu verorten und mit Emotionen aufzuladen, markierten sie zielsicher die gefühlte Mitte der Metropole. Zentral zwischen beiden Hälften gelegen, im Herzen des Hafens, der das sentimentale Herz der Stadt ist. Im Wasser und zugleich auf einer Landspitze; dort, wo früher die einfahrenden Schiffe begrüßt wurden. Wo ein ebenso wichtiger wie wuchtiger Speicher stand, bis er durch die Stückgut-Lagerkiste Kaispeicher A ersetzt wurde. Später wurde das Backsteintrapez kühl rechnend ausgemustert, weil die Container den Warenhandel revolutionierten. Eine ideale Adresse für einen Kultur-Leuchtturm und Imagegewinn-Wolkenkratzer, wie es bislang noch keinen gab. Erst recht nicht in dieser Hanse- und Handelsstadt, deren politische Führung gern mit beiden Beinen auf dem Boden bleibt und sich bis zum Beginn des Abenteuers Elbphilharmonie um die Reputation seiner ehrbaren Kaufmänner mitunter mehr Gedanken machte als um die letzte Theater-Premiere.

Seit die Bauarbeiten die Dachspitze erreichten, erinnert die Elbphilharmonie die Stadt daran, dass es auch anders gehen kann. Die meisten normalen, handelsüblichen Dächer sind einfach da, der jeweiligen Form und Funktion gehorchend. Praktischerweise verhindern sie, dass es von oben zieht oder störend hineinregnet. Sie haben immer eine eindeutige Aufgabe, aber eher keine spezielle oder gar einmalige Gestalt. Auch die klassischen Dächer klassischer Schuhschachtel-Konzertsäle wurden genormt abgearbeitet, weil es noch kein Teil der Selbstdarstellung war, durch den bloßen Anblick möglichst spektakulär und massenwirksam für das Kulturgut Konzert zu werben.

Diese Epoche endete endgültig in den sechziger Jahren mit Hans Scharouns Neubau der Berliner Philharmonie. Seine Dachkonstruktion ist, wenig überraschend, eine nahe Verwandte des elbphilharmonischen Designer-Deckels, das Urmeter gewissermaßen. Hier wie dort geschwungene Bögen statt starrer Linien, eine ungleichmäßige Verteilung von Höhen und Tiefen. In Berlin spielten die akusti-

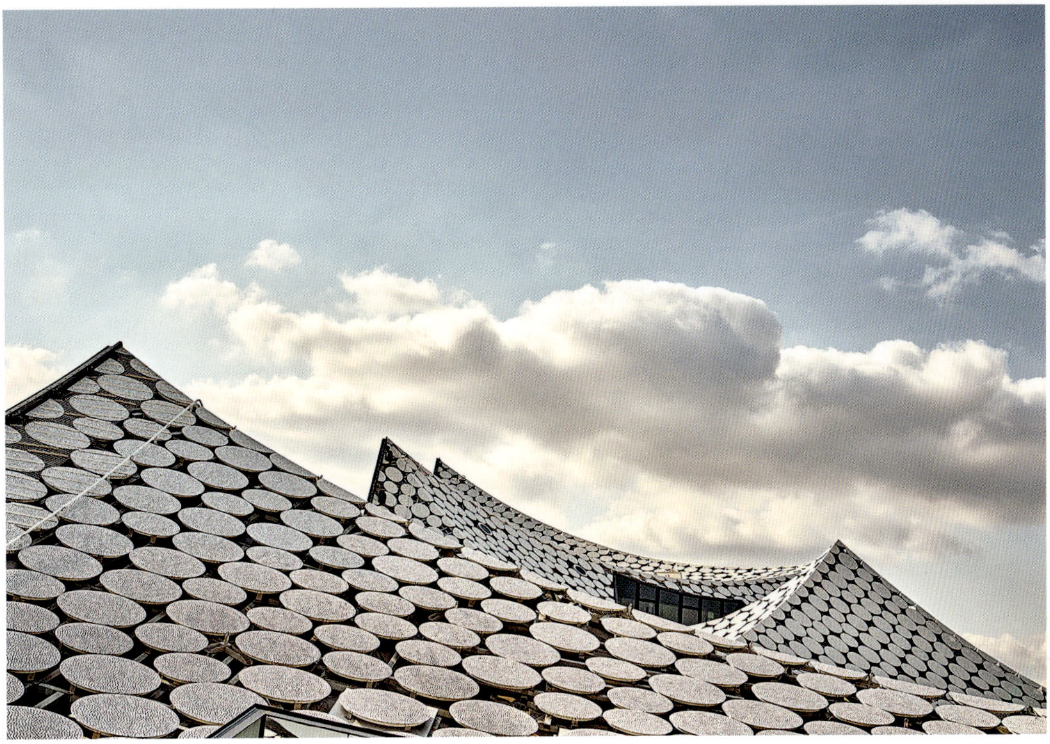

schen Notwendigkeiten des Saals eine wichtige Rolle bei der Formgebung; in Hamburg kam neben dem Fundament auf der Grundfläche des Kaispeichers der stolze Aufschwung Richtung Westen als formprägende Pose und Behauptung dazu, die Elbe hinunter, hinaus in die große, weite Welt, auch ohne Kapitän, der einen unbedingt mitnehmen sollte auf die Reise. Die höchstgelegenen Privatwohnungen an der Westseite bieten übrigens nicht nur einen unverbaubaren Blick in den Sonnenuntergang, nach hinten raus, ostwärts, kann man zusätzlich über die Dachlandschaft hinwegsehen.

Neben den zwei großen Lichtschächten – für den Wohnungsbereich im Westteil und das Hotel im Ostteil – wurde in die Südostecke des Dachs, an einen seiner tiefsten Punkte, eine Aussichtsterrasse hinzugefügt, die noch spektakulärere Open-Air-Erweiterung einer ohnehin schon spektakulären »Kühne Sky Lounge«, die als VIP-Lounge für besondere Gelegenheiten und Gäste reserviert ist – und bleibt. Wie der Ausblick dort oben ist? Hochgebirge in der norddeutschen Tiefebene. Der Wind weht, es ist ruhig, nur noch das Grundrauschen der Stadt ist zu hören. Und obwohl der Gebäude-Gipfel im Westen den Panoramablick blockiert und weit und breit fast nur Dach zu sehen ist, lässt sich die Weite fühlen, wie im Krähennest eines alten Viermasters, hoch über den Wellen, weit weg vom Rest der Welt.

In die rasant ansteigende West-Fassade ist das Elb-Hochwasser verbaut, stürmisch aufgebäumt und unaufhaltsam Druck machend. Als naheliegender Architektur-Soundtrack böte sich Claude Debussys »La Mer« an, auch, weil der Komponist für das Titelbild der Erstausgabe den weltbekannten Farbholzschnitt »Die große Welle vor Kanagawa« des japanischen Künstlers Katsushika Hokusai verwendete. Im März 2021 lieferte das NDR Elbphilharmonie Orchester die Tonspur für einen Konzertfilm mit Aufnahmen von Kamera-Drohnen, die nicht nur virtuos durch die Foyers kreisten, sondern auch an der Außenhaut des Gebäudes entlang kunstflogen. Gespielt wurde aber unter der Leitung von Chefdirigent Alan Gilbert kein französischer Impressionismus aus dem frühen 20. Jahrhundert, sondern »Tempus fugit« des finnischen Komponisten Magnus Lindberg, 2017 uraufgeführt, im Jahr der Elbphilharmonie-Eröffnung.

Die Ähnlichkeit mit einer circensischen Manegen-Überdachung und das konzerthaushohe Ego des damaligen Philharmoniker-Chefdirigenten, der ein Spitzenorchester zu bändigen hatte, brachten Scharouns Avantgarde-Architektur in Berlin schnell den Spitznamen »Zirkus Karajani« ein. Menschen würden immer einen Kreis bilden, sobald Musik erklingt, war Scharouns Erklärung für seinen radikalen Stilbruch beim Saalbau gewesen. Diesen Kreis unter die vier Ecken eines Dachs zu bringen, war eine Aufgabe, mit der Jahrzehnte später auch in Hamburg schwer gerungen wurde. Scharoun ließ eine »Phoenix«-Skulptur auf dem Dach anbringen, die wie ein stilisierter Schutzengel wirkte, aber auch eine mahnende Erinnerung war, dass die Vorgänger-Philharmonie 1944 zerstört worden war. Das Dach selbst wurde mit Aluminiumplatten gedeckt. Ein Material, das auch in Hamburg verbaut wurde – nur eben komplett anders. Tausende großer weiß beschichteter Aluminium-Pailletten überziehen die Wellenstruktur. Dieses Riesenkonfetti ist das letzte, höchste und größte Zitat der Punktbedruckung auf der Glasfassade unterhalb der Wellenkämme, ins Gegenteil verkehrt, denn dort sind die Punkte klein und schwarz. Eine Farbwahl, die der 6200-Quadratmeter-Dachfläche die massive Schwere entzieht. Sie wirkt leicht und verspielt – es sei denn, man betrachtet das Gebäude von hinten, auf die tiefergelegte Ostseite blickend, die massiv und kompakt eine Ahnung davon vermittelt, wie viel kulturpolitisches Gewicht das Gebäude und seine verschiedenen Aufgaben auszuhalten haben. Dass ein erbitterter Streit der Stadt mit dem Baukonzern Hochtief über die Tragfähigkeit des Saaldachs im Herbst 2011 zu einem monatelangen Stillstand in zentralen Bereichen der Krisenbaustelle führte? Vergeben, verrechnet, verjährt, vergessen. Epochale Wahrzeichen dieser Größenordnung wären ohne epochale Probleme und Geburtswehen genauso beeindruckend. Aber höchstens halb so epochal.

SO VIELE MENSCHEN HABEN DIE ELBPHILHARMONIE BESUCHT
(bis zum Lockdown im März 2020)

**13,4 Mio.
Plazabesuche**

2,9 Mio. Konzertbesuche*

**Zum Vergleich
Bevölkerung in
Hamburg**

1,85 Mio. Einwohner

** nur Elbphilharmonie*

BESUCHERSCHWÄCHSTER TAG

**24. Dezember 2019
(1427; bis zum ersten
Lockdown im März 2020)**

BESUCHERSTÄRKSTER TAG

**6. Mai 2017
(22 914; während des
Hafengeburtstags)**

TOP 3 DER MEISTGESTELLTEN FRAGEN BEI KONZERTHAUSFÜHRUNGEN

»Wie kommt man an Konzertkarten für den Großen Saal?«

»Wo sind die besten Plätze im Großen Saal?«

»Und wie werden die Fenster geputzt?«

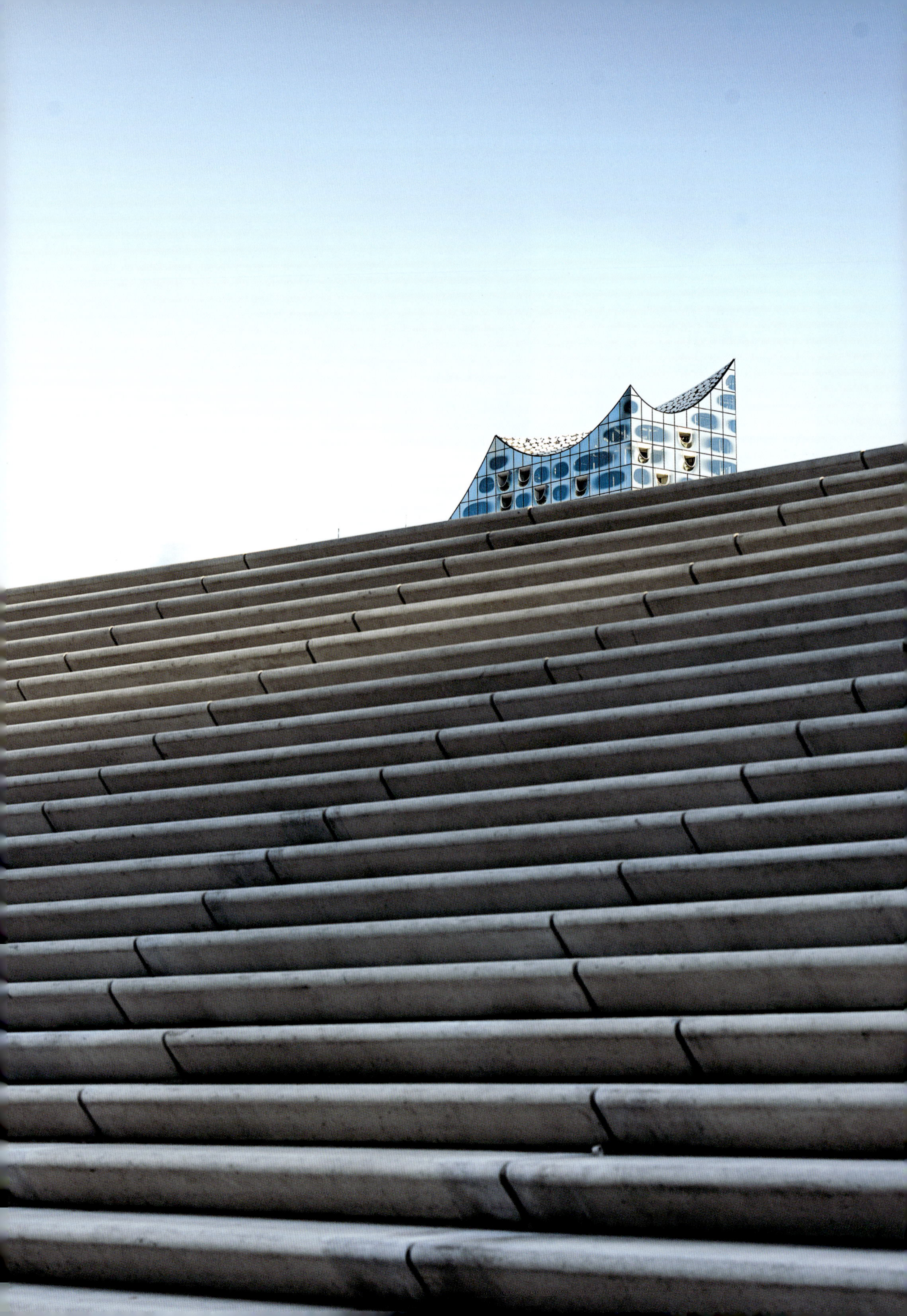

22

FINALE UND DA CAPO: DAS GROSSE GANZE

Wenn ein Künstler die Welt nicht verändern kann, ist er kein Künstler«, sagte der Dirigent und Gambist Jordi Savall. Dann wurde er grundsätzlicher: »Ich weiß, dass Musik Menschen verbessern und helfen kann. Ohne Musik wäre das Leben unmöglich. Jedes Mal, wenn wir ein Konzert mit Beethoven-Sinfonien geben, sind wir voller Optimismus und Energie. Man glaubt, man kann eine bessere Welt erschaffen.«

All das gilt auch für Konzerthäuser und die möglichen Erfahrungen, für die sie gebaut wurden. Im Idealfall verlässt man sie als ein anderer, besserer Mensch. Anderer Horizont, andere Perspektiven. Beim Geiger Christian Tetzlaff, in Hamburg geboren und mit der Laeiszhalle als prägende Konzertadresse aufgewachsen, klang das Nachdenken über den Umgang mit klassischer Musik und solchen Lebensaufgaben noch eine Spur bezaubernder: »Die Magie meines Jobs ist, dass man etwas zum Leben wiedererweckt, was in dem Moment die Verbindung aller Seelen wahrhaft macht.«

Ein Konzerthaus wie die Elbphilharmonie ist so viel mehr als die Summe seiner Bauteile, es ist nicht nur ein städtisches Investitionsobjekt mit Einnahmen und Ausgaben, kein beliebiger Subventionsempfänger mit Buchungen und Wirtschaftsplänen. Es ist die Verpflichtung, groß zu denken, höher und weiter zu wollen und dabei genau deswegen ein kleines bisschen irre zu bleiben. Man wollte einen der zehn besten Konzertsäle der Welt bauen, also auf Ohrenhöhe mit Adressen wie dem Concertgebouw in Amsterdam, dem Wiener Musikverein, der Berliner Philharmonie, der Suntory Hall in Tokio, der Carnegie Hall in New York, der Boston Symphony Hall, der Walt Disney Concert Hall, dem KKL in Luzern. Und tatsächlich ist es gelungen, einen der besten Säle der Welt zu bauen.

In den ersten drei Saisons nach der Eröffnung – bis die Corona-Pandemie im März 2020 dem Spielbetrieb monatelang den Hauptstecker zog und das Haus verstummen musste – wurde enorm viel Versäumtes und Ignoriertes der vorangegangenen Jahrzehnte nachgeholt. Der Große Saal sei das neue Zentrum, »das Gesicht der Stadt«, hatte Sir Simon Rattle erklärt, der als langjähriger Chefdirigent der Berliner Philharmoniker bestens wusste, wovon er sprach, »und egal, wie viele Konzerte dort angeboten werden – es ist immer noch nicht genug«.

Zwischen Anfang 2017 und bis Frühjahr 2020 platzte der Spielplan aus allen Nähten, es war ein All-you-can-hear-Büfett, für nahezu jeden Musikgeschmack war jemand oder etwas dabei. Früher hieß es oft gern und sarkastisch, ein Konzert-Abonnement sei ähnlich zeitgemäß wie eine Petroleumlampe. Seit 2017 waren Abos für Elbphilharmonie-Konzerte noch begehrter und seltener auf dem freien Markt als ein freier Parkplatz in Eppendorf oder ein bezahlbarer Mietvertrag in Ottensen.

Dieses Gebäude und seine Entstehungsgeschichte haben dem Namen der Stadt Hamburg einen fundamental anderen Klang gegeben. Der Rest der Musikwelt hinter dem sprichwörtlichen Tor zu Welt weiß nun wieder, wo dieses Hamburg liegt. Nicht nur die vier relevantesten Klangkörper – NDR Elbphilharmonie Orchester, Philharmonisches Staatsorchester Hamburg, Symphoniker Hamburg und Ensemble Resonanz – sind besser und ehrgeiziger geworden. Die Elbphilharmonie belebte das Geschäft für alle örtlichen Anbieter und wurde zu einem Richtwert für Tun und Lassen im kreativen Wettbewerb miteinander. Auch am rasanten Umschlagstempo der durchreisenden Stars und der großen Orchester könnte man diese Erfolge ablesen. Wichtiger für Akzeptanz von Blankenese bis Billstedt waren aber die vielen kleineren Sinneswandel-Szenen:

Einheimische jeden Alters, die sofort ein stolzes Strahlen anknipsen, sobald die Rede auf dieses Gebäude kommt, und das erst recht, obwohl sie selbst noch kein Konzert dort gehört haben.

Touristengruppen, die sich staunend und voller Vorfreude von ihrem Guide auf dem Vorplatz erklären lassen, wie dieses Gebäude wurde, was es werden sollte, bevor sie auf die Rolltreppe zur Plaza einfädeln.

Taxifahrer, die sich nun nicht mehr mit Schnappatmung über alles und jeden aufregen, sondern nun ohne Punkt und Komma mit fast schon feuchten Augen berichten, wie großartig es war im Konzert, »ich hab ja eigentlich gar keine Ahnung von Klassik, aber das fand ich echt umwerfend, und dann diese Architektur, meine Frau will auch unbedingt bald wieder da hin«.

Die unzähligen Male, bei denen Hamburg auf Deutschlandkarten nun schon mit einem Konzerthaus symbolisiert wurde und nicht mehr mit einem Fischbrötchen, einer Bierflasche oder wenigstens mit einem Anker.

Die Spaßvögel in der Marketing-Abteilung der Stadtreinigung, die gekonnt alberne Wortspiele in Elbphilharmonie-Spruchblasen auf ihre Mülleimer in der Nachbarschaft des Konzerthauses klebten: »Hier spielt die 9. in d-Müll«, »Welch liebliche Müllodie!«, »Mein Lieblingsstück? Die Sauberflöte«, »Let me Händel this« oder, am putzigsten: »Danke, dass Sie für diese neue Attraktion nach Hamburg gekommen sind. Bitte beachten Sie auch die Elbphilharmonie.«

Das Elbphilharmonie-Modell im Miniatur-Wunderland, an der Westseite aufklappbar, um den Großen Saal mit 64 Mini-Musikern zu besichtigen. Schon im November 2013, also gut drei Jahre früher als das große Vorbild, wurde dieses Konzerthäuschen stolz der Öffentlichkeit vorgestellt. Die geplanten Baukosten und die geplante Bauzeit hatten sich dort lediglich verdoppelt, auf 200 000 Euro und 364 Tage.

Das kleine Herzhüpfen jedes Mal im Zug über die Elbbrücken zurück nach Hamburg. Früher waren erst kurz vor der Einfahrt in den Hauptbahnhof die beiden Ausstellungsgebäude der Deichtorhallen dafür zuständig; jetzt ist es schon aus größerer Entfernung der vertraute Anblick der Elbphilharmonie-Silhouette. Der Trick funktioniert auch bei einer Fahrt mit der U3 von der Haltestelle Landungsbrücken zum Baumwall. Premium-Blick aufs Gebäude, im HVV-Ticket inbegriffen.

Diese Schockverliebtheit in diese Stadt kann einen jederzeit heiß erwischen. Ziemlich gut auch bei der Anfahrt aus Süden über die Autobahn kommend, am Horizont des Hafengewusels nach den Spitzen dieser Welle suchend. »An den Landungsbrücken raus / Dieses Bild verdient Applaus«, sang Marcus Wiebusch schon 2003 mit der Hamburger Indie-Rockband Kettcar ins Poesiealbum der Stadt hinein: »Als man ankam, wollte man werden / Die Geschichte schreiben / Die Doofen sollen sterben / … / Na dann, herzlich willkommen zuhaus«. Hach. Zeitlos. Die Elbphilharmonie-Fassade ist eben auch Projektionsfläche für das ganz große Gefühlskino. In den ersten fünf Jahren des Spielbetriebs wurde das Gebäude nicht als atemraubende Kulisse für einen James-Bond-Film genutzt. Doch das kann ja noch kommen. Fragt sich allerdings, wer wem dann die Show stehlen würde.

Diese Architektur ist inzwischen Teil der Stadt-DNA. Sie überstrahlt die einfallsarmen Funktionsklötze, die das Straßenbild der HafenCity prägen und ist mit ihrer Detailverliebtheit und Stil-Vielfalt ein ästhetisches Kontrastprogramm zur klaren Ansage der Speicherstadt. Sie wertet die ohnehin monströs teuren Luxus-Immobilien weiter auf, die an den Enden ihrer Sichtachsen entstanden.

1910 hatte sich der österreichische Architekt und Architekturkritiker Adolf Loos in seiner Streitschrift über *Ornament und Verbrechen* echauffiert. Mehr als ein Jahrhundert später wurde die Elbphilharmonie für den Lebenslauf der Hansestadt Ornament und Versprechen. Wie schön auch, dass man nun ganz ohne schnöseligen Besserwisser-Unterton von der Glaswelle direkt auf den Philosophen Arthur Schopenhauer verweisen kann: »Architektur ist gefrorene Musik.« Sein Zeitgenosse Friedrich Wilhelm Joseph Schelling sah das nur unwesentlich anders: »Architektur ist erstarrte Musik.« Gefroren und erstarrt ist oberhalb des Backsteinanteils der Elbphilharmonie aber dennoch nichts, dafür ist die symbolische Kraft der Formen zu dynamisch.

Auf dem beengten Raum einer prominenten Landspitze im Hafen ist die Massenware Musik wieder zum Stückgut geworden, zum kulturellen Angebot, das aus allen Himmels- und Stilrichtungen in die Stadt geholt wird, um Bedürfnisse erst zu wecken und sie anschließend zu befriedigen. Näher als mit der Elbphilharmonie ist die zutiefst bürgerliche Hansestadt, die royale Herrscherinnen und Herrscher einzig als Gäste von auswärts kennt, einem aristokratischen Prestigebau nie gekommen – und dennoch hat das Konzerthaus in seiner Noblesse auch etwas sehr Demokratisches, Einladendes und Verbindendes. Ein Glanz, der regenfest ist und wasserdicht und in der Dunkelheit noch strahlender wird.

Das alles spürt man mit einem frischen Fischbrötchen in der Hand bei einer Barkassen-Schipperrunde auf der Elbe. Der Wind am Elbufer riecht danach. Man hört es innerlich, wenn man vor einem der Musical-Theater steht oder in einem Club auf dem Kiez. Es deutet sich bei einem Besuch im liebevoll musikmöblierten Komponistenquartier an, wo musikhistorische Größen wie Johannes Brahms, Georg Philipp Telemann, Gustav Mahler oder die Geschwister Fanny und Felix Mendelssohn gewürdigt werden. Es klingt immer mit, bei einem Besuch der Staatsoper ebenso wie in einem der Theater, in einem Museum oder während einer Tanztheater-Performance auf Kampnagel.

Musik liegt jetzt immer mit in der Hamburger Luft.

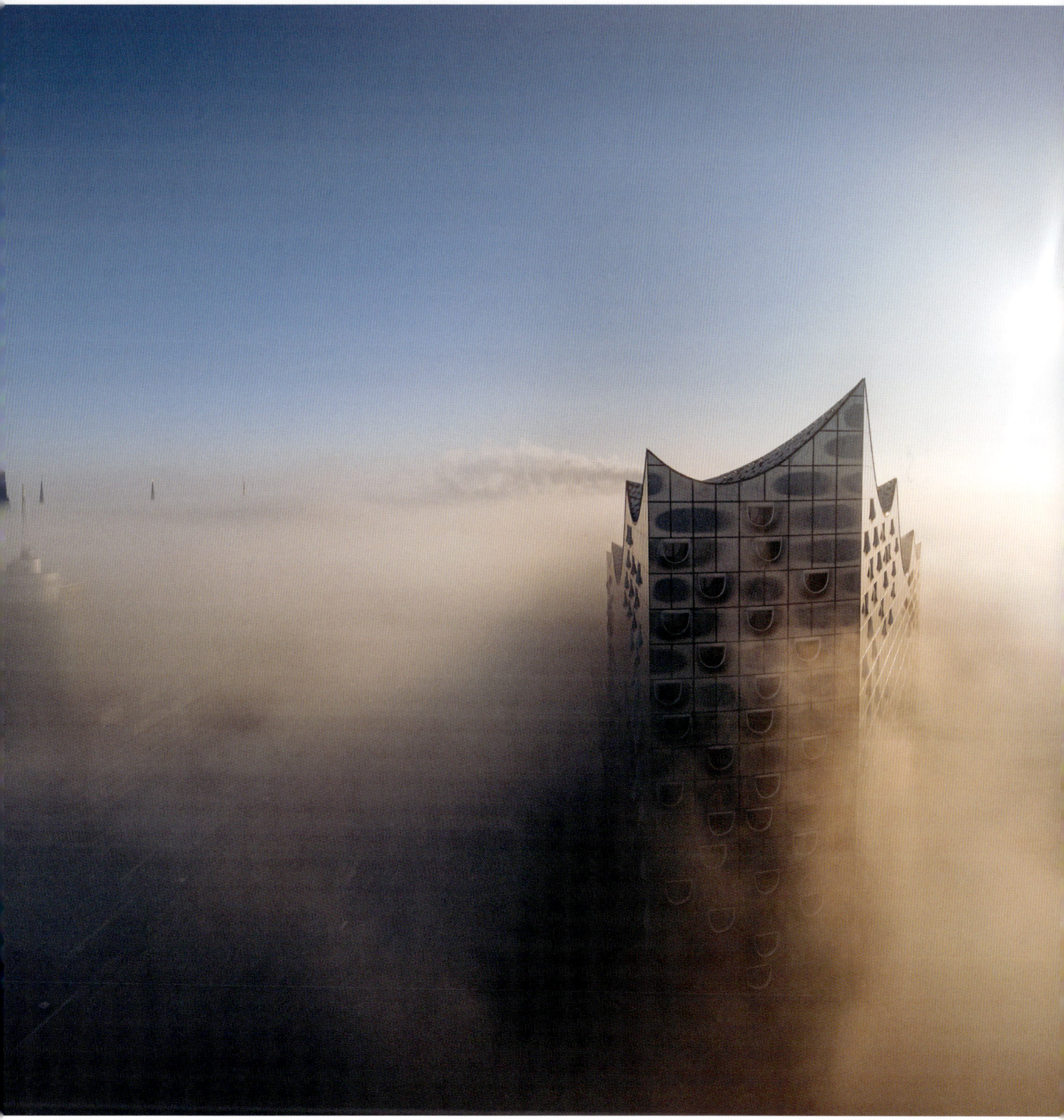

BILDNACHWEIS

Wenn nicht an anders angegeben, stammen die Fotografien von Thomas Leidig.

14, 85 o: picture alliance
82/83: picture alliance/dpa/Christian Charisius
84 o: Bernd Uhlig
84 u, 99 o: Bertold Fabricius
85 u: picture alliance/Jazz Archiv/Michi Reimers
86/87, 98 o, 99 u, 104: Claudia Höhne
88 o: Presse- und Informationsamt der Bundesregierung, Bundesbildstelle/Guido Bergmann
88 u, 91 u, 95: Daniel Dittus
89 o: Getty Images/Gisela Schober
89 u: picture alliance/dpa/Daniel Reinhardt
90 o, 90 u: Sebastian Madej
91 o: Tine Acke
92/93: Wolf-Dieter Gericke
94 o, 102: picture alliance/dpa/Axel Heimken
94 u: Peter Meisel
96/97: picture alliance/dpa/Markus Scholz
98 u: Alexandra Muravyeva
100/101: Sophie Wolter
106: J. Konrad Schmidt
108: Tobias Schult
158/159: picture alliance/Bildagentur-online/Schickert
168: Romanus Fuhrmann
173: Tobias Lindner

Die Grafiken auf den Seiten 17, 33, 45, 153 und 167 wurden von Mario Mensch erstellt.

**Wir danken der Hamburg Musik gGmbH
für die freundliche Unterstützung.**

1. Auflage 2021

www.hoffmann-und-campe.de
Umschlaggestaltung: © Hannah Kolling,
Kuzin & Kolling, Büro für Gestaltung, Hamburg
Umschlagabbildung: © Tobias Lindner, Hamburg
Typografie und Satz: fuxbux, Berlin
Gesetzt aus der ITC New Esprit und der DIN
Druck und Bindung: Livonia Print, Riga
Printed in Latvia
ISBN 978-3-455-01257-6

HOFFMANN
UND CAMPE

Ein Unternehmen der
GANSKE VERLAGSGRUPPE